真理の泉

The Long and the Short and the All

OSHO

JN156063

市民出版社

Copyright © 1967, 2005 OSHO International Foundation,
Switzerland. www.osho.com /copyrights.
2016 Shimin Publishing Co.,Ltd.
All rights reserved.

Originally English title: **The Long and the Short and the All**

この本の内容は、OSHOの講話シリーズ からのものです。
本として出版されたOSHOの講話はすべて、音源としても存在しています。
音源と完全なテキスト・アーカイヴは、www.osho.comの
オンラインOSHO Libraryで見ることができます。

OSHOは Osho International Foundationの登録商標です。www.osho.com/trademarks.

Osho International Foundation (OIF)が版権を所有するOSHOの写真や
肖像およびアートワークがOIFによって提供される場合は、
OIFの明示された許可が必要です。

Japanese language translation rights arranged with OSHO International Foundation,
Zurich,Switzerland through Tuttle-Mori Agency, Inc.,Tokyo

真理の泉

◉目　次

CONTENTS

第一章
知識と理解

Knowledge & Understanding

あなたは、私のメッセージは何か?と尋ねている。それは全く簡潔なもので、目覚めている人たちは生き生きしていて、眠っている人たちは全てを取り逃す、ということだ。

既成の人間らしさを与えられている人はいない。それは自分自身で築くものだ。これは恩恵でもあり災いの元でもある。それが恩恵であるのは、自分自身を創造するという自由があり、それが災いの元であるのは、全く人間にならずに死んでしまう可能性が常にあるからだ。

人間は、自分自身を向上させることで神になるのではない。自分自身を充分に開くことができたなら、自分が既に神そのものであることを、今ここで知るだろう。私の考えでは、自己を完全に明らかにすることだけが、唯一の向上だ。

私たちは、自分自身を忘れてしまったと言っても過言ではない。私たちは自分自身の誕生を忘れてはいないだろうか? もしそうなら、自己忘却という基盤に成り立っている人生について、いったい他に何を言えるのだろう? このような生は、実は単なる夢に過ぎないのではないだろうか? 夢と目覚めていることの違いがあるとしたら、それは何だろう?

夢の中では、夢を見ている人は完全に忘れられている。夢は彼を圧倒する。それはまさに彼の面前で起こっているが、彼は夢の中には存在しない。実際のところ、彼が存在する瞬間は、彼は眠ってもいないし夢を見てもいない。だから彼がいないこと自体が彼の睡眠となる。

それなら、このいわゆる私たちの生を何と呼んだらいいのだろう？　私たちは自己を思い出すことができないため、それは確かに覚醒状態ではない。では、それも夢なのだろうか？　そうだ、友よ、これもまた一つの夢だ。自己を意識していない限り、生は虚しい夢に他ならない。

グルジェフは、「人間は機械だ」と言った。全ての活動において、人は受身的な参加者に他ならない。彼の行動は無意識で、気づいていない。それらは本当は、反応だ。人は愛し、憎しみ、そして怒りを感じるかもしれないが、これらは単に彼の内側で作用している無意識的で機械的な力の表現だ。彼は本当は自然が働きかけるものの代理人に過ぎない。彼には、独自の意識的な生命力がない。本当の生と呼べるものは、人が存在のこの機械的な状態より高く上昇する時にだけ始まる。

ある若者が、昨日私に会いに来た。彼は尋ねた。

「私が将来、何も後悔しないようにするには、どのように人生を送ったらいいのでしょうか？」

私は答えた。

「あなたの質問に対しては、たった一つの答えしかない。本当の生を発見しなさい。あなたが生として知るものは、全く生ではない」

まだ生に達していない人が、正しい生の利用法を問うても、何の意味もない。真の生に到達していなければ、生を誤用することになる。真の生に達すれば、それを正しく使うことになる。真の生がなければ、後悔を要する原因となる。本物の生を生きれば、至福をもたらす。まだ内側で真の生が眠っている人が、何かを成すなど不可能だ。

眠っている人は、一人ではなく多数だ。彼は群衆だ。マハーヴィーラは、人間には多くのマインドがあると言った。それは本当だ。一人ではなく、多くの個人たちが私たちの内側に存在する。そして群衆は何も決められない。群衆は判断を下すことができない。群衆は何も決められない。何かを少しでも成し遂げるためには、私たち一人一人の魂が活性化され、目覚めることが不可欠だ。現状の私たちのような無秩序な群衆の代わりに、私たちは一つにならなければならない。独自の個人性に気づかなければならない。そうしてのみ、反応は行動に取って代わる。ユングはこれを個人における中心《センター》の達成と名付けた。

人が眠っていて目覚めていなければ、努力の全ては無駄になる。そうした人に方向感覚はない。彼の一部が作るものを、別の部分は壊す。それは荷車の四辺に雄牛たちを繋いで、眠っている運転手の手に手綱を握らせ、それでもどこかに辿り着くことを期待するかのようなものだ。普通の人生は、まさにこのようなものだ。彼は自分がどこかに辿り着くと思っているが、本当は少しも動いていない。そのような人は何も成し遂げない。彼はただ、エネルギーを使い尽くすだけだ。生だと勘違いしてきたものは、緩慢な自殺なのだと認識すべきだ。死は誕生で始まる。死は誕生の過程の一部だ。それは偶然には起こらない。誕生と死は生の両極だ。しかしそこには、誕生を超えたより大きな生がある。私たちは、それに達するか、それとも死なねばならないかのいずれかになる。

ある出来事の最後に起こるものは何でも、その初めに存在していたものでもあると覚えておきなさい。終わりとは、単に始まりが明白な形になったものだ。そして生が両極を持つなら、それは二つの方向を持つことにもなる。生の可能性と死の可能性をだ。停滞は死、意識は生だ。そして人間はこの二つのものの組み合わせだ。彼は機械であるかもしれないが、彼の中には自らのこの事実を理解できるという要素がある。この理解を追い求めるなら、彼は生に達する。

私の意識という存在は、『私は在る』という知識を私に与える。そして存在の道を明るくするもの、生の道を照らすものはこの認識そのものだ。光線は暗いかもしれない。それはあいまいかもしれない。だが、それでもそれは目に見える。その存在は途方もなく意義深い。暗闇に差すかすかな一筋の光は、光に到達する可能性を示す一つのサインであり、兆候だ。その光線は、太陽が存在するという希望を与えてくれる。太陽光線によって太陽を知ることができるはずだ。人間の中にあるその気づきの光線は、彼の光明への道を指し示す。この意識のわずかな兆候は人間の最大の可能性であり、彼の最大の強みだ。それ以上に価値のあるものは、彼の中に存在しない。もしそれに従うなら、彼は自己に、彼の魂に到達できる。彼がそれを追求するなら、存在に達することができる。これが生の道であり、より偉大な生の、神の道だ。

人間には二つの選択肢しかない。彼に開かれている三番目の方向はない。意識のこの最初の火花から彼は光明へと前進できるし、または昏睡状態に退行もできる。普通の生の機械的で反復的な環は、頂点の方へ、光明の方へは自動的には進まない。努力なしでは人は後退する。これは永遠の法則だ。死は招かれずにやって来るが、生は招待を待っている。

この知識の光線は全ての人に存在していて、人はその光で前進できる。人が内向きに動き始めるにつれて、知識の次元が彼の前に展開し始め、彼は自分の停滞した休眠状態を超えて上昇し始める。そして彼が自分の新しく発見したものに、成長している意識にますます慣れ親しむようになるにつれて、内側の堅固で深い何かが具体化し始め、結晶化し始める。人間という名に値する個人性へと導くものが、この過程だ。

人間が動物ではないというのは本当だが、人間が人間になったと言うことは正しいだろうか？　彼が動物であることは過去の出来事かもしれないが、彼が人間になることはまだ未来の可能性だ。私たちは、その中間のどこかにいるように見える。これが私たちの唯一の苦悩、私たちの唯一の緊張、私たちの唯一の苦痛だ。

自分の惨めな存在に不満を持ち、何らかの努力をした人だけが、人間になることができる。人間らしさは自動的には獲得できない。自分自身の内側で誕生させるものだ。しかし理解すべきなのは、あなたが人間になるのは、必ずしも単に動物ではないということからではない。あなたは現状の自分に満足できない。ただ自分自身についての深くて強烈な不満だけが、あなたの進化になる。

宗教的指導者たちは「汝自身（自己）を知れ」という教えを大事にしている。だがこの「自己」はどこに存在するのだろう？　人の自己は、ただ普遍的な自己の影に過ぎないのではないだろうか？　ではなぜ私はあなたに「汝自身を知れ」と言わなければならないのだろう？　それでも私はただ何度も何度も繰り返すしかない……知りなさい、知りなさい、知りなさい！と。それが何かを知りなさい！

生の道を覆い隠す暗闇の中で、誰も私を認識しなくても何も変わらないが、もし私が自分自身を知ることに失敗したらどうなるか、その恐ろしい成り行きについてちょっと考えてみるがいい。多くの人々は、彼らが他人に知られるのと同じほど、自分自身を知ることに熱心ではない。だから生は暗闇の中で、ますます深く覆い隠されるようになる。あなたが自分自身を全く知らなければ、どうやって自分の周りに光を当てられるのだろう？

知のある人の祈りとは、「私は快く死を受け入れるつもりです――世界に知られず、私の仲間の人たちに認識されず、そして成功の栄誉を得ず――しかし少なくとも、私が自分自身を知るようにさせてください」だ。

その光のたった一筋の光線は、人を神に導くのに充分だ。自己を知るたった一人の人の光は、百万の太陽の光よりも価値がある。

あなたは自己を知覚する方法を知りたいのだろうか？　まず第一に、非自己を知るようになりなさい。自己でないものを知り、それを完全に理解しなさい。最後には、何も残らないだろう。結局のところ、自己ではないものは全て消えてしまう。それが自己だ。その虚空が自己だ。ただ虚空だけが実際に満ちている。

この意識と呼ばれるものは何だろう？　マインドは意識ではない。マインドの動きが完全に停止した時、そこにはもう一つの湧き立つものがある――これを私は意識と呼ぶ。マインドが空になった時にだけ意識は現われる。マインドは道具、媒体だ。マインドが自我《エゴ》の活動に巻き込まれるようになると他の事に従事するため、意識の媒体であることを止める。意識を知るようになることは、マインドの陰謀に別れを告げることだ。

マインドとは、主人がいない時に主人の場所を奪った使用人のようなものだ。そのような使用人は、いったい主人の帰りを望んでいるだろうか？　帰ってくる主人を、誠意をもって歓迎することは決してないだろう。彼は主人の帰りを遅らせるために、できる限りの可能な障害物を設置するだろう。そして最も基本的な障害物とは、彼自身が主人であり、それ以外の何ものでもないという彼の主張だ。彼は、他のどんな主人の存在をも完全に拒否する。

一般的に、マインドは全く同じことをする。それはこのようにして障壁になる。これが意識の出現を妨げるやり方だ。

もしあなたが意識の方へ進みたいなら、マインドをくつろがせることを学びなさい。それを不活動のままにさせなさい。それを空っぽにしなさい。その関わり合いからそれ自身を解放させなさい。マインドの活動の停止は、意識の最初の湧き立ちを示す。そしてマインドの死は、意識の誕生を告げる。

自己を克服することは確かに非常に困難だが、自己以外のものを克服することは不可能だ。そして覚えておきなさい。自己を克服する人は同様に、生における他のあらゆる勝利を簡単に達成できる。生においては、たった一つの克服とたった一つの挫折がある。挫折は自らのものであり、自分自身によるものだ。克服も自分のものであり、自分自身によるものだ。

最大の自由とは、自分自身から自己が自由であることだ。通常、私たちは自分自身を最も堅く締める鎖であり、また自分自身の肩にある最も重い重荷である、という事実に気づかないままでいる。

知識は「私は虚空だ」と言う。その虚空の中でそれは神そのものになる。無知は「私は全てだ。私は神だ」と言う。そして神であるという幻想の中では、それは空虚なままだ。知識が認識したものを、無知はそれを認識したと勘違いする。知識が知るものを、無知はただ認めることしかできず、ただ受け入れることしかできない。無知が宣言するものは決して起こらない。

存在を知るためには、自己を鏡に変えなければならない。あなたの思考の影があなたのマインドを歪める。だが思考が静まってマインドが空っぽになると、真理を映し出す鏡が突然そこにある。

偉大であること以上に単純なものは何もない。単純さそのものが偉大であることだ。

存在を認識するためには、まず非存在と直面しなければならない。人は非存在に取り囲まれている時にだけ、存在を知り、認め、生きるということを実感する。人は非存在の広大な海に囲まれている時にだけ、存在そのものの強烈な経験をする。全く同じ理由で、真理の充満を渇望する人はまず空《くう》の領域に、内なる虚空に移動しなければならない。

私はある夜に起こったことを思い出す。

私は人里離れた村にいて、日が暮れてきたので、私が住んでいた小屋に粘土のランプが灯された。闇はまだ浅かったので、最初ランプの炎はまるでほとんど灯されていないように見えた。ランプに何らかの意識があったなら、ランプ自身の光が全くないことがすぐにわかっただろう。そして昼間の太陽が照りつけていたら、ランプが燃えていることにさえ気づかないだろう。しかし闇が近づくにつれ、ランプは徐々に部屋にその輝きを広げ始めた。そして闇が深まるにつれて、光はますます明るくなった。月が昇るにつれて、私はランプの炎の中で成長している生を、伸びてゆく生命力を観察し続けた。もしランプが、その時自分自身を知ったなら、それは太陽よりも劣らないものだと信じたことだろう。

この小さな事件は、私の中にある考えを引き起こさせた。炎とランプは少しも変わっていない。変化は暗闇にあった。暗闇の背景が深まるにつれて、ランプの輝きはますます明らかに立ち現われた。闇はランプにとっては友人だった。闇はランプが完全にそれ自体を主張するのを助けた。

これは自己についても真理だ。

自己が存在に包まれている時、それは全く明白ではないが、マインドが完全に空になる時、自己の溢れるほどの栄光は輝きわたる。人が存在へ、生そのものへと近づくことができるのは、ただ非存在の扉を通して、虚空の門を通してだけだ。

一連の倫理学が宗教になることはあり得ないが、宗教は確かに倫理的だ。道徳律とは見習うべき、実践すべき一つの概要であり、一連の規則に過ぎない。これは外部から課せられる懲戒処分だ。だから道徳家は決して自由ではなく、ますます機械的に、自分の規則にますます依存するようになるのだ。彼の意識は目覚めずに、ますます深く眠りに陥る。そして最終的に、彼は鈍重な愚か者以外の何者でもなくなる。

道徳家と同様に、不道徳な人もまた彼の習慣の単なる奴隷に過ぎない。不道徳な人は彼自身の本性のおもむくままに従い、道徳的な人は社会の規則に従う。彼らは両方とも、外部の指針によって生きる。彼らは両方とも依存している。

真に独立している唯一の活動とは、自己の探求だ。自己を実現する人だけが本当の自由を得る。自由は自己の体験があった時にだけ可能だ。自己の存在を知らない限り、自分とは本当は誰なのかを知らない限り、どんな種類の真の自由があり得るというのだろう?

この自己の体験から、新しい類の規律が人間に生じる。それは外部から課されるものではない。それは自然で、自己のインスピレーションからのものだ。それは内側から生じてくる。それは道徳の発生とは完全に異なるものだ。それは定められた一連の規則の不自然な模倣ではなく、自分の内なる実存の自発的な現われだ。これ以降に存在する道徳は、何かを得るために用意されたものではない。それは得られたものを分配するために、共有するために存在する。

一つの真理を生涯ずっと覚えていなさい――人を欺くことは、結局はあなた自身を欺くことだ、ということを。あなたが他の誰かにすることは何でも、常にあなたに戻って来る。

善行とは何だろう？　背後に邪悪な意図や先入観を持った意見や、または利己的な動機が潜む行為は確かに善行ではない。そのような行ないは不純で不完全だ。それが不純なのは、他のものが混在しているからだ。それが不完全なのは、それを完全なものにするために、外側の何かを加えなければならないからだ。

善はそれ自体で完全だ。それを完全なものにするために未来の出来事は必要ない。善行はそれ自体で至福だ。その誕生そのものが至福だ。至福は善行の存在そのものに内在する——どんな未来の成果の中にもなく、どんな外側の達成の中にもない。

かつて私は、寂しい森の中で笛を奏でる男に出会ったことがある。彼に耳を傾ける者は誰もいなかった。私は森の中で道に迷ってしまったが、彼の笛の音が彼の座っていた所に私を導いた。

「なぜあなたは、こんな寂しい場所で笛を吹いているのですか？」と私は尋ねた。

「ただ笛を吹くことが」と彼は答えた。「それが私を幸せにするのです」

善行は自己に触発される行為だ。それは外部の何かへの反応ではない。反応とはお返しに行なわれる何かであり、私たちは反応を自分自身の行為のように見るという過ちを犯す。行為と反応との間には、天と地ほどの広く大きな隔たりがある。

私たちの誤解は、活動が行為と反応の両方に関わっているという事実にある。しかし、それらは違っているだけではない。それらはお互いに正反対だ。外部の環境からの刺激の結果として、個人の内側に起こる行為が反応だ。彼の内なる自己に触発されるものが本当の行為だ。

反応は私たちを拘束する。それは外部から触発されるからだ。行為は私たちを解放する。それは私たちの自己の現われだからだ。反応は依存的、行為は自主的だ。反応はある種の枠組みを持ち運び、常にそれに関わる無力な側面があるが、行為は魂の自発的な表現だ。反応は常に余分なものであり、常に不必要なものだ。行為は常に新鮮で新しく、生命に満ちている。

行為において、純粋で完全な活動において、しっかりと確立されているものが善行になる。反応がある種の堕落であるのは機械的だからだ。一方、行為においてはそれが感覚から起こり、それが意識的なので、成長と上向きの発展がある。

あなたでないものになろうとすることよりも、大きな苦悩はない。この願望には終わりがなく、何の充足もない。だが大半の人々は、彼らそのものとは異なる見せかけ作りに成功している。

あなた自身の本性を知りなさい。あなたとは本当は誰なのかを認識しなさい。あなた自身の本性に従って生きることが、天上の至福だ。

非常に小さなランプは、何年も閉ざされてきた家の中の闇を追い払うことができる。そして同じように自己理解の最も小さな光線は、何百もの誕生の間に蓄積してきた無知を消し去る。

生の探求においては、自己満足よりも致命的なものは何もない。自分自身に満足している人たちは全く生きていない。真理の方向に前進し続ける人は、自分自身に不満を持つ人だけだ。覚えておきなさい、本当の美徳とは、自己満足への絶え間ない反逆であることを。

ある墓石に「偉大な行動に着手することを夢見て、小さな仕事を嫌う、その間何もしなかった男がここに横たわる」と書いてある。

もちろん、これは一つの墓石に書かれたものに過ぎないが、それはほとんどの人々にも刻み込まれるべきではないだろうか？　これは、多くの人々の人生の総和ではないだろうか？　そして私はあなたに、辛辣で個人的な質問をしてみたい。

「これはあなたも、ご自分の墓石の上で見るであろう碑文ではないでしょうか？」

自分自身を欺くのと同じくらい、私たちを欺ける人が誰かいるだろうか？　私たちは自分自身の最悪の敵だ。この中に真理を見るなら、もし望むなら、あなたは自らの親友になれることを理解すべきだ。あなたが自分自身と友人になる時、宗教があなたの中で始まる。

私たちは、自分を評価するのと他人を評価するのに、異なる基準を用いていないだろうか？

私の知人のキリスト教徒は自分の息子に、ヒンドゥー教徒のグループがキリスト教を受け入れたという良いニュースを知らせた。「それは神の偉大な慈悲のしるしだ」と彼は言った。

「それほど多くのヒンドゥー教徒たちが、そのような良識を示したということは……」

「しかしお父さん」と息子は彼に思い出させた。

「あなたはそのキリスト教徒の友人がヒンドゥー教徒になった時は、全く良識のことは話に出さなかったよ！」

その男は激怒した。「その反逆者の名前さえ俺に言うな！」。彼は怒って叫んだ。

その人の集団から去る人は徹底的な裏切り者とみなされるが、その人の集団に加入する人たちは良識ある人だと思われる！

この評価の二重基準のせいで、私たちが自分の隣人の目の中に小さな斑点を見る一方で、私たち自身の中にある山は完全に私たちの注意を逃れる。これは妥当だろうか？　これは健全な態度だろうか？　あなたに尋ねることは私がやるべきことではないが、その質問をあなた自身にすることはあなたのためになる。

宗教の道において、二つの基準を持つ人は決して変容されることはない。二重基準のせいで、彼は自分自身の生の真実を見ることさえできない。そして自分自身についてよく知らなければ、変容の邪魔になる。二つの基準を使うことは、不正で無宗教的な思考《マインド》の特徴を示している。自分自身を評価するには、他人を評価する際と同じ基準を使うべきだ。これくらいの公平性さえない人は、魂の革命を通過することは決してないだろう。

私は他人を信じることをあなたに求めていない。それはただ、あなた自身を信じることが不足している結果に過ぎない。

人間はエゴと格闘しなければならない。彼は「私」と戦わなければならない。彼はエゴに反対する革命を始めなければならない。エゴに囲まれたままでいることは、世界の中に閉じ込められることだ。エゴから出て行くことは、神の中に生きることだ。実際のところ、人間が神そのものだ。

あなたのエゴから、あなたの「私」から逃げようとしてはいけない。それから逃げることが不可能なのは、あなたがどこへ行こうと、それはあなたと共にあるからだ。それから逃げようとするよりも、あなたの全てのエネルギーを用いてその中に飛び込みなさい。自分の利己心《エゴイズム》の中により深く入って行くほど、それには全く実在がないことをその人はますます実感する。

あなたは自分の人生を地獄にしたいのだろうか？　それなら、それを達成するための非常に簡単で全く絶対確実な技法を教えよう。それは何千年もの間、何千人もの人々によって試験済みの方法だ。誤る可能性はない。それは「私」のまわりにあなたの人生を構築することだ。

利己心《エゴイズム》は、惨めさへ向かう最も単純で最も直接的な道だ。この道から離れる人は、どれだけ一生懸命やってみても、悲しみに達することはできないだろう。この技法なしでは誰も惨めさに到着しない。なぜならこれが惨めさそのものだからだ。この秘密を知ることなしには、誰も地獄には到着しない。これが地獄そのものだ。

エゴイズム以外に地獄はない。エゴイズムは地獄の火を燃やす。あなたのエゴを取り除けば地獄はない。

高慢《プライド》は決して知識の花を咲かせようとしないし、謙虚ではない知識は妄想に他ならない。知識の大げさな誇示は、それが全て借りものであることを大声で宣言している。

私は人生で決して誤りを犯したことがない人を知っていて、一度彼にその秘密を尋ねた。

彼は言った。「間違いを犯すことを恐れていたので、私は決して何もしませんでした。そのようにして、自分の人生であらゆる間違いを避けてきたんです」

これを聞いた時、私は笑い始めた。いくぶん侮辱を感じて、彼は尋ねた。

「なぜ笑っているのですか？」

私は答えた。

「間違うかもしれないからと何もしないのなら、それより大きな間違いがあり得るだろうか？」

間違いを恐れるということは、生を恐れることだ。あなたには、間違いを犯す準備が必要だ。唯一大切なことは、再び同じ間違いを犯してはならないということだ。前の間違いは避けても、新しい間違いを犯すことを恐れない人だけが生き、そして学ぶ。彼は、どんな時でも勝利を収める唯一の人でもある。

存在するものは、無の中へ次第に消えゆくことができる。そして何かが為されたら元に戻すことができる。もし人間が世俗的な活動に巻き込まれたなら、同様にそれから自由になることもできる。彼の依存性は彼の自由になることが可能だ。

所有したいと切望したものから、自分のものにしたいと思ったものから、平和を期待するのは馬鹿げている。たとえあなたが自分のハートの喜びを手に入れても、それは一時的なものにならざるを得ない。憧れるというマインドがそれ自体一時的なものなら、マインドが大事にするものが、どうやって永遠であり得るだろう？

至福の門はすぐ近くにある。だがあなたが、自分のハートの中に暴力と憎しみを抱えて出発するなら、天国を探していたのに地獄の扉に立っている自分自身に気づくだろう。あなたが行く道は重要だ。野心は、それ自体全くどこにも導かない。

絶え間なく燃える内なる炎があり、絶えず人を焦がす。それは貪欲の火だ。貪欲は突風で高々と燃える松明のようだ。人間は自分自身を炎で焦がして、それを風のせいにする。

無知はどこで発見されるのだろう？　エゴの中だ。そこが欲望が根を下ろしているところだ。欲望は果てしなく苦しむ。それは飽くことを知らないからだ。

あなたの好色な幻想を追求することは、野生のガチョウを追うことだ。それは夢の荒れ地に飛び込むことだ。それは凍死で終わるだけの極寒の生を生きることだ。性的な空想に支配されている人は、彼の生涯で千と一つの死を迎えるが、これらの夢想との戦いの中で死を招く準備ができている人は、自分自身が死そのものの臨終の床に座っているのに気づくだろう。

感覚の喜びは繊細な花のようなものだ――乱暴に扱うならそれは萎れる。不滅の喜びのあなたの探求においては、身体と感覚をはるかに超えて上昇しなければならない。

罪とは何だろう？　罪とはあなた自身の神性を否定することだ。あなた自身の神性に常に気づくことよりも大きな美徳はない。

では今あなたは、悪を捨てたのだろうか？　それで結構だ。今、善も同じく放棄しなさい。あなたがどちらかを捕まえている限り、あなたの虚栄心はあなたに留まるだろう。

人間とは何と素晴らしい生き物だろう！　彼の内側には、汚物やゴミの山と貴重な黄金の倉庫が並んで存在している。彼が何を選んで探り出すかは、完全に彼自身の手の内にある。

恐れてはいけない。あなたは自分が恐れる人からは、決して自由でいられないだろう。彼は常にあなたにつきまとうだろう。あなたの敗北は、常にあなたの恐怖と比例している。

戦わなければ勝利できない。しかしほとんどの人々は、戦う前なのに自分の勝利を方策する。私の見るところでは、彼らは常に最終的には敗北する人々だ。

世間の中で生きても、世間に属さないことが放棄だ。しかし放棄は、しばしば三匹の猿と比較されてきた。一匹は、世間の凶悪な光景から逃れるために自分の目を覆う。一匹は、邪悪な音を遮断するために自分の耳に栓をする。そして三匹目は、悪い会話を避けるために自分の口を覆う。猿ならこの種のことは許されるかもしれないが、人間に関する限り馬鹿げている。

恐怖のために世間から逃げることは、世間からの自由ではない。それは微妙だが、非常に強い束縛だ。世間から逃げてはいけない。ただあなた自身に気づいていなさい。あなたが逃げようとするなら、さらに大きな恐怖があなたをつかむだろう。あなたが気づきに留まるなら、安全を見出すだろう。あなたに自由を与えるのは、知識を通して得られた恐れのなさだけだ。

自由は魂の姿だ。もし人間が意志を持つなら、彼の依存は直ぐに一掃される。人間の自由は彼の意志に相応している。

自分自身に騙されるのと同じほど他人に騙された人はいない、ということにあなたは気づいているだろうか？

真理を求めることや自己を求めることに費やされる時間と努力は、決して無駄にはならない。それはやがて、あなたが決して浪費しなかった唯一の時間と努力であることがわかる。

自己と真理の間に存在する唯一の、橋渡しできない深い裂け目が「臆病」だ。

その「私」を完全に、充分に知るようになりなさい。それを取り除くことだ。エゴイズムは暗闇の源だが、それでも一条の光がさす瞬間にそれは消え去る。

もし闇が内側にあるなら、外側の光が何であれ、どんな役にも立たないだろう。

先日私は、誰かが山の渓谷に滑って落ちた夢を見た。群衆が彼の周りに集まった。彼らは彼をからかい、落ちてしまった彼のひ弱さを嘲笑した。聖職者は、落ちる原因となった軟弱さを捨てなければならないと彼に言い、社会改革者は、落ちた人々は他人への戒めにしなければならないと言って、罰せられるべきだと彼に告げた。

私は自分の夢の中でこの全てを観察し、誰も彼を助けようとしていないことが気になった。どうにかして私は群衆を押し分けて進み、彼のところに到着した。私が彼を抱え上げようとした時、彼が既に死んでいるのがわかった。群衆は分散した。おそらく彼らは、別の落下した人を捜すためにそこを去ったのだろう。聖職者も去った。おそらく別の落ちた人は、何か他の道に関する彼の助言を待っているのかもしれない。社会改革者も同様に立ち去った。他の誰かがどこかで落ちているかもしれないし、彼はある人を罰して、その人が改心するのを見る機会を逃したくない。結局私が、死んだ男の近くに残された唯一の人物だった。彼の腕と脚はとてもか細く弱々しくて、彼がどこかへ歩けたりするとは信じ難いことが私にはわかった。私にとって奇跡に見えたのは彼の落下ではなく、彼が少しでも山の旅をしてきたという事実だ。

この狼狽した状態で、私は夢から覚めた。そして今、私はそれが結局は単なる夢ではなかったのがわかる。人類の全てが同じ状態にある。

なぜ人生はとても無目的でとても無意味で、非常に機械的で非常に鈍重なのだろう？　なぜそれは実に無味乾燥で、実に退屈なのだろう？　それは私たちが偉大な力、驚きの感覚を失ってしまったからだ。驚きは消えた。人間は驚きを殺してしまった。彼のいわゆる知識が、驚きに死を告げる鐘を鳴らしてきた。

私たちは、自分は全てを知っているという錯覚を抱いている。私たちは、全ての秘密の背後や全ての奇跡の背後にある理由を、知っていると思っている。そして当然、この世のありとあらゆる現象に何らかの説明のつく人は、どんなものも奇跡とはみなさない。いわゆる知識でいっぱいのマインドにとって、未知のままのものは何もない。そして未知なるものが何もないところに驚きはない。驚きの感覚がないところに奇跡はない。そこに魅力はなく、喜びはない。しかし驚きが生の至福だ。これがまさに生の要点だ。

私はあなたに、このいわゆる知識を放棄することを促す。それは死んでいる。それは過去のものであり、あなたと奇跡的な未知なるものの間に立つ障害物だ。それを手放して、未知なるものが入ってくるのを許しなさい。未知なるものに気づくことが驚きだ。それは神への、最も偉大な未知なるものへの戸口でもある。

もし世界が知られているものなら、知られていないものは神だ。

常に現在の中に存在するものが真理だ。そしてあなたに最も近いものが、究極の真理だ。遠方にあるものではなく、最も近いものを理解しようとしてごらん。近くにあるものに無知な人が、どうやって遠く離れたものを知ることができるだろうか？　近くのものを理解する人にとっては、遠いものは何もない。

ある月明かりの夜、私は川のほとりに一人で立ち、黙って空を見つめていた。突然、物音が聞こえて振り返ると、私の側に若い僧侶が立っていた。彼は泣いていた。私は彼に一緒に座ることをすすめ、しばらくの間彼の肩に手をかけて、共に静かに座っていた。私が言えることは何もなかったが、私の沈黙は彼に慰めをもたらしているようだった。私たちがどれくらい長く、そのように座っていたのか分からないが、ついに彼は話した。

「私は神を見たいのです」と彼は言った。「教えてください。彼は存在するのですか、しないのですか？　私はただ、夢を追いかけているだけなのでしょうか？」

私に何が言えるだろう？　彼を近くに引き寄せると「私は愛以外の神を知らない」という言葉が

私のマインドに浮かんだ。

「神の探求において愛を無視する人は、誰でも確実に取り逃がすだろう。愛の寺院以外の寺院を捜す人は誰でも、単に神からますます遠く離れて行くだけだ」

これは私の考えだった。だがそれでも、私は何も言わなかった。

「私に何か言ってください」と彼は嘆願した。「私は大きな期待をしてあなたを捜してきました。あなたは、私に神を見せてくれることができますか？」

私が彼に言えるものとして、何がそこにあっただろう？　私は、涙で一杯の、希望で一杯の、神を見たいという欲望の情熱に溢れている彼のまぶたにキスをした。しかし神とは外側にあるものだろうか？　人が見ることのできるものだろうか？

結局、私は話した。「あなたの質問は、まさにシュリ・ラマナにも問われたことだった」

私は彼に言った。「彼は『神を見ることはできないが、もし人が望むなら、神になることができる』と答えた。私も同じことを言う」

「あなたが神を見つけたいと言うことは無意味だ。あなたは自分が失ったことのないものを、どうやって見つけられるのだろう？　あなたはあなた自身であるものを、どうやって見つけることができるのだろう？　あなたが見ることができないものは、あなた自身だ。そして神を外部の存在として視覚化するという考えは、全く神を自己から分離するものだ。神とはあなたの自己だ。神はあなたの魂だ。だから、あなたは決して神を見ることができないだろう。そして友よ、もしあなたが神を見ようとするなら、よく覚えておきなさい、彼はあなたの単なる想像の産物に過ぎない。人間のマインドは全ての空想に形を与えられるが、マインドによるこれらの創造物に自分を見失うと、神から、真理そのものからますます遠くへ離れて行く」

私がこの出来事を思い出すのは、あなたも神を見ることを望んでいるからだ。あなたはその理由で私に耳を傾けるようになり、そのため私はあなたにも、何かを言わねばならない。

過去においては私自身も同じように神を捜し求めたが、それ以来私は、この種の探求の無益さをはっきり理解するようになった。自分が真理を知ることができなかったのは、神を知ることができなかったのは、私が自己について無知だったからだと理解した。あなたは真理を知る前に、自分自身を知らねばならない。そしていったん自己を知ると、知るべきものはもう何もないことを実感する。真理への扉は、自己認識の鍵によって開かれる。真理は存在に充満している。そして自己がその扉だ。

自己を発見できない人や、自分の手元にとても近いものを見つけられない人は、遠く離れているどんなものも見つけることができない。何らかの遠い目標を追い求めることは、近いものを避けるための企てだ。そしてこの世俗的なものの追求は、自分自身から逃げるための努力として始まる。それは神から逃げようとすることと同じものだ。全ての探求は、内なる実存を調べること以外は自己から逃げようとする試みだ。

私たちの内側には、何が存在しているのだろう？　内側には闇、寂しさ、虚しさがある。そしてあなたはこの闇からの、この寂しさからの、この虚しさからの避難所を探して、ぐるぐる回っているだけなのではないだろうか？　しかし現実逃避は苦しみに終わるだけで、それ以上のことは何もない。誰であれ自己を回避しようとする人は、他のどこにも何も見つけないだろう。全ての追求は、自己の探求を除いて、どこにも導かない。

そこにはたった二つの選択肢しかない。自己から逃げるか自己に目覚めるかだ。逃げるためには、人には外側の目的地が必要だ。目覚めるためには、人は外側の全てのものに完全に幻滅していなければならない。

あなたの神が外側にいる限り、彼はあなたの幻覚、あなたの妄想だ。人間は自己から逃れるためにこの神を発明した。だから私があなたに言いたい最初のことは、神を、真理を、解放を探す必要はないということだ。あなたは調べる人そのものを調べるべきだ。その調べることだけが究極的に神へ、真理へ、解放へと導く。自己を探す以外のどんな探求も、宗教的とは呼べない。

「自己 *self*」と「自己認識 *self-realization*」という用語は非常に紛らわしい。人はどうしたら自己を知るのだろう？　何かを知るためには、二元性が必要だ。では関係するものが二つ別々に存在しないのなら、どうやって何かを知ったらいいのだろう？　どうしたら視覚化が可能になり、認識が可能になるのだろう？　知識と認識は両方とも二元性の世界に属していて、単一性があるところでは、意味と信憑性を失う。

行為としては、「自己認識」は不可能だ。この用語は自己矛盾している。それにもかかわらず、私もまた自己を知りなさいと言う。ソクラテスは同じことを言った。そして仏陀もそう言った、マハーヴィーラもそう言った、キリストもそう言った、クリシュナもそう言った。それでも、あなたが知るものは自己ではなく、非自己であることを認識しなければならない。それは知ることができる。自己とは知覚する人、認識する人だ。それは知覚される対象ではあり得ない。

だからあなたは尋ねる、どうすれば自己を知ることができるのか？と。対象しか知ることができないのに、どうやって知る者を知ることができるだろうか？　知識があるところには、主体と対象の両方が、知る者と知られる対象の両方がある。知る者を知ろうとすることは、あなたの目であなた自身の目を見ようとするようなものではないだろうか？

あなたはこれまでに、自分の尾を捕まえようとするが、うまくいかない犬に注目したことがあるだろうか？　尾は彼がそれをつかもうとするのと同じくらい早く、彼から離れて行く。彼は決してそれを捕まえられない。それは不可能だ。同じように、あなたは自己を知識の対象にすることはできない。他の全てを知ることができるような方法で、自分自身を知ることはできない。自己知は非常に単純だが、それにもかかわらず非常に複雑で、非常に困難だ。自己知は私たちがよく知っているのと同じ種類の知識ではない。全く違う。それは知る者と対象との関係ではない。それは至高の知識だ。なぜならそれの後には、知られるものが他に何も残っていないからだ。私たちはそれを至高の無知と呼ぶこともできる。知られるものが本当に何もないからだ。客観的知識は主体と対象物との関係だ。自己知は主体と対象物の両方の不在だ。これが起こる時、ただ純粋な知識だけが残る――無条件の知識が。

全ての世俗的な対象物が知られるのは、知識を通してだ。知識を通して対象物は知られるが、知る人は対象物から分離している。そして物質的なものへの私たちの理解は、まさにこの主体と対象物との関係だ。

主体も対象物もないところ――対象なしではもはや主体は存在しない――そこに自己の知識がある。自己知は、存在する知識の中で最も純粋な状態だ。私たちはこの状態を自己知と呼ぶ。仏陀がそれを説明したように、この状態には自己も非自己も存在しないからだ。

ほとんどの人々にとって「自己」という言語は、自我《エゴ》を意味している。しかしそうではない。自我《エゴ》が存在する限り、自己知はあり得ない。

しかし、どうしたらこの知識に達することができるのだろう？

その道はどこで発見されるのだろう？

私はかつてある家の客人だったが、その家には非常に多くの物があり、動き回れる余地はほとんどなかった。家は大きかったが、物がひどく散乱していたのでとても小さく見えた。実際のところ、家は本当に見えなかった。家とは壁で囲まれた空っぽの空間であり、壁そのものではない。空間が家だ。私たちが住んでいるのはその空間だ。

夕方の間ずっと、そこの主人は自分の家にスペースがないと不平を言っていた。彼はより多くの空間を作れる方法を尋ねた。私は笑って彼に、あなたの家にはありとあらゆる部屋があると言った。それはあった。彼が物で一杯にしていただけだった。私は彼に言った。「もしいくつかの物を処分すれば、自分が本当にどれほどの空間を持っていたかがわかるだろう」と。

自己知の過程はこれと似たようなものだ。

「私」は常にそこにある。目覚めていようと眠っていようと、座っていようと歩いていようと、喜びの中であろうと痛みの中であろうと、「私」はある。その人が物知りであろうと無知であろうと、「私」は存在している。自分は存在しているという事実を、自分は在るという事実を疑う人は誰もいない。人間は世界にある他のあらゆるものを疑うことができるが、自分自身の存在を疑うことはできない。

デカルトは言った。

「たとえ私が疑っても、私はそこにいる。私の他に、誰か疑う者がそこにいるだろうか？」

だが私とは誰だろう？　この「私」とは何だろう？　どうしたら、それを知ることができるだろう？　私は自分が存在することは受け入れられるが、この「私」とは何だろう？　私とは誰だろう？

私は自分の存在を疑わない。私は、自分は知ることができるということを、意識を、知覚力があるということを疑わない。私が知っていることは偽りであり、幻想である可能性がある。だが私の知るという能力は本物だ。

これら二つの事実を考えてみよう。まずあなたの存在という事実があり、二番目に、知るという能力があなたの内側に存在する事実がある。このただ二つの事実に基づけば、あなたの探求へと出発できる。

あなたは、自分が在ることは知っているが、自分が誰なのかは知らない。ではどうすべきだろう？あなたはまず、自分の知る能力を調べることだ。他の選択肢はない。知識は途方もなく強力な力だが、それは対象によって、あなたがそれを通して知るものによって隠されている。何度も何度も、同じように一つの思考は別のものに変わり、一つの対象は別のものに置き換えられる。あなたの知識は一つの対象から解放された途端に、別のものによって罠に掛けられる。

だが知識が対象から解放されたら、それが焦点をあてるものが外側に何もなく、ただ単に存在したら何が起こるのだろう？　そのような空っぽの、理解すべきものが何もないところでは、知識はそれ自身に向きを変えるのではないだろうか？　その時に、知識はそれ自身を知るのではないだろうか？　知識がどんな対象からも解放される時、それはそれ自身に落ち着く。それがどんな対象にも結び付けられない時、それは純粋だ。その純粋さ、虚空そのものが、自己知というものだ。人の意識に対象がなく、思考がなく、焦点がなければ、この経験を私たちは自己認識と呼ぶ。

この認識においては、自我《エゴ》も対象も存在しない。この経験を指すどんな言語もない。

老子曰く、「真理について語ることは何であろうと、口にするやいなや嘘になる」
だからと言って、人間が語ったもので、真理より上のものが何かあるだろうか？
私たちが、「それは言い難い」と言う時、それも言葉で述べている。知識は言葉を超えているが、愛のように、その至福、その光、その自由について話したいという衝動がある。その答えがどれほど不完全であろうとも、あなたの質問への答えがどれほど不充分であろうとも、知る人は誰でも何かを話すことを望んでいる。彼は何かを言いたかった。そうできないことを説明するだけであったとしてもだ。問題は、真理についてのこれらの声明やこれらの提言は、大きな誤解を引き起こし得るということだ。

普通の対象を探求するように自己を探求する人は、間違った道を歩いている。自己を知識の対象にすることはできない。自己とは全く物ではない。それが探求者自身の本来の性質であるために、何らかの標的のように、それを目的とすることはできない。「追求」と「追求する者」は全く同一のものだ。他に何も探求していない人だけが、自己を探求できる。全ての知識を取り除き、自分自身を空にする人が、自己を知るに至ることができる。そして全ての探求が最終的に捨てられた時、その人の意識はその自然な状態に、それが常にあった状態に達する。

かつて誰かが仏陀に、瞑想によって何が得られるのかと尋ねた。仏陀は答えた。

「何もない。私は多くを失ったが、何も得なかった。私は自分の熱情を、自分の思考を、自分の奮闘を、そして自分の欲望を失った。私は自分が大昔から常に持っていたものを得ただけだ」

あなたは、生来の性質を失うことはできない。神を失うことはできない。

では真理についてはどうだろう？　真理には始まりもなく終わりもない。あなた本来の性質を見つけるためには、あなたの意識から真実ではないものを、全て消さなければならない。失われ得る全てのものを失った時にだけ、何が真理かを知る。真理に到達するのは、あなたが夢を失った時だ。もう一度言わせてほしい——真理に到達するのは、あなたが夢を失った時だ。あなたの全ての夢が消えた時、残っているものがあなたの自己だ。それだけが真理だ。それだけが自由だ。

あなたはバラになることはできない。しかし棘になる必要はない。あなたは空に輝く星にはなれないが、その光を覆う暗い雲になる必要があるだろうか？　あなたにちょっとした秘密を教えよう——棘にならない人は花になり、暗い雲にならない人は輝く星そのものになる。

「私は誰か？」とあなたは尋ねる。むしろ、自分自身にこう尋ねなさい。

「私はどこにあるのか？」と。「私」を探し求めなさい。あなた自身で探しなさい。あなたがこの「私」をどこにも見つけられない時、あなたは自分が誰かを理解するだろう。あなたは誰か、という秘密は「私」の消滅の中にある。

人生は年の数で数えるものではない。本当はどれだけ行動したかで、数えられるものだ。思考は行動の原因となる。そして行動は呼吸よりも深い。呼吸はただ、年齢を引きずっているだけだ。感覚や感情は思考よりも深いが、これらのどんなものよりも、さらにいっそう深遠な計り知れない深みがある。それは人間の魂だ。自分自身の中にますます深く行く人は、生においてますます高く上昇する。その比率は同じだ。空に触れることを熱望する木は、まずその根を地中に非常に深く固定しなければならない。

私はあなたのために、真理への道を歩くことはできない。他の誰もそうすることはできない。あなたは自分自身で、その旅に取りかからなければならない。これを知りなさい。充分よく知りなさい。そうしないとあなたは、貴重な生を無駄に過ごすことになる。生の道は闇で覆われている。そして他人の光ではなく、自己理解の光があなたの道を照らすことができる。あなたは自分自身の闇であり、自分自身の光でもあり得る。あなた以外の誰も、あなたを闇の中に包むことはできない。ではどうしたら、他の誰かがあなたのための光になることを期待できるだろうか?

私は法《ダルマ》について、宗教について何を話したらいいだろう? 私が言うことは何であれ宗教ではない。言葉を超えているものは、言葉を通しては表現できない。

経典を宗教と間違えてはいけない。経典は言葉しか含んでいない。言葉は分割する。言葉は人類を分割している。人間たちの間に存在する壁は、石の壁ではない。その壁は言葉で築かれている。そして同じ言葉の壁が、人間と真理の間に立っている。真理から人間を分離したものは、全てのものから人間を分離した。言葉とは、私たちの真正な天性から、本当の自分からはぐれるように私たちに催眠術をかけているマントラだ。

自分自身をよく知らない人は、真理から遠いところにいる。これは、自己への理解が真理に最も近いものであるからだ。他の全ては遠く、はるかに隔たっている。言葉は波が海を隠すように自己を隠す。言葉の混乱は、煙が火を覆い消すように内的な音楽を覆い隠す。

私たちは外側の殻の探求に夢中になり、内側の人間を無視して自分たちの人生を過ごす。私は自分自身の内部を見る。私は言葉を見る――思考、記憶、イメージ、夢――言葉を。本当の私は、この言葉の層の下に埋められている。これだけのことなのだろうか？　これで全てなのだろうか？あるいは私の内側に他の何かが、この言葉の雲で覆われた状態を超えたものがあるのだろうか？全てはこの疑問に対するあなたの答え次第だ。もし答えが言葉から、思考から来るなら、あなたは決して法《ダルマ》を知らないだろう、決して宗教とは何かを知らないだろう。思考はそれ自体が制限だ。

一般的に自己の探求において、ここが人々が引き返すところだ。彼らはこの目に見えない壁に衝突して、彼らの来た道を戻る。それは非常に苛立たしい。これは井戸を掘っても、さらに多くの岩や、もっとたくさんの石しか見つからないようなものだ。しかしこの石の層に、この言葉の層に直面することは全く自然なことだ。これは単に外側の層に、ベールに過ぎない。

自己を見つけるために、あなたはこのベールを突破しなければならない。ありのままの真実と直面するに至るまで、進まなければならない。無言の井戸に辿り着くまで、言葉の層を通って掘り続けなければならない。自己の鏡が反映されるまで、思考の埃を掃わなければならない。これは容易ではない。あなたは自分の服を脱がなければならないだけではない。自分の皮膚も剥ぎ取らねばならない。これが苦行だ。これが本当の償いだ。

あなたは今まで、玉葱を剥いたことがあるだろうか？　あなたはそのように、あなた自身の皮を剥かなければならない。皮の層に次ぐ層が除去された後に、本質が残る。それがあなたの真正な実存だ。それがあなただ。

あなたは、全ての思考を追い払わなければならない。あなたではない全てのものを認知し、理解し、知らなければならない。あなたは深く潜らなければならない。

そして、善悪のどちらかを選ぶべきではない。これは知的な評価であり、思考を超えて導かれることは何もない。これが道徳と宗教の違いだ。道徳とは悪いものに対立するものとして、善いものを選択することだ。宗教では選択はない。宗教は全ての選択肢を超えている。

選択すべきものが何も残されていない時、残っている全てはその人の自己だ。人間が選択から自由になる時、思考は消える。そして覚醒だけが残る。もはや対象は存在しない、意識だけがある。この時点で、あなたに常に潜在していた知恵が現われ、宗教の門があなたに開放される。

私はあなたの自己に出会うよう、あなたに呼びかける。経典があなたに与えられないものは、既にあなたの内側にある。他の誰もあなたに与えられないことを、自分自身で手に入れることができる。真理は、あなたが言葉を超えると直ぐに理解されるものだ。


人間とは旅、無限への旅だ。ニーチェは言った。

「人間の偉大さはここにある、彼は橋であり目的地ではない」

私も同じことを言う。

私が自分自身をのぞき込むと、何を実感すると思うかね？

私は救いが、自分の足元の地面よりもすぐそばにあることを実感する。


肉体は神聖な寺院だ。それと戦う代わりに、内側に入りなさい。神への道はそこにある。身体は聖なる巡礼の場所だ。神は彼の住処としてそれを選んだ。霊的な極地を追い求める真の探求者は彼の身体を認めて、感謝の気持ちでそれと協力し、その全てのエネルギーを普遍的な魂との究極の合一に向ける。

第二章 真理と科学

Truth & Science

真理の体験は思考でも感覚でもない。あなたの存在全体の、全ての重要な構成要素の振動であり躍動だ。それはあなたの中にはない。あなたがその中にいる。それはあなたの存在全体であって、あなたに起こっている単なる体験ではない。それはあなた自身ではあるが、存在全体も含まれているためにあなたよりも大きい。

あなたは真理の定義を尋ねているのだろうか？　真理の定義はない。どうやって、その人自身がその人自身を定義できるだろう？　ピラトは「真理とは何か？」とキリストに尋ねたが、キリストは彼を見て黙ったままだった。真理には言葉も音もない。真理とは、自己の極端な深みの体験だ。それは在るものとの完全な同一化だ。

真理は虚偽の反対ではない。虚偽の反対は依然として虚偽だ。全ての極端なものは虚偽だ。真理は両極端の中間にある。言い換えれば、真理は全ての両極端を超越する。

私が見る限り、人間は方向に関する全ての感覚を失ってしまった。これが起こったのは、人が自分の内的な実存の探求よりも、物理的な世界の研究を選択したからだ。人間にとって、自分自身より重要なものはない。まず基本的な探求は、彼自身についてであるべきだ。

自分自身を知らない限り、彼の全ての知識は信憑性を欠いている。無知な人間の手中には創造的なものは何もないが、知識のある人の手であれば、無知でさえ創造的な道具になれる。自分自身を理解できるなら、自分自身の主人になれるのなら、ただその時にだけ彼のその他の業績は真価を持つだろう。これが起こらない限り、単に自分自身の墓を掘っているだけだ。

それこそが、私たちがしていることだ。私たちは自分自身の墓を掘っている。先の文明は外部からの攻撃によって破壊された。私たちの文明は、大きな内部の危険に脅かされている。二十世紀の文明が滅びるとしたら、自殺行為によってだろう。それは絶滅と呼ばなくてはならなくなる——誰かが残り、それをどうこう言えればの話だが……。この最終的な戦争は、人類の歴史には決して書き込まれないかもしれない、ということはあり得る。それは歴史の視界の外側で起こるだろう。それは人類全体を破壊するからだ。私たちより以前の人々は歴史を作り、私たちはそれを破壊する準備をしている。

私たちは無限の物質的な力を支配しているが、人間のハートの深みについては何も知らない。そこに一緒に隠されてある毒や甘露について、何も知らない。私たちは物質の原子構造を知っているが、魂の原子構造については何も知らない。これが私たちの大きな不幸だ。私たちは力を達成したが、平安も光明も達成していない。

光明を得ていない人、目覚めていない人の手中に大きな力がある。だがこれらの人々に力を与えるべきではない。もし誤用されたら、力は大きな悪をもたらす。私たちの全ての探求は力のためのものだった。これが人間の誤りだ。彼は彼自身の業績によって、彼自身の成功によって危険にさらされている。世界の偉大な思想家や科学者は、力の問題に没頭することの落し穴に気づくべきだ。現在の危機の瀬戸際に私たちを追いやったのは、まさにこの種の盲目的な思慮のない研究だ。その目的は力ではなく平和であるべきだ。そして目的が平和になれば、自然の秘密にではなく、人間そのものの神秘に焦点が当たるだろう。意識を持たない物質の研究と探査はさんざんなされてきた。しかし人間そのものに、人間のマインドに集中しなければならない時が来ている。

未来の科学は人間の科学であり、物質の科学ではないだろう。手遅れになる前に、この変化が起こらねばならない。生命のないものの調査に専心する科学者たちは、伝統と因習に縛られたマインドの保守的な人たちだ。科学的な研究の方向を変えるために、覚醒した人たちが必要だ。科学は人間そのものの知識のために努力すべきだ。

物質世界を究めようとする努力において、現代の科学者たちは人類の歴史上前例のない成果を達成してきた。同様に、人間に対して同じ洞察を達成して成功できない理由はない。人間というものを知ることができる。彼は究められる。彼は変容され得る。落胆すべき理由などない。私たちは自分自身を知ることができ、この知識の上に全く新しい意識を築くことができる。

新しい人間が誕生する。新しい生を始めることができる。これは過去に様々な宗教によって試みられてきた。しかしそれを見届けるためには、完璧にするためには、科学的な研究法《アプローチ》が必要とされる。宗教が始めたものを科学が完了できるのだ。

物質の世界に関しては、従来の科学と正統的な宗教の態度は常に異なるものだった。実際、宗教は全く物質に関係していない。この領域では科学が君臨する。しかし、宗教には貢献する価値が何もないということではない。伝統的な科学は放棄されるべきだ。そして科学と宗教は力を合わせなければならない。唯一この種の結合だけが、人類を救うことができる。私たちが物質に関する知識で得たものは、自己の知識で得るものと比較すれば何ものでもない。過去においては、宗教はこの知識の所有を、非常に少数の選ばれた者たちだけに託してきた。しかし科学的なアプローチを用いれば、この知識は万人が手に入れることができる。

人間のマインドには、まだ開発されていない潜在能力と無限の可能性がある。人間がとても惨めな理由は、これらの未開発なエネルギーが混乱しているためだ。人間のマインドが混乱すると、彼個人の混乱は、集合意識と同化する頃や普遍的なマインドと混合する頃には自動的に増えている。社会とは個人の総和以上のものだ。それは個人の総和の何倍にもなる。私たちの個人的な相互関係が拡張された結果が社会だ。各個人に起こることは、何でも大幅に拡大された形で社会に反映されることを覚えておきなさい。全ての戦争の原因、全ての社会的退廃の根は、個々の人間のマインドの内にある。社会を変えるのであれば、その中に存在する人たちを変えることだ。社会のための新たな基盤が存在するには、個人に新しい種類の生が提供されなければならない。

私は先ほど、人々のハートの中には毒と甘露の両方が存在すると言った。エネルギーの混乱は毒であり、エネルギーの制御は甘露だ。そして人間の生が調和と至福に変容され得る方法がヨーガだ。この内的な調和に反する考えと行動が罪だ。その調和を作るのに役立つもの、その調和を養うのに役立つものが美徳だ。人間が生と調和しない時、彼は無政府状態の中で生きる。そして調和を知らないマインドは地獄にいる。この調和が高まる時、人間は天国にいる。そして個人が自己の内側の調和と一つになる時、彼の外側の行動は彼の宇宙との一致を反映する。何であれ、私たちの内側にあるものが私たちから流れ出る。それが私たちが放出するものであり、私たちが受け取るものでもある。

私たちは人間の内的世界を、輝く健康と天上の音楽で満たせる科学を作らなければならない。未来の天国の王国のためではなく、この世界のために、この地球上の生命のためにだ。この生が実りあるものなら、なぜ他のものについて心配するのだろう！　人の想像力は、もっぱらこの世からの逃避のために、あの世の幻影によってかき立てられている。真正な宗教は、あの世や来生とは何の関係もない。だがそれが、この世界に起こってきたことだ。宗教のあの世への関心は人類にとって有害であった。それは彼の注意をこの世からそらすからだ。

宗教、哲学そして経典は、全く物質的な世界に関わってこなかった。科学のようには関わってこなかった。物質は征服されたが、そうした人間は完全に無視されてきた。人間が最初に来なければならない。人間が、科学と宗教の両方の中心にならねばならない。

科学は物質から離れることだ。宗教はあの世から離れなければならない。個々の愛着を排除することが、それらの出会いのポイントになるだろう。これは人間の歴史の中で最大の出来事を生み出す。これは大きな創造的エネルギーを生み出す。この結合だけが人類を救うだろう。他に方法はない。

この結合から、この連結から、人間の科学が初めて出現する。生は、人類の未来はこれに、これだけにかかっている。

真理は解放をもたらす。しかし真理による解放は、その人の存在のまさに呼吸の中に現われる。最も強い束縛とは、借りものの真理による束縛だ。世界でこれ以上の虚偽は何もない。

私は嘘を藁の山と見なす。それには全く力がない。真理の最も小さな火花が、それを灰に変えることができる。

信じることと信じないことは密接に関連している。その間に違いは全くない。それらの身体は異なるかもしれないが、魂は同じだ。そして真理を求める人は、両方に注意しなければならない。一つは井戸でありもう一つは溝だ。もしあなたが落ちたいのなら両方とも申し分ないが、真理に向かって進みたいなら、中間の道を通ることだ。マインドはその二つから、信じないことからと同じように、信じることからも自由になった後にだけ解放される。有神論者でも無神論者でもなく、信じる人でも信じない人でもない人だけが、真理への旅に取りかかることができる。

小さな村でのある月のない夜、誰もがぐっすり眠っていた時、突然泣き叫ぶ声が静けさを破った。それは全ての人を目覚めさせ、混乱して動揺した村人たちは、叫び声がした小さな小屋に向かって走った。その中で彼らが聞いたのは、「火事だ！　私は燃えている！　私の家に火がついている！」だった。

村人の何人かは、すぐに水の入ったバケツを取ってくるために走ったが、さらに詳しく調べてみて彼らが非常に驚いたことには、小屋の周辺のどこにも火災の兆候を見つけられなかった。内部でランプが燃えているようにも見えなかった。誰かが提灯を持って来た。彼らは扉を押し開けて、小屋の中に押し寄せた。彼らは老婆を発見したが、彼女はまだ「火事だ！　私は燃えている！　私の家に火がついている！」と叫び声を上げていた。

「あなたは気が狂ったのか？」彼らは彼女に叫び返した。

「どこに火があるのだ？　我々にそれを見せてくれれば消してやる」

老婆の叫び声は止まり、彼女はその代わりに笑い始めた。

「私は狂ってはいない」と彼女は言った。

「しかしあなた方は狂っている。あなた方はみんな、自分の家から出た火を消すためにここに集まっている。自分の家に戻ってそこで火を探しなさい。私が叫んでいる火は私の内側から出ていて、あなたはそれを消すことができない。ただ自分自身を知ることだけが、この火を消すことができる。もし火が外にあったら、あなたは消すことができたが、私が叫んでいるものは内側の火だ」

そしてもう一度彼女は、自分の家が火事になったことと、自分が中で燃え尽きたことを嘆き悲しみ始めた。

私は、ちょうどその夜にその村にいた——そしてあなた方みんなもそこにいた。あなた方はその事件を忘れてしまったかもしれないが、私は忘れていない。私はあなた方みんなが、老婆の行動に狼狽して、彼女があなたの睡眠を邪魔したことにいらいらして、自分の家に帰るのを見た。あなたは次の日の朝起きた時に、それをきれいに忘れていた。その村は全ての人類の住居地でもあるため、実際は、全世界がその事件を忘れてしまったと言えるだろう。

あなた方はみんな眠るために戻ったが、私は戻れなかった。その老婆は決定的に、私を睡眠から揺り起こした。なぜなら、私がその目に見えない炎を見つけるために内側を見ても、全く何も見つけられなかったからだ。しかし私は、自分の睡眠がただの夢、錯覚に過ぎなかったこと、そして錯覚そのものが、彼女が話していた炎であったことがわかった。

ほとんどの人々の生は、この錯覚のせいで、生の現実についてのこの無知のせいで、ただ炎に焼き尽くされる。しかしその無知そのものは錯覚にすぎず、あなたに痛みをもたらし、あなたを惨めにさせるものがこの錯覚だ。しかしあなたは火を見ることができないので睡眠に戻り、自分の夢に戻る。夢は睡眠の良い仲間だが、それはあなたが目覚めることを困難にする。夢は実際のところ、この錯覚の火のための燃料だ。

痛みを伴う夢はあなたを不快にするかもしれないが、その時あなたは単に寝返りを打つだけだ。あなたは素敵な夢を期待して悪い夢を大目に見る。しかし痛みを伴う夢がないことは、楽しい夢を保証するものではない。それはただ、あなたにより良い夢が来るのを期待させるだけだ。しかし喜びと痛みは一緒に繋がれている。それらは夢の荷車を引っ張る一対の雄牛のようだ。人間は睡眠中に、夢の中で彼の生を無駄に費やす。眠っている人を生きていると見なすことはできない。

これは人類の非常に古くて非常に痛みを伴う物語だ。それは天地創造と同じくらい古い。しかしある人が自分は燃えていると言う時はいつでも、彼は狂っていると人々は言う。彼らはどこに火があるのかと尋ねて、それを消すために水の入ったバケツを持って駆け付ける。しかし火は外側にはない。そのため、目が外側を見ることに慣れている人に火は見つけられない。とにかく、外側の水が内側の火をどうやって消せるだろう？

火が目に見えようが見えまいが、全ての個人は自分の人生が自分を消耗させていることを、ある時点で感じる。そして火があるところに炎がある——私たちにそれを見ることができてもできなくてもだ。その存在は私たちの視力を拠り所にしない。

実のところ、私たちが見ることができないために火が存在しているのだ。それがまさに存在するのは、私たちの無自覚のためだ。それはただ、私たちの無知の中にしか生きていない。だが人間が火の熱を感じる時、彼は自分が燃えていると考えて、火の原因を探す代わりに、水を探し求めて狂ったように走り回る。この水を探し回ることも錯覚だ。誰もが水を探し求めて、あちらこちらを走っている――富や名声や救いという形を取った水を。

水は外側にある。それを見つけるためには外向きのアプローチが必要だ。しかしこの外側の競走は火に油を注ぐだけだ。それはただ火を煽るだけだ。どんな外側の探索も炎を煽るだけで、人が外側で水を探しに走り回るにつれて炎はますます高くなり、内側の火はますます熱くなる。それは全く悪循環だ。しかしこの悪循環さえも錯覚だ。そしてあなたは、探している水を決して見つけることはできない。全ての井戸もまた錯覚だ。外側の努力が、どうやってこの内側の火を消すことができるのだろう?

水を見つけたと思う人と、全く何も見つけられない人は、実際には同じ挫折を共有する。錯覚と本物の成功は決して共存できない。その人の不成功は、実のところ錯覚という火のための燃料だ。

アレキサンダー大王が死んだ時、何百万人もの人々が追悼しにやって来た。そして彼らは、伝統に反して彼の手が見えていたことに気づいた。ほとんど全ての国では、棺の中に手を入れるのが慣例だ。人々がそれについて尋ねると彼らは言った――アレキサンダーも手ぶらでこの世を去ったのだと見ることができるように、自分の手がはっきりと人々に見えることを彼が願っていたと。アレキサンダーのような偉大な征服者も、彼の手に何も持たずに世界から去る！　もし全ての死体の空っぽの手が露わにされて、人間が、世俗的な所有物は生とは全く何の関係もないという真理を何度も何度も目撃できたなら、どれほど素晴らしいことだろう。

外部のものはどれも、内側の火を消すことはできない。外側の幸福が内側の痛みを治すことは決してない。最大限の外側の光でさえ、内側の闇を追い散らすことは決してできない。しかし今日までこの内側の闇を取り除く全ての試みは、外側のアプローチによって行なわれてきた。そして科学を生み出してきたものが、まさにこの努力だ。

私は科学に反対ではない。それどころか、私は科学の大いなる友人だ。しかし科学は、平和や喜び、あるいは人間にとって本当に価値あるものを、決してもたらさないことを私は強く主張しよう。それは快適さを提供できる。けれどもこれらの快適さの全ては、私たちがしばらくの間自分の惨めさを忘れることを助けるものだ。瞬く間に私たちはそれらに慣れる。私たちはすぐにそれらを当たり前の事と思い、それから再び惨めになる。それらがすることは全て人間の惨めさを抑えることであって、治すことではない。そして私たちは、さらに大きな快適さに新しい答えを求める。それは終わりなきメリーゴーランドだ。それは神経症、苦しみ、惨めさを引き起こし、最終的には狂気に達する。

科学は、物質的レベルでの生活に関する範囲だけに関係している。そして実際、科学的知識は全く必要不可欠なものだ。それは物質的な面で物事を改善するのに役立つからだ。例えば、痛みは外側に感じられる。そして外側の治療は効いているように見えるかもしれない。しかし実際のところ、痛みは全く人間の苦悶の原因ではない。痛みとは単に内側の苦悶が外周に表れたものにすぎず、その苦悶の中心は、その人自身の内側の争いにある。外部からの治療は痛みから逃れるのに役立つかもしれないが、決して治すことはできない。そしてこれらの外側の治療が痛みを麻痺させるせいで、内側の争いは高まり続ける。

外側の幸せの虚飾が豪華であればあるほど、その人の内側の貧困は深くなる。仏陀とマハーヴィーラが自分たちの世俗的な豊かさの真っ只中で、非常に鋭く内面の貧困を感じたのはもっともだ。

科学が人間にもたらした巨富のために、人々は徐々に、外側の富は内側の平安や自由を保証するものではないという事実に目覚めている。科学の進歩は、この昔からの信念をゆっくりと打ち砕いた。科学の発達は科学の恩恵を人間に示してきただけではなく、その過失も露わにした。科学は保守的な宗教指導者たちがかつて信じていたほど役立たずではなく、その盲目的な支持者がかつて考えていたほど絶対に正しいものでもない。この種の盲目的な信仰があると、物事は常に現実的には決して認識されていない。

信じることは常に大きな目隠しになっていた。盲目的に信じることは既成の形式で事実を覆い、型にはまった理論で真実を曇らせる。理論で事実を覆い隠すことは、事実そのものから逃げることだ。あるがままの事実をまともに見ることで、自分の視野が広がる。その時に人が学ぶことは、生の束縛ではなく全ての偏狭さから生を解放することだ。先入観という靄《もや》を通して生を眺めることで、人間は自分自身を不自由で停滞した状態に陥らせてきた。人は生を全体として眺められない。彼はこれまで主観的な選択のベールを通してしか、生を見たことがない。彼はあるがままの、完璧な一つのものとしての生を見たことがない。

宗教は多くの点で外側を否定してきた。その反動として、他の人たちは内側の実存の存在を否定してきた。科学がこれをしてきた。だから宗教と科学は、長くお互いのライバルになっている。しかしこの競争は、本当は宗教と科学の間のものではない。それはある精神状態と別の精神状態との、ある人間の傾向と別の人間の傾向との戦いだった。

人間のマインドはその傾向によって動機付けされる。それは時計の振り子のように、ある状態から別の状態へと揺れ動く。ある精神状態は単に別の精神状態の原因になるが、真理はこれらの状況のどこにも見つかるものではない。どんな状況も完全ではあり得ない。完全であることはその性質の中にはない。真実《リアリティ》はこれらの精神状態の中間に、これらの状況の中間にしか存在しない。真実《リアリティ》は全ての状況が消えた時、全てが静かな時にだけ存在する。真実《リアリティ》は状況がない時にだけ見つかる。

生とは内側でも外側でもない。生は両方だ。人が内側に集中するなら、彼は中心だけを見て周辺を見失う。だが、どうやって周辺なしで中心が存在できるだろうか？　周辺が存在するからこそ中心は存在する。そして人が周辺だけに集中すると、その時中心は彼から失われる。どうやって中心なしで周辺が存在できるだろう？　生は両方だ。生は決して単なる内側でも外側でもなく、それ自体では、決してある特定の状態ではない。

科学は周辺の、人間の環境の研究だ。宗教は内側の探求で、自己に焦点を当てる。科学は物質世界に関係している。宗教は神に関係している。そして外側の探査と内側の探求は、初めは相反するように見えるかもしれない。しかしそれらは本当は一つであり、あらゆる真理の探求における単なる二つの面に過ぎない。論争は人間の想像の中にしか存在しない。生は全体、総体だ。人間性の強情さだけがこの分割を作ってきた。

生とは、内側と外側の総計だ。人が吸い込む息は人が吐き出す息だ。息を吸うことと息を吐くことは、まさに同じコインの二つの側面だ。では空気とは何だろう？　空気は外部のものだろうか？　それとも内部のものだろうか？　それはどちらでもない、両方だ。主観的な視点から、それを内部と呼ぶ。客観的な立場から、それを外部と呼ぶ。だが呼吸に関する限り両方だ。全て相対的だ。そして生も同じだ。一つの角度から生を見るなら、それは内側の現象であり、別の角度から見るなら、外側の現象だ。科学は客観的な角度であり、宗教は主観的だ。

生の現実《リアリティ》は、両方の見方から生を眺められる人によってのみ、外面的かつ内面的に穏やかで落ち着いていて静かな人によってのみ、知覚される。意見や先入観がない人だけが、生の統一性と完全性を見ることができる。概念や固定観念に縛られている限り、誰も生の全体を体験できない。なぜなら、生の断片化はエゴが入り込む余地を作るからだ。

視点、概念、観念がない時、エゴはなく「私」はない。その時、在るものは単に在る。それが真理だ。真理は視点ではない。全ての視点が消失した時、真理はそれ自身を明らかにする。そして変化する状況が存在しないところに、現実《リアリティ》が存在する。それが真理だ。真理の実現は、生の欲求不満の炎を消すことができる唯一の水だ。

人間が物体と、所有物と自分自身を同一化する時、彼は自分のハートを分割する。彼は内側の争いの中にいて、なおかつ外側の争いの中にいる。しかし人々は、気がつくと常にこの二重性に巻き込まれている。この二重性や分割は、自己を外側の何かと同一化することで引き起こされる。二重性が存在するのはこの同一化のせいだ。それはもう一つの悪循環だ。しかし私たちは、みんなこの二分法を受け入れて苦しむ。そして自分の生を客観的に見る人は、この二重性の感覚から生じる緊張が、まさに増加し続けているのがわかるだろう。なぜなら同一化の車輪は、それ自体の推進力で回転し続けるからだ。

科学には始まりがある——それは生の周辺で始まる——だが終わりはない。そのため、中心からますます遠くへ離れて動き続ける。科学は一つのものに向けられた先鋭的な探求だ。それは単なる手段だ。それ自体が目的なのではない。それは探求することで出発するが、決して最終的なゴールに達することはできない。

宗教は内側の状態だが、本当は状態というものではない。全ての人間の状況の根となるものは周辺上でしか見つからない。しかしこの「探求」という言葉は、実のところ正確ではない。なぜならこの探求は努力を要しないからだ。

宗教は内側の油断なき状態だ。しかし観察する者、観察する行為、そして観察されるものは、二重性がある間だけ、人が周辺に集中している間だけ存在する。ハートはそのような区別をしない。科学は技術だ。では宗教も技術と呼べるだろうか？　いや、宗教は全く技術ではない。外側に存在するものは技術的な用語で説明できるが、内側の核に存在するものは、全ての説明を超えている。実際、科学は外側で説明が始まるところから始める。

科学は言葉であり、宗教は沈黙だ。周辺は完全に表現や表明することで成り立っているので、科学は言葉の中に存在する。内側は未知で、目に見えず沈黙しているため、宗教は全く言葉を必要としない。科学は木のようなもので、宗教は種だ。

科学は知ることができる。宗教は知ることができない。人間は宗教的であることができ、宗教的に生きることができる。科学は知識だが、宗教は生きなければならない。だから科学は教えることができるが、宗教は決して教えられる対象にはならない。

科学は既知の探求で、宗教は未知の発見だ。科学の目的は世界という枠内で、人の幸福の範囲を広げることであり、一方、宗教の目的は個人の自己認識《アイデンティティー》を溶かして未知にすることにある。非常に多くの異なる科学が存在するが、宗教が一つしかない理由がそれだ。沈黙は進歩的であり、宗教は不変で永遠だ。


周辺上の幸福を探して安全を求めることは、その人の実存の現実《リアリティ》からさらに遠ざかる。しかし生の大きな神秘は、人間が自分の中心に、現実《リアリティ》に近づくと、周辺上で幸せになるということにある。だがその過程は、自分の中心に到達すると、周辺のものは、幸福やその他の全ても消えるというようなものだ。これが起こるのは、彼の中心や彼の自己も同じ様に解消するからだ。その時、世俗的な幸福も同じ様に存在しなくなる。外側が存在するからこそ中心は存在する。それらの存在は相対的だ。

中心に近づくにつれ、周辺は最終的には完全に中心と一致する点に縮小するまで、ますます小さくなる。その時、両方の個性は失われる。この出会いの地点が真理への扉だ。それは中心でも周辺でもない。だがその状態で見る者と見られるもの、観察する者と観察されるものは一つになる。

だから私は、科学は宗教と反目することはあり得るが、宗教は科学に対してどんな種類の議論も決してけしかけられないと言うのだ。外部のものは内部のものと反目できるが、これは内部のものにとっては不可能だ。内部のものは全く外側を知らない。息子は母親と反目するかもしれないが、母親にとって息子の存在は彼女のものだ。

宗教は科学に反対できない。もし反対するなら、本当の宗教ではない。そして宗教は世界に敵対することもできない。世界は宗教に反対するかもしれないが、その逆は全く起こり得ない。宗教は絶対に論争的にはならない。

宗教は自由の歌だ。論争または敵対があるところには束縛がある。そして論争があるところには平和はない。そこには火だけがある。

だからその老婆が「私の家が燃えている。私は燃えている」と叫んだのは、全くもっともなことだった。人々が水の手桶を持って――ちょうど外側の救済策を探し求め続ける科学者のように走って来た時に、彼女が笑ったのはこのためだ。彼女は今でも笑っているに違いない。それは世界が今もまだ同じ窮地に陥っているからだ。まさにこの瞬間、世界の苦境は同じだ。これは同じ月のない夜だ。

今まさに村人たちは彼らの眠りから目覚めつつあるが、それは彼らの生涯の催眠状態からではない。今まさに彼らは、水の入ったバケツを持って走り回っている。今まさに彼らは尋ねている。「火はどこにあるのだ？　我々には見えない。見せてくれれば、それを消すだろう。我々は水をかけるためのバケツを持っている」

毎晩同じことが、何度も何度も起こる。しかし火は内側にあり、水は外側のものだ。ではどうすれば、その火を消せるだろう？　火は毎日ますます高く燃え上がり、人間はその炎の中で焼き尽くされ続けている。

火はある日最高潮に達するかもしれないという可能性が、人間は最終的にそれに降参するかもしれないという可能性がある。もう一つの可能性としては、火が最高潮に達するにつれて、人類は最後に真理を見るかもしれない。最後に変容するかもしれないし、最後に知恵を得るかもしれないということがある。だが覚えておきなさい。科学は決して、内側の火を消すことはできない。これまでのところ、発明と革新の全てをもって、科学は炎を煽ることに成功してきただけだ。

そして科学は、本当に人類のために何をしたのだろう？　大変な努力と多くの研究で科学は現在の状態に至ったが、内側の火は続いている。科学の全ての奇跡的な発見は単に人間に大きな力を与え、周辺を補強し、既に燃えている火に多くの燃料を追加しただけだ。

科学の途方もない強さを無知な人に託すと、最終的に人類の滅亡を招くという奇妙さがわかるだろうか？　私が見るところでは、最後の二つの世界大戦は、人類の最終的かつ完全な破壊のための単なるリハーサルに過ぎなかった。ほぼ一億人の人々が、これらの二つの戦争で命を失った。にもかかわらず戦争の準備はまだ続いている。第三次世界大戦は最終的なものになるだろう。私は、人類がもうこれ以上戦争をしないだろうと言っているのではない。私は単に、攻撃すべき人が誰も残っていない、守るべき人が誰も残っていない、と言っているのだ。

人類が示し続ける自己破壊への願望には、原因がないわけではない。人類の外側への探求は、彼に満足を与えるものを、または実体のあるものをもたらさなかった。おそらくこれが、世界の完全破壊への彼の願望の背後にある潜在的な理由かもしれない。

人は全てのものを自由に使えるにもかかわらず、今までと全く同じところにいる。彼の人生は空虚で無目的だ。アレキサンダー大王が、自分の手が空だったのに気づいたのは死ぬ時だった。そして棺の中で空の手を見えるようにすることで、彼の人々が死の神秘を理解するための役に立ちたいと思った。人は死を垣間見たせいで、自分自身を破壊したくなるものだろうか？　彼は神に面倒な事をとっておきたいのだろうか？　その人の手が空っぽで、その人の魂が浅はかであるなら、生きる意味とは何だろう、人生の志とは何だろう、人生の目的とは何だろう？

人間の生が無意味なのは、彼が生を少しも知らないからだ。そして彼が生として知っているものが無意味であるのは疑うまでもない。それは全く生きる価値がない。もし、内側にどんな注意も払わずに、外側に自分の惨めさの解決法を探すことで人生を生きても、意味がない。彼のために残されている唯一のものが物質的なもの、物体であるからだ。もし人間が内側を犠牲にして物質的なものに安全を求めるなら、彼自身の病気、惨めさ、欠乏、そして欲求不満を引き起こす。さらに最終的には彼自身の死を招く。

そして単に外側の世界を拒否して、内側のものに安全を探す人も同じように無力だ。彼は潜在意識のレベルで自ら精神的な争いを作り出し、内側の平和と自由を奪われてもいる。愛と美の中に生きる人だけが、内側の核に本当に達することができる。外側を拒否することは、ただ悲しみと欲求不満をもたらすだけだ。結果として生じる争いは、それに伴って無気力と停滞を携える。この種の主観的な争いはエゴを強化するだけだ。そしてこれが起こると、その人の最も内側の実存に達することは不可能になる。

生は統合、主体 *subject* と対象 *object* との融合だ。生は主体と対象の調和だ。抑圧、支配、または緊張が存在する時、生はない。生は平和、平静、そして単純さの中にだけ存在する。これらは私たちの気づき——生への気づき、本当に在るものへの気づきからしか生じない。気づくことは無知の欠如だ。気づきが意識だ。完全な気づきの状態では、周辺上の対象から中心の主体への一定の流れがある。それから主観的でも客観的でもない探求がある。これが正真正銘の探求だ。

だから私は何度でも言うのだ。無知、無意識、そして気づきのなさは、生を焼き尽くす火であると。さらに理解や意識、気づくことは、その人の生を至福に変容させる全体性をもたらすと。無知の生を焼き尽くすまさにそのエネルギーが、気づくことを通して至福に変容される。無知、そして気づきのなさ以上に悪いものは何もない。だが気づくことをもって生きるなら、彼が持つ全ての力は至福になる。エネルギーは中立で公平だ。どのようにエネルギーが使われるかは、完全にその個人次第だ。

本当の宗教的なマインドにとって、それ自身で充足を達成できない科学の無能さは、欲求不満の元ではない。それは内側の満足のための媒体に変えられる。それは世界を楽園にするのに役立つ。科学と宗教の統合は、人類のために全く新しい展望を、全く新しい次元を生み出すことができる。


かつて王が苦行者に言ったことがある。

「あまり寝過ぎると有害だと聞いたことがあるが、それでも私はたっぷり眠っている。そなたの意見はどうだろうか?」

苦行者は答えた。「善良な人々があまりにも寝過ぎることは良くありません。でも悪い人々がたっぷり眠るのは良いことです。なぜなら、悪い人々がより活動的であればあるほど、世界に苛立ちをもたらすために働くからです」


内側の平和があれば活動は常に建設的だが、内側に争いがあるのなら、不活発や無気力は良いことだ。

正しい者の手にあれば、科学は偉大な善を成し遂げるための手段となる。しかし、それが怪物の手にある時、人は科学の存在をどうやって正当化できるのだろう? 力が理解と結びつく時、その結果は至福だが、力と無知の組み合わせが惨憺たる結果となるのは確実だ。そして人間はまさにそのようなひどい事態に巻き込まれている。科学は人間に力を与えてきたが、人類がこの力を適切に使える正しい理解が、どこにあるだろう？　平和が成し遂げられないなら災難がある。人間が精力的で、創造的かつ建設的な道を進むのは、ただ平和の中でだけだ。だが今私たちには、外側にある創造力と内側にある欲求不満しかない。構造は単純で、その組み合わせは実に危険だ。

イライラして乱れているマインドは、他人を苦しめることから喜びを得るだけだ。不幸で不満なマインドは、この種の歪んだ喜びだけに価値を置く。私たちが与えることができるのは、自分が持っているものだけだ。不幸な人は、他の人が満足しているのを見るとさらに不幸を感じる。彼の唯一の望みは、他の人が彼と同じくらい不満であるのを見ることだ。これが起こってきたことであり、今も起こっていることだ。

科学は、無知と欲求不満の人間たちの手に大変な力を委ねてきた。そしてこの力そのものが、おそらくこの地球上の生命の完全な破壊の原因となるだろう。そのような人間たちが今までも、そして現在も、世界的な破壊の可能性をコントロールする立場にいる。もし人類がこの種の大惨事に携わるようになるなら、それを偶発的と言えるだろうか？　私たち全員が関与していないだろうか？　私たち全員が同じ方向に進んでいないだろうか？　どこに全ての人間の努力が払われているのだろう？　私たちは何のために、生きていて死んでいるのだろう？　それはただ死を招くため、集団自殺を招くためなのだろうか？

過去には、いわゆる宗教的な人々は、生から逃れるために瞑想したものだった。今や科学は、集団的かつ即座に生から逃れるための新たな手段を、全ての分野の人々に提供してきた！　誰がこのような絶好の機会を逃したいだろう？

私たちはみな、この惑星的自殺に向かう行進の共謀者であり仲間同志だ。そして平和について話す者たちでさえ、お互いを破壊する準備ができている。彼らは平和のために、自分自身の生を失う準備さえできている。そして彼らは、世界を守るために進んで払う偉大な犠牲について語る！　彼らは平和の敵でもあり、人類のこの避けられない絶滅の仲間でもある。

私がこのように言うのは、人間性の全てが狂ってしまったということだろうか？　おそらくそうかもしれない。だがこの声明はそれほど正確ではない。そう言うことで、昔は人間が正常な感覚の中にいたという印象を引き起こすかもしれないからだ！　実は人間は以前と同じように、常にそう在ったように今も在る。唯一の違いは、彼が今日持っている力にある。過去にはその力が彼のものではなかった。そして彼の隠された全ての欲求不満を表面化させたのは、この新しく見つけた力だ。力と威信は、必ずしも狂気という結果をもたらさない。しかし人間の隠れた狂気は、力の庇護の下でその本性を現わす機会を見つける。そして全ての人の欲求不満は表面化している。

私たちは、科学によるそうした途方もない現状突破に感謝すべきだ。全ての人の見かけが剥ぎ取られ、今彼は裸で不安定に立っている。彼は進退窮まっている。しかしそのような正念場で、彼は死ぬことができるか、新しい生き方に目覚めるかのどちらかだ。

現実に直面しながらそれに気づかないままでいることは、生の更なる進化を停滞させることになる。人類はかつて、非常に誤った危険な考えに苦しんできた。しかし、より知的な現実逃避にふけるよりも、今の事実に直面するほうがいい。間違った考えは他人に有害なだけでなく、その人の自己にとっても同様に有害だ。そして人間が過去において、彼を取り囲んでいた障壁を突破できなかったのは、この自己欺瞞のせいだ。人類が、自分の欲求不満をはっきり見ることができる時が今来ている。どのような病であれ、克服する方法を見つけられる時が今来ている。人間の歴史の短い期間において、三千年間でおよそ一万五千の戦争があった。毎年五つの戦争だ！　これは正道を踏み外してはいないだろうか？　そしてこれらの戦争は全て、おそらく平和のために戦っていた！　戦争と戦争の間は平和とは呼べない。それは次の戦争の準備のための息継ぎに過ぎなかった！　これが病的でないと言えるだろうか？　人類はただ、戦争のために生きるのだろうか？

科学のせいでこの病弊は頂点に達している。それについては疑いの余地はない。だが病弊は去らなければならない。人類が生き残りたいなら、この苦悩がどれほど身近なものであろうとも、それを取り除かなければならない。病が古ければ古いほど、人がそれに慣れれば慣れるほど、より快適に思える。この特定の病気は遺伝的だ。それは習慣的になっている。何かが古ければ古いほど、その主張が強固であればあるほど、人はそれを守るだろう。そして戦争という病気は、人間そのものと同じくらい古い。これは人類の文化に深くしっかり根付いている。

あなたに小さな物語を話してみたい。それは全く真実ではないが、語られていることはまさに真理だ。

第二次世界大戦が終わった後、神は自分が見たものにすっかり動揺した――とりわけ人間による人間の扱いに――。だが使者がある日、人類が第三次世界大戦の準備をしていることを彼に知らせるために到着した時、彼の懸念は頂点に達した。人間性の強情さは、彼の目に涙をもたらした。そこで彼は自分を訪ねるようにと三大国――イギリス、米国そしてロシアの代表者を招待した。彼らが到着した時、神は彼らに言った。

「聞き間違いじゃないだろうか？　あなた方は第三次世界大戦の準備をしているのか？　あなた方は第二次大戦から何も学ばなかったのか？」

私がそこにいたなら、私は人類が常にその教訓を学んでいることを神に指摘しただろう。第二次世界大戦のために、人間は教訓を学んだ。第二次世界大戦のために、人間は第一次大戦から教訓を学んだ！　そして第三次大戦のために、彼らは既に第二次大戦から彼らに必要な全ての知識を習得している！　しかし私はそこにいなかった。けれども私はここにいて、私が神に言ったであろうことを、正確にあなたに話している。

しかし彼は神ゆえに、神の慈悲をもって語った。

「私はあなた方それぞれに、あなた方がこの自殺的な戦争を避けることを条件に、あなた方の心が望むものを何でも与えよう。第二次世界大戦でもう充分だ。私は人類を創造したことを既に充分に後悔している。あなた方が私の老後をこれ以上悩ませないなら、私は感謝するだろう。あなた方は私が人類を創造した後、他の何も創造しなかったことに気づいていないのだろうか」

私がそこにいたなら、こう言っただろう。

「神よ、あなたは全く正しい。地上で『一度噛まれると、二度目には臆病になる』とよく言われるように」。しかし私はそこにいなかった。

アメリカの代表は言った。

「全能の父よ、私たちには全く大した願望はありません。私たちには一つの些細な願いしかありません。もしそれが満たされるなら、私たちに関する限りもう一つの戦争は必要ありません」

神はこれに全く満足したようだった。

だがアメリカ大使が「私たちの取るに足らない唯一の願いは、地球上にロシアの痕跡があってはならないということです」と付け加えた時、神は自分が人間を創造して以来、最も不幸になった。

人類は、自分たちの創造者に完全な復讐をしたいように見える！

それから神は、ロシア人の方を見た。

「同志よ、」とロシアの代表者は言った。

「まず第一に、私たちはあなたを全く信じていないことを指摘したいと思います。私たちの偉大な国家は、数年前にあなたを忘れてしまいました。私たちは世界から、あなたのあらゆる跡を消滅させました。しかし私たちは、あなたへの礼拝を復活させる用意ができています。私たちは荒廃し、老朽化した教会、シナゴーグ、モスクの中にもう一度あなたを入らせる用意ができていますが、あなたは引き換えに、私たちのために何かをしなければならないでしょう。私たちはアメリカを世界地図から一掃してほしいと思います。もしあなたがこれを行なう立場にないと感じるなら、心配しないでください。少し時間がかかるかもしれませんが、あなたの助けがなくても、私たち自身でそれを行なう万全の準備ができています。私たちは生き残るかもしれませんし、生き残らないかもしれません。それは重要ではありません。私たちはとにかくそれをするでしょう。私たちは万人の公共福祉のためにそれをするでしょう。人類の未来はアメリカの破壊にあります」

それから神は、英国大使の方に涙でいっぱいの目を上げた。あなたはひょっとして、イギリス人が何を言ったのか想像できるだろうか？　いや、おそらく無理だ。彼はこう言った。

「おお主よ、私たち自身の願望は全くありません。もし私たちの友人の両方の願望が一度に満たされるなら、私たちの全ての願いは自動的に満たされるでしょう」

事態はそのようなものだ！

これは本当に、それほど事実に一致しない物語だろうか？　これよりも事実に基づいた物語が何かあるだろうか？

この事件は、これら三ヵ国に限ったことではない。全ての国が同じ意見を持っている。国家が存在するところに、戦争は存在する。国家の概念そのものが最終的には戦争につながる。これは国にとって真実なだけではない。個々人の状況も同じだ。この種の強情さが人間の間に存在しないなら、どうやって国の間で存在するだろう？　個人は全人類に起こる全てのものの一部だ。集団的行動が愛のものだろうと憎しみのものだろうと、その元は常に個人だ。

世界全体が憎しみの雲に覆われたなら、人はそれらの雲を形成するために結合された個人的な怒り、野心、痛み、惨めさ、そして憎しみの原因を見つけるために、個々の心の中を見なければならないだろう。一人の人間が憎悪して、または暴力でもう一人に対抗する時、その影響は増加していたるところに広がる。これは地球を取り囲む死の影のようになる。そして、もしこの憎しみと暴力が、個々の憎しみや個々の侵略行為の総計よりもはるかに大きいなら、その総和は――。

しかし憎しみで起こったものは、愛で起こることもあり得る。愛はそれぞれの個人によって捧げられた合計よりも、何倍も大きくなる可能性がある。その愛は神だ。しかし私たちに今あるものは怪物、憎しみそのものだ。あなたはそれを悪魔と呼ぶことができる。しかし神も悪魔も総体から、全体から分離していないことを覚えておきなさい。彼らは人間の創造物に過ぎない。人間の中の善であるものが神だ。彼の中の美であるものが楽園だ。彼の中の悪であるものが地獄だ。

人は独自の世界を築き上げる。私であるものが、世界への私の寄与になる。そしてまさにその提供によって、私は世界の創造と自分の環境の創造の参加者になる。その意味では全ての人が創造者だ。各個人が世界の醜さの一因であること、そして各個人が世界で起こるどんなことに対しても、それが暴力、怒り、憎しみや戦争による全滅であれ、同様に責任があることはぜひ理解する必要がある。この状況への責任は、一人一人の肩にかかっている。誰にでも責任がある。どんなに取るに足らない人であっても、全ての人は全ての戦争に対して、最も大きな災害に対してさえも責任がある。個人の集まりが社会を構成する。他の何が社会なのだろうか？　個人自身が社会なのだ。

人間は野心に酔っている。誰もが自分以外の何かになりたいと思っている。しかし何かになるという競争の中で、自分が本当は何なのかを忘れてしまう。自分以上の何かになることは不可能だ。それが種の中になければ、木の中にあることはできない。それでも全ての個人は、自分ではないものを探している。これがまさしく社会の病気の原因だ。暴力と無秩序をもたらすものがこの欲望だ。人の自然な進化のためには、外からは何も必要ない。どんな探求も、どんな変更も、どんな外側の干渉も一切必要ない。人間は静かで神秘的かつ自然な進化に恵まれている。しかしこの進化は、この成長の結果さえ外側では見えないほど自然なものだ。

自分ではないものになろうとする過程で、人は大変な労力を費やす――が、最終的に彼は全く何も成し遂げていない。緊張や闘争そして不幸が、自分ではないものであろうとする試みの結果だ。人が単純にあるがままの自分でいる時、もがきや葛藤はない。そのような人は単にそのままだ。

彼は誰ともどんな競争もしていない。彼の中にはどんな他の人格の痕跡もない。何も外側から彼に押し付けられていない。彼の心は緊張から、競争性から解放されている――そして彼は自然に進化する。このように、彼は無意味なもがきと競争にエネルギーを費やすことを止めて、エネルギーの大きな、自然な貯水池になる。彼の生来の進化を方向付けるものが、まさにこのエネルギーの備蓄だ。そして彼には全く緊張がない。

他人と自分自身との比較に人生を費やす個人は、全く自分の人生を生きていない。生は内なる現象だ。自分自身を忘れてしまったら、生が発見されることはない。他人と自分自身を比較すると、妬み、怒り、そして攻撃性を感じる。それは生ではない。それは生きている死だ。そして歩く死体が生息する世界が、現在のように醜くなるのは避けられない。

人間がこうした野心と競争性と共に生きようとすると、どんな内側の平安も見つけられず、彼の潜在意識のより深いレベルでの葛藤や欲求不満が増え続ける。やがては絶望の内に、彼は復讐し始める。彼は破壊的になる。自分自身を理解できない人の反応は破壊だ。自己理解の欠如は、破壊や暴力として現われる。

だから私は、この世への野心であろうとあの世への野心であろうと、野心に基づいた世界は決して非暴力になり得ないと言うのだ。野心があれば、どこにでも攻撃がある。野心そのものが暴力だ。そして科学は、巨大な力を野心的な人々の手に預けてきた。宗教が人間の心とマインドから野心を消さない限り、破壊は避けられない。

なぜこうした野心があるのだろう？　それはどこから来るのだろう？

野心は劣等感の結果だ。あらゆる個人は自分自身の中に弱さを、無力を感じている。内側で彼は浅はかさと空虚さを感じている。まるで彼は何者でもないかのようにだ。彼はある種の非存在を、空虚さを感じている。そして彼が逃げようとしているものが、この空虚さだ。

実は彼は、何かに向かって走っているのではない。何かから逃れようとしている。しかしその人の狙いをもう一つのものに定めることなく、一つの場所から逃れることは不可能だ──だから彼は物質的な対象に焦点を合わせているのだ。人間の現実逃避の根本的な原因は内面の空虚さだが、外見上それは何かを達成しようと、どこか他のところへ到達しようとする形をとる。実際のところ、彼は自分自身から逃げるために走っているのだ。

しかしこれを事実として受け入れたら、自らの現実逃避を暴露することになる。そこで私たちは、誕生と死の輪廻からの解放についての理論に耽溺する。この自己欺瞞は非常に根深く、この虚偽の連鎖を壊さない限り、人は決して野心から自分自身を解放しないだろう。

人が一つの野心に失敗したら、簡単に別のものを選ぶ。人が世界で失敗すると、神に対して野心を生み出すだろう。自分自身を世俗的な野心から解放できない商売人は、出家僧《サニヤシン》になる。だがそれは新たな装いの同じ野心だ。そして野心そのものもまた、錯覚ではないだろうか？

人生における宗教の誕生は、自らが逃げようとしているのを見て、その理由を理解し始める瞬間にしか起こらない。野心の根は内側の空虚さからの逃避だとわかれば、生に新しい展望が開く。人が自分の内側の空虚さから逃れられると思うことは、単なる別の錯覚だ。だが、自らの内側の空虚さに気づくことが宗教だ。現実逃避は錯覚で、気づくことが宗教だ。

逃げようとする人は内側の空虚さを全く浅いものと感じるが、気づきの中で生きる人は全く浅さを認めない。人の無知の中で浅いものとして見えるものは、気づきの中では深く、完全に、そして深遠になる。逃げようとすることは、この浅さの感覚を増やすことを意味する。それはあなたが自分自身からさらに遠く離れていくため、そうなる。そして遠くへ行けば行くほど、浅く感じるだろう。この感覚の程度があなたの自己からの距離になる。覚えておきなさい、人間はエゴが強いほど無力であるということを。

人間の空虚感は、自己から逃げようとするにつれて増大する。この逃げようとする試みの基本的な原因は恐怖にある。逃げることは、あなたの恐怖を受け入れることだ。逃避は恐れを保護する。あなたが受け入れるものや、あなたに安心感を与えるものは何であろうと、最終的にはあなたを支配する。逃げようとしても、あなたの恐怖は減少しない。逆に、それは増大する。あなたの恐怖は、あなたの自己についての理解不足と同じ程度に増大する。あなたはますます浅く感じて、これが最終的に非常な苦痛になる。

自己から逃げようとしない人や自己に気づくようになる人は、自分が全く新しい世界に入ったのを知る。薄っぺらい感じは全くない。自分の生が空っぽだと感じない。彼の全人生は計り知れない愛と喜びの生だ。

自己に気づいている人は、自分自身の内側にどんな浅薄さも見つけない。彼はそこに神を見つける。自己の中に浅いものは全くない。浅いものは自己についての無知の中にしか見出されない。あなたが気づいていないなら、その気づきのなさそのものが、あなたの浅さの感覚だ。あなたが気づいているなら、ちょうど太陽があるところには闇がないように、浅いものは全くない。

あなたが気づくようになる瞬間、浅薄さのようなものは何も存在しない。あなたが太陽になる瞬間、闇のようなものは何ひとつ見つからない。私は太陽になった後のことを話している。全体で満たされた後のことを話している。来て、私の手を見てごらん。それらは満ちていないだろうか？あなたも太陽だ。あなたの手も満ちている。

だがあなたは眠っている。あなたの目は閉じている。あなたのうたた寝のせいで、あなたは自分の手が既に満ちているのがわからない。だからそれらを満たそうとして、あなたは夢の中で自分の人生を過ごす。だが私はあなたに尋ねたい、空っぽではない手をどうやって満たせるだろう？　既に満ちている内側の空虚さを、どうやって満たせるだろう？　あなたの全ての努力が無駄なのはこのためだ。そしてこの無益さ、この失敗が、全ての人間の苦悩の原因だ。

精神的苦痛の中にいる人は、他の人を苦しめたいと考える。苦しんでいる人は、自分の苦しみを他の人と共有したいと考える。人は自分が持つものだけを共有できる。あなたが持つものを共有せずに生きることは不可能だ。花がその香りを共有するのは、香りが花にあるからだ。星がその光を共有するのは、星が光そのものだからだ。彼が苦しみなら、苦しみを共有する。

だが、人は喜びを共有することもできる。人は喜びになることもできるからだ。そして宗教とは想像を絶する喜びへの道だ。宗教は自己に気づくことであり、自分の自己に気づいている人は、自分の中に浅いものが少しもないことを知る。彼は計り知れない喜びで満たされている。なぜなら今や、達成すべきものが何も残っていないからだ。自己の中に、達成する価値があるものは何でも既に存在しているのがわかる。

自己は浅くない。自己は喜びに満ちたものだ。気づくということは、自分の喜びを他の人と共有することだ。喜びの香りをまき散らす心が、宗教的な心だ。

本当に宗教的な人々の手と心の中で、科学とその力は真に輝かしいものになる。科学と宗教のそうした協力が、そのような融合が待望されてきた。その結合を支援する用意が、あなたにあるだろうか？　それぞれの人が媒体になるべきだ。各個人は、一つの道具にならねばならない。このような協力関係は、地球に大いなる栄光の時代をもたらすことができる。それはこれまでに在り、去ってしまった時代のことではない。それはまだ来ていない時代のことだ。

真理の体験と真理の解釈の間には、天と地の差がある。真理を解釈しようとする時、あなたは外側に立っている。真理を体験する時、あなたは完全に内側に、それと完全に一体になっている。真理の体験を持つ人にとって、それを定義することが不可能なのはそのためだ。もし真理について何らかの説明ができるなら、それは彼が真理を決して体験しなかったというしるしだ。人々は私に、真理とは何かと尋ねる。しかし私に何が言えるだろう？　私は黙ったままでいるしかない。


真理とは何か？　それは信条、信仰、組織、経典、言葉だろうか？

違う、信条は死んでいて真理は生そのものだ。

真理は信仰ではない。真理に繋がる道はない。

既知の道を未知なるところへと、どうやって導けるだろう？

真理は宗教団体でもない。真理は時間を超えた体験だ。それは極めて個人的で、完全に私的なものだ。限られた時間の環の中に、どうやって真理を閉じ込められるだろう？

真理は言葉ではなく、音でもない。音は生まれては消えるが、真理は永遠に存在する。

それではそれは何だろう？

あなたは、誰、何、どこ、いつ、なぜ、という言葉の中には、決して真理を見出さないだろう。

真理は単に存在する、在るものはただ在る。真理は観測したり熟考したりはできないが、それを生きることはできる。全ての思考と熟考は、真理の中に存在することへの障害になる。

音楽のリズムの中で、愛に満ちた中で、自然の美しさの中で、個人は実質的に消える。その時に存在するものが真理だ。

個人そのものは虚偽だ。非個人が真理だ。「私」は虚偽だ。神が真理だ。

いわゆるスピリチュアルな人が放棄と呼ぶものは、私から見れば無知だ。何の知識もないところに、どうやって何らかの放棄があり得るだろう。もし隠された愛着がまだあるのなら、無関心はあり得ない。罪がまだ存在する美徳はあり得ない。そしてこれらは、無知の中にだけ存在する。

知識の人は、愛着と無関心の両方の絡み合いから自由でいる。認識の状態においては、愛着と無関心の対立は一切ない。これが一つであることの、非二元性の、真理の認識の状態だ。そこには世俗的な楽しみはなく、そこに放棄はない。これは絶対的な真理の、純粋な存在の状態だ。

無知は二元性の中で生きて呼吸する。この状態でのマインドは、一つの極端から別の極端へとさまよう。もし人が楽しみを落とすなら放棄が介入する。だがこの放棄とは何だろう？　それは単に愛着の反対ではないだろうか？　そして無関心とは何だろう？　それは単に愛着の別の側面で、ただ世界から反対の方向へ逃げることではないだろうか？　しかし忘れてはいけない。この種の人間は、彼が逃げようとするものが何であれ、それにひっかかるようになる。無関心は単なる別の種類の隷従だ。いかに想像をたくましくしても、それは自立ではない。

自立は虚偽に反対したり、生における誤りから逃走することで達成されるものではない。自立は真理の知識の中にある。私たちを解放させるものは真理であり、真理だけなのだ。

もし真理は生きるに値しないと思うのなら、真理を尊ぶに値すると思うことは不条理だ。

完全な知識の習得のためには、謙虚で自由なマインドより重要なものは何もない。だが概してマインドは謙虚でも自由でもない。それはたいてい利己的なプライドに悩み、固定観念と偏見の感情にしっかり取り囲まれている。利己心は内側からマインドを抑制し、固定観念と先入観は外側からそれを制限する。そしてそのように閉じ込められることで、人間の知性は真理を覆っている封を引き裂く能力を除々に失う。

誰かが一度、アルバート・アインシュタインに尋ねた。

「科学的な研究で最も重要な原則とは何ですか?」

アインシュタインがどう答えたのか知っているだろうか? アインシュタインの返事は、質問者が夢にも想像できないものだった。アインシュタインは「利己心がないことだ」と言った。

完全な知識への鍵は、疑いもなく利己心がないことだ。利己心は無知だ。「私」という観念で満たされているマインドには、真理をお客《ゲスト》として迎え入れるための部屋がほとんど一つも残されていない。マインドがこの私という状態から解放されたなら、真理のための多くの部屋があるだろう。ハートの家は、二人が妥当な宿を得るにはあまりに小さい。カビールが神への道は狭いと言った時、彼は全く間違っていなかった。

エゴは強迫観念と偏見の熱心な収集家だ。無知な中で賢明に見せるためのより簡単な方法を、あなたは考えられるだろうか？　エゴはそれ自身の成長のために、それ自身の更なる発展のために、知識の断片を集める。エゴはそれ自身を守る方法として、それ自身の概念とお気に入りの考えに断固としてしがみつく。

どんな知的な議論でも、それがたちまちエゴの戦いに発展することに気がつくだろう。それは私の真理、私の宗教、私の経典であり、単なる真理、宗教、経典、神ではないというところに発展するまでに、それほど長くかからない。エゴはこの種のものを生きがいにする。エゴの全ては、これらの類の考えに中心を定めている。「私」が自己主張するなら、真理はどうやって存在できるだろう？　どうやって、宗教がそこに在ることができるだろう？　どうやって完全な知識がスペースを見つけられるだろう？「私」が存在する限り、真理は不在だ。この類の状況においては、エゴは経典の教えと言葉を真理として単純に受け入れ、それ自身に全く満足したままでいる。

しかしこの満足の中には、常に恐れの要素がある。真理として単純に受け入れられてきたものが真理ではないと判明するかもしれない、という可能性は常にあり、その疑いは常にある。だからエゴは、受け入れた信念を自分のものだと宣言するのだ。それはそれ自身の信念を固めるためだ。そのために死ぬ覚悟さえできている。エゴは矛盾したものに耳を傾けることさえ、恐れている。なぜなら受け入れた真理が、本当は間違いだと証明できるような事実が、常に明かされる可能性があるからだ。こうした状況において、利己主義者は聞くことも考えることも望まない。彼は自己満足を保っていたい。自分が既に受け入れた盲信を保ち続けたいと考える。

真理を探求したい人にとって、この態度は致命的だ。これまで安っぽい満足を代償に真理を見出した人は、誰もいない。真理に達するためには、自己満足は去らなければならない。人の目的は真理であるべきであり、偽りの満足であってはならない。真理が達成される時、本物の満足は影のように後に続いて来る。

身を引き締めて、どんな犠牲を払ってでも真理を見つけようとする人は満足をも達成する。しかし、最初に満足を望む人は真理から拒否される。そして結局、彼は自分が見つけたと思っていた満足をも失う。

誰かがかつて、老賢者に尋ねたことがあった。

「これまで誰にも与えてこなかった助言がありますか？　これまで誰にも教えてこなかった教えがありますか？」

老人は答えた。「確かにある。教えられたことがない一つの教えがあり、与えられたことがない助言がわずかにある」

その人は質問し始めた。「それは何なのか、教えていただけますか？」

その時、賢者は笑って言い足した。

「だがそれは、あなたに見える対象物ではなく、あなたが言葉にできる思考ではない」
真理は、どんな言葉を通しても教えることはできない。言葉を通して教えることができる真理は全く真理ではないことをよく理解しなさい。真理は知ることはできるが、言い表わすことはできない。真理を知るためにはあなたは無言に、沈黙した虚空にならなければならない。虚空の状態で知られるものを、どうやって言葉に表わせるだろう？

私は、アダムとイヴがエデンの園から追放された時の事を聞いたことがある。アダムが口にした最初の言葉は、「イヴ、俺たちは偉大な革命の期間を通過しているのだ」だった。それが彼の正確な言葉でなかったとしても、その考えは確かに彼の心をよぎった。彼は全く異質の世界に入ろうとしていた。彼は未知のもののために、既知のものを捨てることを余儀なくされた。そして彼がそう感じるのはもっともだった。この考えは、あらゆる時代の人たちに表現されてきた。なぜなら生は常に、既知から未知へと進むからだ。

人は未知のものを発見するために、既知のものを捨てなければならない。既知のものを置き去りにする勇気が欠けていると、未知そのものの扉で止まることになる。既知のものに留まることは知識の欠如を示す。なぜなら自分自身を完成させるまで、常に知っているものに、馴染みのものに別れを告げなければならないからだ。それは闇を通過することだ。だがそれは必要だ。太陽は新しい太陽を昇らせるために、沈まなければならない。その過程は困難だが、痛みなしではどんな誕生もない。

まさにこの瞬間に、私たちは人間の意識において前例のない革命を、これまでに起こったどんなものとも異なる大変動を通過している。変化は常にあった。時には大いに、時にはそれほどでもなく――。なぜなら変化がない限り、生はないからだ。しかし時折、この永遠に続く変化の過程は頂点に達する。その時、本物の革命がある。

二十世紀は、人類をそのような頂点に連れて来た。そして彼の意識は今、進化の準備が、完全に新しい方向に向きを変える準備ができている。私たちが全く新しい道に沿って旅をせざるを得ない可能性と、私たちの知っているもの、私たちの精通しているものが消えてしまう可能性がある。私たちが指針としてきた原則と価値は、もはや適用されない。伝統の支配力は弱っている。これは大きな変化のための準備だ。私たちは過去から根こそぎにされている。未来への移動を待っている。

この全てを通して私は、人間が馴染みのない扉を叩いているのが、自分の存在の神秘を理解しようとしているのがわかる。反復的な環の中で導かれ、よく踏み慣らされた道は捨てられた。そして人々は、未来の暗闇を明るくしようとしている。これらは全て良い兆候であり、彼らは私を希望で満たしてくれる。これらの努力は、人類の意識が新しい高みに登ることも望んでいる。新しくて骨の折れる方向に進路を定めることを望んでいるという朗報の先触れだ。

私たちは、人間の革命の新たな段階の近くにいる。人は以前とは異なっているだろう。見る目がある人たちは、生じているものを見ることができる。聞く耳がある人たちは、生じているものを聞くことができる。種がばらばらになって、小さな芽が太陽を求めて地面から突き出る時、そこにはわくわくする感覚が、ある種の不安な感覚がある。そして私たちの内側にも、似たような期待する気持ちや落ち着きのなさがある。何も心配することはない。この混乱の状態は、移り変わりの時期の一部だ。今、恐れて引き返すことは自殺的だ。生は前進するだけだ。戻ることはできない。闇が夜明け前に最も深くなるように、痛みと混乱は悪化し、最も強烈になる。

この落ち着きのなさの、この意識の革命の、この新しい時代の可能性のきっかけになったのは科学だ。科学が私たちの目を開けた。それは私たちのまどろみから、私たちを目覚めさせた。それは、私たちが最も大事にしてきた多くの夢を打ち砕いた。それは私たち自身の裸の状態を私たちに示した。それは最も暗い夜から私たちを目覚めさせた。科学は人間を充分に成長させ、彼の子供時代を取り去った。科学がその実験から引き出した発明と結論は、伝統的な概念から私たちを解放し、因習的な思考パターンから私たちを解放した。私たちが虚偽の中で生きていたのは、自由でない考えは全く本当の考えではないからだ。私たちはまるで蜘蛛の網に捕まったように、何世紀も昔の盲信に巻き込まれていた。科学はこれらの束縛を壊した。そして現在、人類は理解、識別、覚醒の方へ進むことができる。

科学は、人間を信仰の奴隷状態からも解放してきた。終わりを告げた時代は、信仰の世代とも呼べる。来たるべき時期は覚醒の世代だ。盲目的な信仰から識別への進歩は、科学の人類への最も偉大な贈り物だ。それは私たちに与えられた信仰の変化ではなく、信仰そのものからの自由だ。過去においては信念が変わった。新たな信仰が単に古いものと取って代わっただけだ。しかし科学を通して、完全に新しい何かが、以前には決して起こらなかったものが、今日起こっている。古い信念は打ち砕かれたが、それらはまだ置き替えられていない。この空虚さ、この真空は人間の歴史において前例のないものだ。それは信仰が焦点を変えたのではなく、それが完全に消えたということだ。信仰や信念とは全く何の関係もない意識が生じている。

信仰を変えることは、基本的に何の違いも起こらない。一つの信念が単に別のものに取り替えられるだけだ。ちょうど人が棺の荷重を、一方の肩からもう一方へ移し変えるように。信じるという傾向が重大なものだ。本当の要因は信じるというこの彼の性質にある。科学は人間に新しい信念を与えたのではない。それはこの習慣を完全に壊してしまった。

この信じる傾向は人間を盲目的に従わせる。それは人を自身の先入観に固執させる。先入観から抜け出せないマインドは、真理を知ることができない。知識を身に付けるためには、人は偏見から完全に自由でいなければならない。何かを単純に信じる人は、どんな知識も持っていない。そして彼のまさに信念そのものが一種の奴隷状態だ。人にとって真理がわかるためには、彼の意識は自由でなければならない。人を真理に導くものは識別であって、信念ではない。

人間における識別の目覚めに対して、信念よりも大きな障害はない。覚えておきなさい、信じる人は決して考察しないものだ。信仰ではなく疑いが考察につながる。全ての知識は疑いから生まれる。そして、疑いは信念の欠如に過ぎないと考えてはいけない。信念の欠如は、信念そのものの否定的な側面以上の何ものでもない。

真理の本当の探求に取り組むためには、人は自由なマインドだけでなく、疑いにも満ちているマインドを必要とする。科学者は受け入れられている知識に疑問を投じる。そしてさらなる調査への道を開くのが彼の疑いだ。科学者が広く行き渡っている信念を放棄する時、それは真理に向かって進む。科学には信仰心や不信は不要だ。科学にはそうした偏見はない。それは実験を通して得られた知識だけを受け入れる。それは有神論でも無神論でもない。それは先入観を持たない。それには証明するための独自の信念がない。科学は無派閥だ。その研究結果は普遍的だ。

人が先入観から始める時、何を研究しようと、その結果は常に狭量な固執であって真理ではない。普遍的であるただ一つのものは、真理そのものだ。これが、宗教はとても多く、それぞれが他と対立しているのに、科学はたった一つしかない理由だ。宗教が信念にではなく純粋な識別に基づいている時、それも同様に一つであるだろう。信念はいくつもあり得るが、本物の識別は一つだ。嘘はいくつもあり得るが、真理は一つだ。

過去の宗教の本質は信仰だった。そして信仰は、全くどんな種類の確証もなく戒律を受け入れることを強要する。もし人が信仰を持たないなら、彼は無宗教だと見なされた。なぜなら信仰は宗教の影として見られていたからだ。無神論の本質、宗教の反対側にあるものは信仰の欠如だった。それはただ信仰の別の側面に過ぎない。受け入れとは対照的にそれは拒否を含むが、それもまた何の確証もなしに、だ。信仰がなければ、無神論も有神論も存在しなかった。人類は常にこれらの二つの極端の間で、これらの二つの極性の間で揺れてきた。だが現在、科学が私たちに三番目の選択肢を与えている。今や無神論でも有神論でもないことが可能になっている。今や、信仰から絶対に自由でいることが可能になっている。現在、人類は自分自身をそれらのいわゆる原則から解放することができる。それは何世代もの伝統を通して、何世紀にも渡る教えを通して、その無意識の中に叩き込まれてきたものだ。

さまざまな社会や異なる見解を持つ集団は常に、最も人格形成的な時期の若者のマインドに彼らの考えを刻み込む。両親がヒンドゥー教徒であろうと、ジャイナ教徒、仏教徒、キリスト教徒、またはイスラム教徒であろうと、彼らはみんな自分の見解を彼らの子供たちのマインドに植え付ける。そして絶え間ない繰り返しによって、これらの観念は青少年たちの無意識のマインドにしっかりと根付く。これは自由な考えのためのどんな機会も否定する。同じアプローチが、無神論を奨励するために、共産主義を広げるために用いられる。

無垢な子供たちに対するこの教化は、人類に対する最大の犯罪の一つだ。若いマインドは考えを詰め込まれ、その考えに閉じ込められる。人が成長する時、その人は線路上の列車のようなものだ。

彼はただ自発的に活動しているように見えているに過ぎない。彼はただ、自分の考えは自分のものである、という幻想を抱いているに過ぎない。

この種の観念的な教化は、単に人々を彼ら自身の信念の枠組みの中でお互いに関係し合うようにさせるだけだ。これは途方もなく有害だ。これは人間の自由で抑制されない意識の発達の邪魔になる。それはある種の精神的な奴隷状態になる。水車を回す牛のように、人は自分自身の信念の範囲内で動いて、自分自身で考えることができない。

人のマインドが完全に自由である時にだけ、その人の思考の潜在力は開発される。そしてこれだけが真理へと導くことができる。

科学はその固定された信じるという性向を攻撃することで、人類にとって大きな利益になっている。それは精神的な自由のための基礎を築いた。これは新しい宗教を生じさせるだろう。その宗教は信仰にではなく識別に基づくものに、その本質は知識であって信仰ではないものになるだろう。宗教は意識の科学になるだろう。

本物の宗教は常に科学的だった。マハーヴィーラの、仏陀の、キリストの、パタンジャリの、老子の体験は全て実験に、識別や気づきをもって行なわれた研究に基づいていた。信じることがその後に続いたが、その始まりにおいて信念はなかった。彼らの実験は知識に基づいていて、信仰は後から起こった。彼らが提唱した真理は彼らの体験そのものであり、それは本質的で独特な体験だった。彼らの言葉は異なっているかもしれないが、彼らの真理の本質は同じだ。真理が人によって異なることはあり得ない。

この宗教の科学は常に、少数の光明を得た存在の手の中に留まってきた。それは決して大衆に広まったことはない。人々の宗教は常に盲信に足枷をかけられてきた。しかし現在、科学の進歩はついにこの盲目状態を根こそぎにしている。そしてこれは真の宗教にとって非常に幸運だ。科学の火は宗教を浄化して、宗教はしだいに人間の意識を啓発するだろう。知恵と識別に基づく宗教は、人類を超人の意識に導くことができる。人間の意識はこの方法で、それ自体を超えて上昇できる。そして自分自身を超えて上昇する時、彼は神と一つになる。

真理はただ、実感することができるだけだ。それは説明も理解することもできない。

第三章

宗教と教育

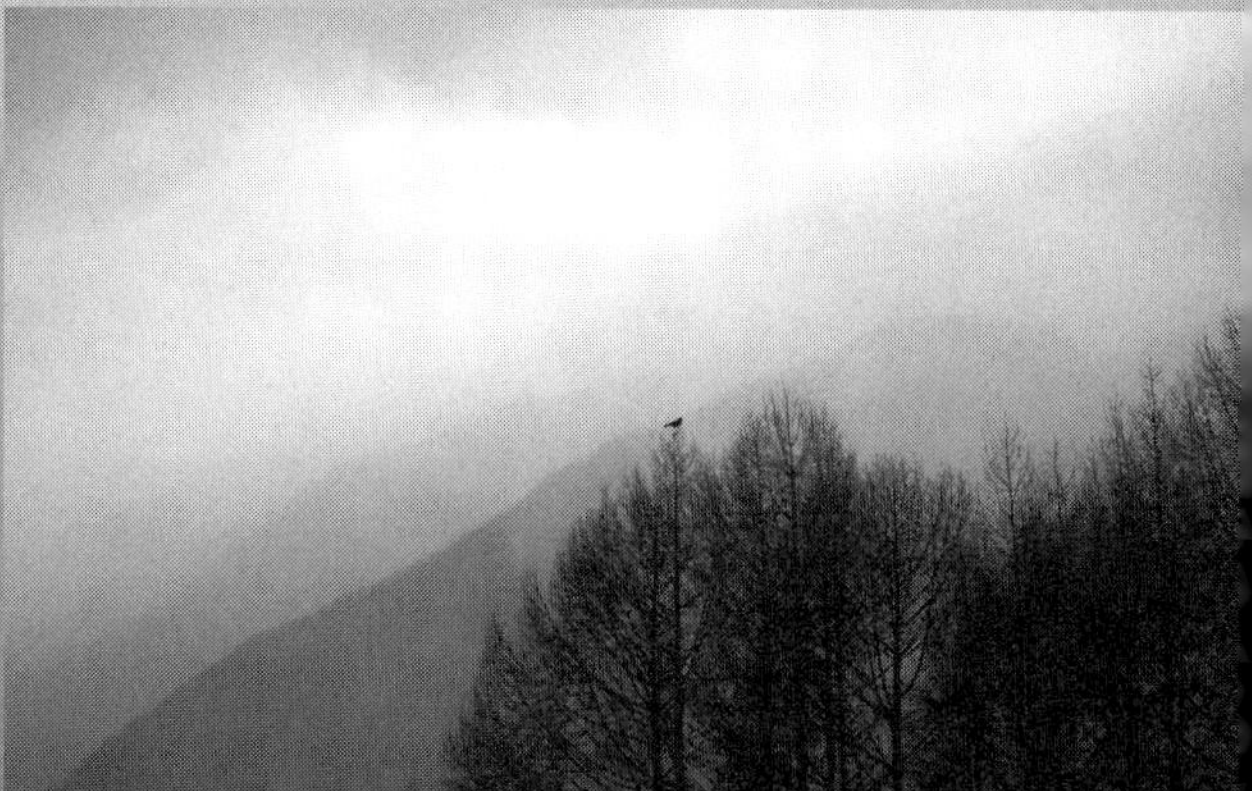

Religion & Education

宗教の目指すものは何だろう？　それは普通の人の中に眠っている超人を目覚めさせることだ。これが、そしてこれだけが宗教のゴールだ。

あなたは神の存在の証明を求めているのかね？　意識の存在が充分な証明ではないだろうか？一滴の水は海があることの証明ではないだろうか？

夜が明ける頃、私は輝く露の滴が穏やかに優しく花びらに付いているのを見た。その滴は音をたてなかった。その人の心に準備ができていると、神も露の滴のように降りる。彼があなたの前に現われない限り、あなたは彼が訪れているとは夢にも思わない。

あなたが神を知りたいなら、その道は沈黙だ。何であれ、神について語られることが偽りになるのは、そもそもそれが言葉にされたからだ。

私はどの宗教に属しているのだろう？　どれでもない。美徳、敬虔、正義、公平さ、簡素、そして同様の種類の質を持ってのみ、宗教は真の実在性を持つ。しかし、いわゆるカルト宗教や宗派の中には、宗教は全く存在しない。そして世界で本当の宗教の現われを妨げてきたのが、まさにこれらの教団《カルト》や宗派の存在だ。真の宗教的な精神の誕生のためには、全ての教団《カルト》は消えなければならない。だから私はどんな特定の宗教にも、どんな宗派や教団《カルト》にも属していないのだ。

本当の美徳を熱望する人は、どんな宗教にも属する必要はない。組織化された宗教は実際、宗教をきっかけに息づき栄える悪を活気づけるために、存在しているだけだ。悪が美徳に遭遇する時、それは不安になるかもしれないが、今日の宗教の存在は悪を明らかに喜ばせるに違いない。私がどんな宗教にも属さないのは、悪魔のパーティーに参加したくないからだ。

私は、悪魔と彼の弟子たちがしばらくの間、真理の探求に携わっていた男に注目していたのを聞いたことがある。彼らは当然のことながら気になって、一心に彼を見ていた。けれどもある朝、弟子たちは、その男が真理を達成したことを知らせるために悪魔のところへ駆けつけた。彼らは非常に動揺していた。

悪魔は彼らを慰めて、「心配するな。この知らせが町から町へと広がるまで、ちょっと待てばいい。人々はこの男に群がるだろう。彼らは彼が達成した真理を取り上げて、それを規約や信条として表現し、自分たちを組織化して宗派にするだろう。全く何も心配することはない」と言った。

宗教とは道だ。どんな道であれ、単に知るだけでは旅はできない。あなたはただ、歩くことによってのみ道を旅することができる。

人が宗教に示せる最大の敬意はそれを生きること、それを使うことだ。それについて語るだけでそれを生きない人は、自分自身の言葉や考えを信じていないということだ。

宗教的な生は非実用的なものではないし、聖人ぶった生でもない。

宗教の真理を知るには、それをどう生きるかだけにかかっている。それを生きない限り知られることはない。それを生きることがそれを知ることだ。宗教を生きることなく知ることができると想像する人々にとって、宗教的な生は非実用的に見えるかもしれない。しかし彼らがそれを生きない限り、決して理解できないだろう。

暗闇の中を歩いている時、持っているランプは前方の数フィートだけを明るくする。彼が歩くのと同じだけ彼の前方の道が照らされる。宗教の道も同じだ。だが、もしランプを持った人が立ち止って「これはとても小さなランプだ。その光はとても弱く、道はとても長く、夜はとても暗い」と心の中で考えるなら、ランプの光でそのまま歩き続けるのが非実用的に見えるのは、何も不思議ではない。

宗教のために死ぬことは非常に簡単だが、それのために生きることは非常に難しい。実際、何らかの理念のために死ぬことは常に簡単だ。一種の狂気があれば事足りる。死ぬことは一瞬で起こるので、ただ一瞬の狂気で全く充分だ。しかし生きるためには、気づきと覚醒が不可欠になる。宗教のために生きる人々だけが、宗教を知っている。宗教のために自己を犠牲にする人々は、全くそれを知らない。

人生における意欲、進化、栄光は、全て「向こう見ずな勇気」の結果だ、それ以外にない。私の言う「向こう見ずな勇気」とは、不安定への生の誘いを受け入れること、新しいもの、知られざるものへの愛を持つこと、危険を顧みず喜びを見つけることだ。リスクを負う覚悟のない人は、存在しているかも知れないが、生きてはいない。

では、「向こう見ずな勇気」を用いる最も偉大な道とは何だろう？ それは神を求めること、普遍的な魂を求めることだ。神への道よりも不確かなものは何もない。それより奇妙なものは何もなく、それ以上に馴染みの薄いものは何もない。それより不可知のものは何もない。普遍的な魂を求めること以上には、どんな大きな賭けも、どんなリスクの高いギャンブルも、どんな危険な冒険も存在しない。私は率直に、「向こう見ずな勇気」が最も偉大な性質であると、最も偉大な美徳であると言おう。それが欠けている人は、宗教に向いた人ではない。宗教は彼に向いていない。

神を認識するためには、善と悪の両方を放棄しなければならない。その時だけあなたの意識は違いを越えて上昇し、ひとつであることに落ち着く。

宗教は死を、エゴの死を意味する。しかしあなたは尋ねている、エゴが死んだ人は、どうやって神に達することができるのだろう？　私は言う、ただエゴについて忘れ、自己崇拝を手放し始めなさい。自己崇拝を捨てることは、神を崇拝することだ。

私が何年も前から知っている一人の男がいる。彼は昔はお金を追い求めていた。今、彼は宗教を追い求めている。だがその競技は同じだ。唯一の違いは、以前の彼は商売人で、今の彼は全てを放棄した苦行者だということだ。こうしたことを聞くと、私はいつでも驚く。その深いところでは、神に達したいという彼の願望は、富を積もうとする以前の欲望と同じではないだろうか？

貪欲の道は非常に微妙で、神を認識したいという願望は、貪欲が究極に発展したものではないのだろうか？　人間の貪欲には限りがない。彼は救いに対しても貪欲だ。しかしマインドが何でも全て得ようと欲する限り、彼は決して解放されることはないという事実は残る。得ようとする欲望は解放の道に立ちはだかる基本的な障害物だ。そして自由でない人が、どうして神を知ることができるだろう？　彼が解放された時に知るものが神だ！

「私」や「私のもの」は、真理とどんな関係があるのだろう？　または宗教と？　真理は私の真理であり得るのだろうか？　宗教は私の宗教であり得るのだろうか？　真理は私の真理であることはできない。私の真理は真理であることはできない。

あなたは、貧しいので宗教を持たないと言うのだろうか？　世俗的な貧しさはそれほど大きなものではない。だが宗教を持たないことは本当の貧しさと言える。黄金や富があっても、人の貧しさはあり得る。だが、もし宗教という宝があるなら、その人は決して貧しい者ではあり得ない。人間に起こる最も偉大なことは、世俗的成功ではなく、帝国を築くことでもない。それはこんな類のものではない。それは彼の内側に隠されている富の探求に着手することだ。その富こそが宗教だ。外側の富は汚れた紙幣でしかない。内側の富が唯一の本当の美徳だ。世俗的な富を求める人々は、実は貧しさを求めているのだが、美徳を求めている人々は、本当の豊かさを探し求めている。

宗教の意味とは何だろう？　宗教とは泥から蓮に移ることだ。泥があるところはどこであれ、蓮もそこにある。だがそれらの間には、何という違いがあることだろう！

宗教は無形の概念ではない。宗教は具体的な活動だ。それは思考ではない。それは体験だ。あなたに惨めさを引き起こすものが何であろうと、それが他人に降りかからないように自分の人生を生きることが宗教だ。

私は審判の日が来た夢を見た。誰もが尋問を受けるために、自分の墓から起き上がった。審問は神自身によって行なわれた。私の隣に立っていたのは、私が非常によく知っていた賢者、学者だった。彼は非常に気楽に構えていた。彼はギータ、ヴェーダ、ウパニシャッドなど、何から何まで知っていた。彼は宗教のどんな試験にも合格できると思っていた。しかし神が質問を進めるにつれて、彼はますます自信がなくなり、ますます不安になった。彼は私の方を向いて叫んだ。

「これはあまりにも不当だ！　経典について全く何も質問されていないではないか！　神は生についてだけ質問している！　しかし私は自分が何を答えるのかを知っている。私が何を言うのか、あなたにはわかるだろう？　私は、自分は経典以外は何も知らない、自分は経典を知ることに自分の人生を費やしてきた、と言わねばならないだろう」

経典や教義は枯葉のようなものだ。それらには樹液はない。とうていあり得ない。ただ自己という木だけが、生命に満ちた緑の葉と花を生い茂らせる。

私の探求では、沈黙より偉大な経典は発見しなかった。私が全ての経典を調べつくした時、私はそれらが全てどれほど無益なものであるかを、探求において何らかの意味がある唯一のものは沈黙であることを実感した。

もし真理があなたに知られていないなら、経典の知識は役に立たない。真理があなたに知られていても、経典の知識は同様に役に立たない。

真理を認識することを期待して、経典を研究することは完全に馬鹿げている。経典は真理から生まれたのだろうが、経典が誰かに真理の体験を生じさせたためしはない。人々はとても愚かだ——彼らは生きているハートの中に真暗闇の無知をかくまい、真理を明らかにしようとして死んだ言葉の中を探求する！

言葉や経典、教義そして祭儀は、奴隷状態の岸に魂を結んでおこうと企てる。そして奴隷状態の紐で繋がれている人に、無限の海の自由は与えられない。外洋へ航海するためには、岸から自分自身を解かなければならない。自由の獲得のためには、自分の鎖を壊さなければならない。魚を捕るために、釣り人はひと塊のパン生地をかぎ針に付ける。それで魚はパン生地に誘われて捕えられる。精神的な奴隷状態のかぎ針には、安全を約束するというパン生地が、餌として付けられている。

人々が自分の自由を失うのは、常に安全というかぎ針のためだ。これは最古の陰謀の一つだ。そして用心深くない人々や、この陰謀の網に警戒していない人々は、意識の自由と手をつなぐ生とその至福には、決して達しないだろう。生と至福は、両方とも自由の中に隠されている。

自由よりも偉大な価値のあるものは何もない。どんな他の経験や獲得も比較にならない。その理由は、真理が認識され得るのは自由を通してだけだからだ。人間の魂の自由に反対する人は、誰であれ人類の敵だ。

安全という誘惑は、自由にとって第一の敵だ。安全を望む過剰な欲求は、人の魂にとって牢獄になる。この狂ったような安全への渇望は、マインドをとても簡単に拘束できる盲信された迷信と因習を支えている。人がこれらを落とすことができる時でさえ、漠然とした恐怖が彼を捕える。見慣れた地面が彼の下でずれて揺れるが、彼は見知らぬ道を歩くほかない。

だから全ての吸血鬼は――政治的指導者であるか、宗教の教職者であるかにかかわらず――恐れから解放された人の心を決して見たくないのだ。恐れ、そして恐れだけが彼らの強要活動の主要な支えだ。たとえ虚偽であっても、人々がよく知られているものや最も大衆的な信念にしがみつくのは、恐れからだ。自分自身の安全を念頭に置く人は、これらが無知と盲信に基づいているかもしれなくても、大衆が受け入れた伝統や認識された価値から、たった一インチでもあえて離れようとはしない。この恐れは最終的に考える能力を鈍くし、弱める。それはより安全だ。考えることは彼を反逆に導く。

人間にとって唯一の重要な考えとは、自らの自由を達成する方法しかない――この強要の網が人間を包囲し、彼の個人性を破壊するための、よく計画されて慎重に実行された陰謀が続く限り……。政治的および経済的な奴隷状態は、真理という名において、個人の意識を言葉と経典に縛りつける奴隷状態に比べれば何ものでもない。この奴隷状態は微妙だ。それは見たり感じたりできない。それは個人が、彼のまさに真髄でそれを受け入れるほど深く進む。

私はこの奴隷状態に反対する。それのために数多くの魂が真理の眩しい輝きを奪われてきた。彼らの心は自由を知らなかった。そしてその自由なしで、人は自分の生得権である至福と調和を奪われている。卑屈なマインドは決して神に遭遇できない。神は輝きそのものだ。卑屈なマインドは暗黒の夜だ。

もしあなたが神の甘い声を聴きたいなら、世界の饒舌に耳を貸してはいけない。外界に耳を傾けない人たちは、彼をはっきりと聴く。ありふれたものが見えない人たちは、明白に彼を見る。そして世俗的な意味で足が不自由で不具な人たちは、簡単に彼と歩調をそろえる。

宗教をあなたの口に入れたままではいけない。あなたの腹にまで行かせなさい。あなたの血の中に吸収させなさい。パンを口に入れたままでは、あなたは決して満腹にならないだろう。

人々は言葉を崇拝し、それを真理だと考える。彼らは里程標を目的地と間違えて、そのそばに落ち着く。この自己欺瞞の根にあるのは、人間の大きな無気力ではないだろうか？　怠惰で鈍感な人間だけが空虚な言葉を真理として受け入れ、石の偶像を神だと考える。

私はあなたがマントラや呪文を繰り返し、経典から覚えた言葉をつぶやいているのを見る。そして私のハートは、あなたへの同情で一杯になる。あなたは何をしているのだ？　あなたはこの昏睡を、この自己忘却状態を、この単調なまどろみをある種の宗教的実践だと思っているのだろうか？

このマントラの暗唱や言葉の繰り返しは、マインドを心地よい眠気に陥らせるだろうが、どうかこの眠気を瞑想と混同しないようにしなさい。睡眠と瞑想の間には、非常に広い隔たりがある。この自己忘却状態の睡眠の中で、ある種の体験をするかもしれないが、この体験は夢に過ぎない。あなたのマインドは夢を作る達人だ。それはあなたを、非常に心地良くさせるかもしれないし、非常に満足させるかもしれない。だがあなたを良い気分にさせるからと言って、それが本物だというわけではない。

しかしほとんどの人々は、全く真理を探していない。彼らはただ、満足を追い求めているだけだ。そして何らかの種類の幻想に巻き込まれるのは、非常に簡単だ。満足を求めているマインドはどんな類の酔いにも、どんな類の自己忘却状態にも満足しそうだ。この自己忘却状態は、いわゆるマントラを通して、経典の朗読を通して、集中を通して簡単に達成できる。何かを何度も何度も繰り返すことで、あなたの意識を征服できる。

宗教は、自己忘却状態や麻痺状態に関わるものではない。全然違う。宗教は完全に感じやすい状態、完全に魂を思い出している状態、絶対的な覚醒の状態だ。

救いは、祈りによっても礼拝によっても成し遂げられない。それは宗教的な教えを信仰することでも成し遂げられない。救いは平穏な生を送ることで達成される。思考と行為の中で平穏なままでいることが、祈りと礼拝だ。それは必要とされる唯一の精神的な規律でもある。

もし私が沐浴するために川に入るなら、私は岸に自分の服を置いておく。そして神の中で自分自身をきれいに洗いたい人も同様に、自分の服を全て岸に残しておかなければならない。自分の個性を覆い隠す衣服の全てを、自分の人格を隠す衣服の全てを——。全くの裸でいる人だけが、その偉大な海に近づくことができる。全く何も持っていない人だけが——。だが祝福されるのは、背後に全てを置いて行くことができる彼らだ。そうすることによって、彼らは全ての総和よりはるかに多くのものを受け取るのだ。

どうしたら、涅槃《ニルヴァーナ》や解脱《モクシャ》を望むことができるだろう？　ニルヴァーナを望むことよりも、解放を望むことよりも不可能なものは何もない。なぜならニルヴァーナとは、全く欲望がない状態だからだ。もし欲望が解放のないことであるなら、それがあなたの解放されていない状態そのものであるなら、どうやって解脱《モクシャ》を望めるだろう？　だが解脱《モクシャ》を望む人々がいる。だから当然、彼らのいわゆる精神的な放棄は束縛の形になり、彼らをさらにしっかりと世界に縛りつける。解脱《モクシャ》は、求めることなく、望むことなく、欲望の無益が知られる時に、欲望が惨めさとして実感される時に、欲望の束縛がその微妙な形の最も微妙なものとして理解される時に、自然に達成される。競争の無意味さが理解される時、競争は終わる。それから解放されるには、欲望の追求が何であるかを理解することで充分だ。その後に残るものが解脱《モクシャ》だ。

私たちはみんな、ちょうど釣り人の網にかかって、もがき、じたばたしている魚のようなものではないだろうか？　私にはそう見える。それでも、絶望的に感じる理由にはならない。私は何か他のものも見るからだ。私たちは魚であるだけではなく、網や釣り人でもある。そしてそこには自由への扉がある。私たち自身が私たちの全ての束縛の、全ての惨めさの創造者だ。それらは私たち自身のマインドの創造物だ。そして今、この真実から、あなたは救いの可能性を見ないだろうか。

宗教とは何だろう？　宗教を知りたいなら、宗教を忘れなければならない。宗教を無視できない限り、決して宗教を知ることはないだろう。

私はあなたに神を示すべきなのだろうか？　神はあなたの周りに示されていないだろうか？　自然そのものが、神の最も明らかで最も大きな表現ではないだろうか？

ガンジス川を見てごらん。ガンジス川はうなりを上げ山頂から海へ流れる。それは正しい生のシンボルだ。なぜなら旅の始めから終わりまで、ガンジス川にはたった一つの目的しかないからだ。その目的とは海と一つになることだ。ガンジス川には自己を失いたい、遍在する海の中に個性を失いたいという思いがある。その至福は海との融合にある。そこには海との相違はなく、孤独はない。そこにはわずかな境界もない。

旅はそこで終わっている。そこで充足を得ている。川として存在しているかぎりは、ガンジスは不完全だ。

ガンジス川のようになりなさい。海を求めなさい。生において、たった一つの標的を持ちなさい――広大な海という標的を。一つの熱情、一つの熱意を持ちなさい――無限の海への熱情を。あなたのハートの中に、たった一つの歌を持ちなさい――果てしない海という歌を。それからただ、流れ続けなさい。

もしあなたの存在の流れが海を望んでいるなら、あなたの足はその道を見つけるだろう。川が海を探し求めることは、それ自身を失うための探求だ。なぜなら、これが本当にそれ自身を見つける唯一の方法だからだ。このただ一つの教訓の中で全ての精神性、全ての宗教、そして全てのヨーガが統合される。これが人間が達成できる唯一の至福、唯一の真理だ。

私は貧しい者の中でも最も貧しい者だ。私が自分のものと呼べるものは何もない。私そのものでさえ私のものではない。在るものは何でも神に属している。神そのものが全てだ。しかし私が自分の完全な貧しさを実感した瞬間、その貧しさは完全に消えた。私は今や神でもある。なぜなら「私」はもはや存在せず、そこには神しか存在しないからだ。

この神の探求とは何だろう？　それは自分の失われた家の探求だ。この世界において、人間はただの家なき放浪者、異国の地の見知らぬ者に過ぎない。

私があなたの瞳をのぞき込むと、その中に見える苦痛と幻滅のために私のハートは泣けてしまう。あなたは自分自身に何をしてきたのだろう？　人間は素晴らしい可能性を持って生まれる。そして彼がどのように死ぬかを見るがいい！　彼は何もなしに死ぬ！　彼の意識は神性の頂点に登る潜在能力があるというのに、彼はただ動物の谷をあてもなく彷徨う。あなたは決して、自分の生得権である完全な幸福を経験しない。あなたの人生は闇でずっしりと重い。

人間が苦しんでいるのは、潜在能力を開発していないからだ。彼の達成すべき本性を達成していないからだ。教育とは、人間の魂にあるものが現われるための手段や媒体であるはずだ。

かつてソクラテスは言った。

「私は産婆のようなものだ。私はあなたの中に隠されているものを引き出す」

これは教育についての非常に適切な定義だ。幸運と不運は、両方とも人間の中に隠されている。

蜜と毒が彼の中に存在する。神と動物の両方が彼の中に住む。これは人間に、なりたいものは何であれそれを選べるという素晴らしい自由を与える。正しい教育は、彼に神性への道を示すものであるだろう。

しかし覚えておくべきことは、人間がより良い生の実現に向けて努力しないなら、自動的に動物の生よりさらに低い水準に沈むということだ。人間が生まれてきたという事実は、この種の転落を達成するのに充分なものだ。滑り落ちるのは常に簡単だ。上昇するためには、自分自身への働きかけと絶え間ない精進が必要だ。それは努力、勇気、決意を要する。上昇することは芸術《アート》、生における最も偉大な芸術《アート》だ。

本物の教育が目指すものはこの術《アート》を教えること、神と一つになるための術を教えることでなければならない。教育のゴールは生そのものでなければならず、生計を立てる方法に関する教えを単に提供するものであるべきではない。本来これには何の意味もない。それはしばしば教育の目的と誤解される。だがこれは、人間とは生きるために食べるのではなく、食べるために生きるものだと言っているに等しい。それでも現代の教育の状態を考慮するなら、この種の結論は避けられない。

これは今日の教育形態に限った問題なのだろうか？　もしそうだと言うなら「命がないことを除けば、死んだ人間の体に何も問題はない」と言うのと一緒だ。今日の教育の制度は、まさにそのような身体だ。それには全く生命がない。人の生計の手段はただ身体の存在のためだけであり、教育が生そのものを教える時にだけ、教育は生きるだろう。

生を教えることは、自己についての知識を教えることだ。人は他の全てを知っているかもしれないが、もし自分の自己の存在に気づいていないなら、彼の知識の全ては否定される。自己をその中心として持っていない知識とは、何に使うためのものなのだろう？　全世界の照明は、もし自己が暗闇の中にあるなら役に立たない。

意識へのこの上昇を始めるためには、最初の一歩は自己知の方向でなければならない。人は自分自身を知り始める程度に従って、彼の動物性は衰えていく。自己知の完成は、神の中に人間を確立する。その達成の中にだけ充足がある。

人はそれぞれ、内側にその至高の発展の、究極の完成の種を持ち運んでいる。そしてこれらの種が受精されない限り、彼は実を結ばないままだ。彼の状況は地中に蒔かれる種と違わない。それは水をかけられて栽培される時にだけ発芽する。その時初めて、それは土壌を突き出て太陽の光に達する。そして、種蒔きと収穫の間の不安な感覚や落ち着かない感じは、極めて良い兆候だ。なぜなら平和とは、落ち着きのなさの後にだけ存在するものだからだ。そして教育が、若い人々の落ち着きのない素晴らしい時間を深めることができ、際立たせることができる。

教育が真の知識と真の平和の方に進む時、新しい人間と新しい人間性が生まれるだろう。私たちの未来はこれに依存している。人類の運命は教育の手に委ねられている。人間が自分自身から救われるためには、彼が再構築、再創造されることが必要不可欠になる。これが起こらないなら、人間の中の動物が彼を破壊するだろう。人類が神の中に自分自身を確立するためには、この悪夢から脱出するしかない。

私は、所定の型に個人を適合させようとする類の教育に反対する。そのような教育は個性を際立たせずに、それを鈍くする。私は誘惑に基づいていたり、または懲罰の恐怖に基づいている教育のどちらも支持しない。恐怖よりも有毒なものが何かあるだろうか？　私は外側の規律も非難する。それが奴隷状態の準備でないとするなら、一体何なのだろう？

あなた自身を規律で縛ってはいけない。識別力があなたの中に目覚める時に、本当の規律が起こる。その時あなたは解放される。もしあなたが何かに対して自分自身を縛っているなら、解放は決して起こらない。

現在のいわゆる教育制度が、私をどれほど苦しめているのかを伝えるための言葉を、どうやって見つけたらいいだろう！　教えられる知識は、考える能力を破壊する。考える力は、獲得した思考の重みに押し潰される。記憶は訓練されるかもしれないが、本当の知識の泉は決して解放されない。そして訓練された記憶は、「知っている」という錯覚を与える。

いわゆるこの制度の下で教育を受けてきた人は、全く新しい視点から考えることを学ぶ必要がある。彼はこれまでに学んだ全てを忘れなければならない。私はこれをせざるを得なかった。しかしそれはやむを得ないことだった。私が自分の目を通して、生を見ることができる唯一の方法だったからだ。

私は学んだ全てのことを、教えられた全てのことを、忘れなければならなかった。私自身のビジョンを達成するために、全ての受け売りの観点を取り除かねばならなかった。私独自の思考を持つために、私は自分の中に注入された全ての借り物の考えから、自分自身を解放する必要があった。歩くことを学びたいのなら、あなたは他の誰かの肩にもたれるのを止めなければならない。そして他の誰かの目を通して見るのを止める時にだけ、あなた自身の目が開くのだ。覚えておきなさい。別の人の目を通して生を見る人は、全く目が見えずに生まれた人以上に盲目だ。

教育の目指すものは、個人の中に隠れているものを外へ引き出すことだ。教育とは何らかの外部の理想ではなく、何らかの外的なものを課するのではなく、その人の内的な実存を明らかにすることだ。

私が知っている行者《ファキール》に起こったことについて、話してみよう。

彼は非常に孤独な男だった。ある夜、彼は夢の中で神に出会った。彼がとても驚いたことには、神の孤独は彼よりも大きかった。彼は神に言った。

「あなたも一人なのですか？　しかし、とても多くの人々があなたを信じています！　彼らはみんなどこにいるのですか？」

神は落ち着いて答えた。

「私はいつも一人だ。だから一人でいる人だけが、私を見ることもできるのだ。そして私を信じる人々に関する限り、これらのいわゆる宗教的な人々に関する限り、これまでいつ彼らは私と一緒にいたことがあるのだろう？　数人はラーマと一緒にいる。数人はクリシュナと一緒にいる。何人かはモハメッドと一緒にいる。何人かはマハーヴィーラと一緒にいる。しかし、誰も私と一緒にはいない。私はいつも一人だ。そして他の誰とも一緒ではなく、自分自身と一緒にいる人だけが私と共にいる」

ファキールは大変困惑して目覚め、私に会いに駆けつけた。彼は私を起こし、自分の夢について話し、私に尋ねた。「それはどういう意味なのですか？」

私は言った。「もしそれが夢に過ぎなかったら、私はあなたのためにそれを解釈するだろうが、それは事実だ。いつから事実に解釈が必要になったのだろう？　気づいていなさい。ちょっとそれを見てごらん。何かの主義に属している人々は、ヒンドゥー教徒、イスラム教徒、キリスト教徒、または仏教徒であれ、彼らは宗教的ではない。宗教は一つだ。単一性があるところにだけ宗教がある。本当の宗教心にとって、これらの人間の分割は全て偽りだ。人が神を体験する状態の中に教団《カルト》は存在しない。経典とは何だろう？　全ての宗教団体とは何だろう？　どうしたら、無限なものにこのような境界を置けるのだろう？　内的な沈黙の状態で見つかる観念形態《イデオロギー》は、どこにあるのだろう？　その空の中の、どこに寺院があるのだろう？　その虚空の中のどこにモスクがあるのだろう？　これらの全ての事から逃れなさい――すると残るものが神だ」

『宗教と教育』というテーマで何かを言う前に、私は一つの点を明確にしたい。私が「宗教」という言葉を使う時、それは組織的な宗教を指しているのではない。宗教的であることは、ヒンドゥー教徒やイスラム教徒であることとは違う。伝統的であることは非宗教的であることだ。それは実のところ、宗教的であることを妨げる大きな障壁だ。ヒンドゥー教徒やイスラム教徒である限り、宗教的であることは不可能だ。宗教や教育について話してそれらを結びつけたい人々が「宗教」という言葉を使う時、彼らはヒンドゥー教、イスラム教、キリスト教について話している。この種の宗教的教育は、決して本物の宗教には至らない。それは単に、人間をより無宗教にするだろう。人類はこの四千～五千年の間、この種の教育を受けさせられてきた。しかしそれは人類を改善させることもなく、社会にどんな根本的な変化ももたらさなかった。

より多くの暴力、不正行為、そして流血は、他のどんなものよりもヒンドゥー教、イスラム教、そしてキリスト教の名において慢性化している。

これらの宗教の中の異端者や非信仰者には、非常に大きな罪に対する責任は全くない。こういうことを理解するのは、あなたには困難かもしれない。本当に大きな罪を犯したのは有神論者であり、これらの宗教に従う人たちだ。異端者は、宗教のために寺院を燃やしたり人を殺したりすることは決してない。しかしこれらの宗教に属している人たちは、信じられないほどの大虐殺に関与している。人類を分割してきた人々は、宗教的であると主張する人々だ。

言葉、観念形態《イデオロギー》、信条、そして行動規範は、人と人を対立させてきた。主義と組織が世界に混沌と惨めさをもたらした。人類は分割され、人のマインドはきわめて狭くなっている。宗教の名においてそうした教育を与え続けることは非常に危険な行為であり、未来においてはなおさらそうだろう。そのような教育は全く宗教的ではない。それは決してあり得ない。このように教育された人々は私の主張を証明することになる。この観念に結びついた教育は暴力や怒り、そして憎しみを生み出し、人間のハートとマインドの成長を妨げてきた。

だからまず第一に、私が「宗教教育」と言う時は、どんな宗教団体による教えも意味していない、と言いたい。それは好き嫌いでもなく教義でもなく、いわゆる精神的な専門知識でもない。もし宗教と教育を結合させたいなら、私たちはヒンドゥー教、イスラム教、キリスト教の概念から自分自身を分離しなければならない。その時にだけ、宗教と教育は単一体に、一つの実体になれる。組織団体は教育との関係を一切持つべきではなく、特に宗教を口実にそうする人たちは持つべきではない。

このような状況においては、非宗教的なままであるほうが望ましい。非宗教的な人にとっては、少なくとも彼が宗教的になるというチャンスがあるが、いわゆる宗教的な人のハートとマインドは常に閉じている。マインドが閉じている人は、決して宗教的になれない。真理を発見するためには、常に開いたままのマインドが、完全に自由であるマインドが必要だ。

もしあなたが文明を、その言葉の本当の意味で見つけたいなら、その文明はヒンドゥー教でもイスラム教でもあり得ないし、東洋でも西洋でもあり得ない。そのような文明は、全てを含んだものでなければならない。それはあらゆる個人の、人類全体のものでなければならない。そのような文明は、どんな特定の宗派とも同じ立場に置くことはできない。なぜなら人類の中に何かの分割がある限り、何かの分類が少しでもある限り、人類は決して欲求不満や戦争から解放されないからだ。

私とあなたとの間に壁がある限り、そのような文明を創ることは非常に難しい。個人の間に壁があるのなら、どうやって愛と喜びの中で生きられる社会を創れるだろうか？

私たちがこれまで創ってきた社会は、確かに愛の社会とは呼べない。三千年で一万五千もの戦争が地上で行なわれてきた。三千年で、一万五千の戦争だ！　これを想像することさえ、どれほど困難なことだろう！　三千年で一万五千もの戦争が、何の理由もなくあったとは信じられない。

一年で五つの戦争、この比率は何を意味しているのだろう？　それは、この三千年の間で戦争がなかったのは三百年ほどの短い期間だけだった、ということだ。しかもその三百年の期間は連続していなかった。戦争の間、私たちにはほんの短い期間しかなかった。一日はここで、二日間はそこで、一週間、十日間、という風に……。そしてこれらの短い間隔が合計されて、三百年になる。三千年の戦争と三百年の平和！　これらの三百年を、平和と呼ぶことさえ正しくない。せいぜいそれらは停戦だった。今日の私たちの平和は、どんなものであれ非現実的なものとしてある。私たちが平和と呼ぶものは、次の戦争のための準備に他ならない。

私は人間の進化の歴史を、二つの時期に分割する。戦争と、戦争のための準備期間だ。私たちはこれまで平和だったことがない。そして人類の崩壊に責任があるのは、この種の人間の行動だ。

誰が人類を分割したのだろう？　誰が？　と私は尋ねる。宗教はそれをしてこなかっただろうか？　観念形態《イデオロギー》、行動規範、そして組織が人間をバラバラに分裂させていないだろうか？　国や国家全ての取るに足らない概念が、人から人を引き離していないだろうか？　しかし宗教が最悪の犯人だ。

全ての論争には、その中に固有の特定の一派への何らかの帰属意識がある。これらの一派は、宗教的または政治的であるかもしれない。どちらにしろ、それらの存在が論争を引き起こし、論争は最終的には戦争になる。今日では、ロシアの共産主義とアメリカの民主主義が新しい宗教だ。

だが「こうした差別をなくすことは不可能なのだろうか、この人間を分割するものを終わらせることはできないのだろうか？」と私は訊ねたい。こうした全てが、私たちの個人的な観念形態《イデオロギー》と私的な夢に端を発してるとは言えないだろうか？　彼らのしているあらゆることが、私たちのマインドとハートの両方を堕落させている。そんな時に「自分の考え、人の考えというものがなくてはならない」というのが正しいと思うかね？　これが今まで起こってきたことだ。

宗教的で国家的な好みに基づいた組織は、全く兄弟愛の組織などではない。それらは実のところ、兄弟の憎悪の組織だ。もし憎しみの毒で組織の雰囲気全体がすっかり汚染されると、誰もがその組織に参加させられてしまう、ということにあなたは気づくべきだ。

アドルフ・ヒトラーはどこかで、共同社会を団結させるためには、別の共同社会への憎しみを生み出す必要があると語った。彼はこれを話しただけでなく、それを行動に移してその方法が非常に有効なことを発見した。そしてこれまで地上に混乱を引き起こすことを望んだどんな革命家も、それはヒトラーがしたのと同じくらい真実であり、かつ適用できることに気づいた。

「イスラム教が危険にさらされている」と叫べば、イスラム教徒を団結させることができる。そしてヒンドゥー教徒も、もし彼らがヒンドゥー教についての同じ叫びを聞くなら、本当にそうするだろう。危険は恐れを生み出し、人を恐れさせるものは何でも憎しみの対象になる。それが恐れに反応する彼のやり方だ。全ての組織と同盟は、彼の恐れと憎しみのある側面に基づいている。

全ての宗教は世界に愛を育てたいと言うが、彼らは個々の組織の団結を望んでいるので、最終的には憎しみに逃げ込まなければならない。だから彼らは、口先だけの愛を話しているだけだ。彼らの互いへの憎しみが、彼ら一人一人の主要な要素だ。

私が話している宗教は全く組織ではない。それは瞑想、修行《サダーナ》だ。自己実現そのものへの旅だ。それは体験、個人の体験だ。信者たちの大規模なグループを集めることとは、全く何の関係もない。宗教の体験は完全に個人のものだ。

私たちが宗教と呼ぶこれらの組織は、全て憎しみに基づいている。しかし憎しみと宗教の間に、いったいどんな関係があり得るのだろう？　憎しみをもたらすものは、何であろうと宗教と呼ぶことはできない。宗教と呼べるのは、愛があなたと私の間を流れるようにさせるものだけだ。いったいどうしたら、人と人を分けるものが神と人間を結びつけられるのだろう？　しかし私たちが宗教と呼ぶものは、まさにこれしか行なっていない――それは私たちをお互いから分離する。

全ての宗教が愛について語り、団結と兄弟愛を支持すると言っても、それはみな、ただの大風呂敷に過ぎない。彼らがこれまで何と言ったとしても、それはただ憎しみと敵意しかもたらさなかった。キリスト教は愛の福音を説くが、他のどんな教団《カルト》も、奪われた生命の数においてキリスト教の比ではない。イスラム教は平和と静穏の宗教とされているが、世界にイスラム教以上の不安をもたらした宗派が他にあるだろうか？　おそらく彼らは、素晴らしい感情が悪業を相殺する良い方法であると信じているのだろう！

もし人々を殺したいと思うなら、愛の名の下でなら非常に簡単にできる。そしてもし気ままに暴力を奮いたいなら、非暴力という防護をもって進み出れば全く問題ない。もし私があなたの生命を奪いたいと望むなら、あなたはいずれ死ぬのだから、それはあなた自身のためになるだろうと自分自身を簡単に納得させることができる——あなたがある日死ぬのなら、なぜ自分が犯罪者のように感じなければならないのだ？　あなたは決して誰にも不平を言わないだろう。人間は非常に論理的な動物であり、彼がすることとやしたいことへの合理的な言い訳を、常に見つけることができる。

おそらく悪魔は最初から、もし為すべき何らかの悪い仕事があるなら、するべきことはただ良い旗印を見つけることだ、と人間に信じさせてきたのだろう。行為が悪ければ悪いほど、彼にはより良いスローガンが必要になる。

宗教の旗印の下に存在する組織は、神や愛や祈りとは、または本当に宗教とは何の関係もない。相互の憎しみと妬みは結び付いている。そうでなければ、どのようにしてそれほどのモスクの冒涜が、寺院の焼失が、偶像の破壊が、そして人々の殺害があり得たのだろうか。どうしたらこのようなことが全て起こり得るのだろう？　しかしそれは起こってきたし、起こっている。それは起こり続けるだろう。もしこれが宗教なら、無宗教がどういうものなのか、私には考えも及ばない！

伝統的な態度は宗教的ではない。真理が知られるとするなら、それは無宗教であることの影としてだ。だから宗教教育のための最初の必要条件は、全ての組織宗教から完全に自由でいなければならないということになる。

いわゆる宗教的な人々は、自分の子供たちに一緒に調和して生きることを学んでほしいと言う。

しかし彼らは、これは彼ら自身の特定の宗教の覆いの下で学ばれるべきだと主張する。なぜそうなのだろう？　彼らがそれほどまで宗教に興味があるからだろうか？　いや、彼らは明らかに宗教には全然興味がない。彼ら自身の宗教にしか関心がない。この種の自己本位は完全に非宗教的だ。なぜなら「私のもの」や「あなたのもの」として確認されなければならないものは、宗教ではないからだ。宗教は、「私のもの」や「あなたのもの」が少しもない時にだけ存在する。それが神に繋がる知恵の始まりになる。

いわゆる宗教的な人々によって教えられる宗教は、常に利己的な動機がいつもその下にある。この利己的な行動には非常に深くて古い根がある。これらのまさに根そのものが、多くの異なる種類の搾取を行なう。

それでも、若い世代がその条件付けの悪循環から自分自身を解放できるなら、社会に根本的な変化をもたらすことができる。この革命は、完全な脱条件付けの一つになるに違いない。そのような革命は、人間相互の争いの助長を生きがいにする人々に対して、広範囲にわたって不利な影響を及ぼすだろう。そして、組織宗教におけるこの悪循環の永続に生計をかけている人たちは、失業してしまうことに気づくだろう。その時、人間相互の違いに基づく宗教という父親のような監視下での自己本位と搾取は、大幅に損なわれる。

宗教教育という美名の下に、古い世代は自らの全ての盲信や無知を、自らの全ての病んだ状態や敵意を若者に伝えようと努力する。そのまさに伝達そのものが、エゴに大きな満足感をもたらす。

人間の条件付けの障壁を突破させないものが、まさにこのエゴだ。人間の進化の過程でエゴよりも大きな障害物はない。

革命があるところにだけ進化がある。しかし古い世代は、進化は革命を通して生じるという事実を受け入れられない。彼らは現状を好む。彼らは古い信仰を、古い規律を、快適な服従的状態を維持していたい。彼らは若い世代を押えつけたい。すると、創造的なエネルギーの全てが壊される。そうなると、古いものを捨てて新しいものを作れるエネルギーの成長する機会がなくなる。これは冷酷な殺人だ。しかしそれは目に見えない形で、内密に為される。おそらく彼らは、自分たちが何をしているのかに全く気づいていないのだろう。おそらく彼らの行動は完全に無意識だろう。彼らの父親や父親の父親は、全く同じことをしてきた。彼らは子供たちに対して、同じように無意識に振る舞ってきた。この悪循環は全くもって昔からのものだ。しかしそれは止めるべきだ！　これこそが真実と宗教の結合を防げるものだ。

この悪循環の原因は何だろう？　若い人が成熟する機会を持つ前に、両親は子供に自分の信念の種を植える。あらかじめ条件付けられたマインドにとって、それ自身で考えることは、新しい思考で考えることはほとんど不可能な仕事だ。信仰と創造性は正反対の次元に存在する。信仰は無分別であり、創造性は自己理解だ。そして子供たちは、親が既製の答えを押し付けることによって、自分自身を理解するどんな可能性も奪われる。いわゆる宗教的な人々が、彼らの子供たちに「宗教教育」を授けたいと切望することは、この不吉な何かを支持していることになる。これは大変な不運だ。創造性の破壊より大きな罪はない。しかし両親は、常にこの犯罪を犯している。それが真の宗教が今日の世界に存在しない基本的な理由の一つだ。

子供たちは信じ方ではなく、考え方を教えられるべきだ。他の誰かの考えを盲目的に信頼するのではなく、自分自身で理解するように助けられる必要がある。宗教が自己認識に基づいていて、盲信に基づいていない時にだけ、教育と結び付くことができる。その結果は全くの至福だ！ 正しい思考と自己理解で検証されて、単に盲目的に受け入れられない時は、科学的事実でさえ人間に至福をもたらすこともできる！

あなたは知っていただろうか？ 自分に言われることをただ信じている人は、どんな類の創造力も身につけられないということを、そして彼が自分の周りに見るものは全て、彼が見る全ては、それがどこであっても欲求不満になるということを——。そして彼らは、子供たちが愚かに見えないように、既製の方式で教育したい人々だ！ これらの人々にとって、自分は正しいと信じることはとても簡単だ。そしてもし誰かが目覚めて、この広大な欺瞞のネットワークの重要性と大きさに気づくなら、彼らはその人に何をするだろう？ 彼らは、ソクラテスやキリストにしたことと同じことをする。

あなたが宗教教育の問題を考慮する時、あなたは自分が若者に光をもたらしているという錯覚の下で、実際には、これらの若者のマインドに闇をもたらしていないかどうかを、自分自身に問うことが必要不可欠だ。型にはまった概念は、見解という名の下に多くの人の展望を破壊した。どんな類の信念も無知だ。どんな類の信念も闇だ。

子供たちはこれらの盲信から守られなければならない。しかし、マインドの明瞭さが与えられる時にのみ彼らは守られる。彼らは明確に考えるように、手助けされなければならない。創造的に考えるように、手助けされる必要がある。彼らに考えを与えてはいけない。彼らに考える力を与えなさい。彼らに考えを与えることは、あなたが彼らに自分の考えを与えているという意味だ。だが彼らに創造的になる機会を与えることは、彼らに彼ら自身のものである何かを与えることだ。そのエネルギーが誕生しなければならない。そのエネルギー、その創造性のエネルギーは、あなたの子供に清新で、新鮮で、本物の生をもたらすのに充分だ。

考えることは道だ。信じることがもたらすものは、失望以外にない。だから私は信念に条件付けられている人は、自由に考えられないと言うのだ。ヒンドゥー教の人は真に創造的ではあり得ない。ジャイナ教の人は創造的ではあり得ない。共産主義者の人は創造的ではあり得ない。彼の信念そのものが彼の条件付けだ。

思考が彼の信念を破壊できるため、信じる人は考えないことを選択する。そしてこれは彼の安全になる。しかしこの安全は全て、自分自身の否定になる。あなたは信念が創造的思考にとって障害であることがわからないのだろうか？

あなたのマインドのこの殺人は意識的に、そして無意識に実行されている。ヒンドゥー教徒の父親は息子がヒンドゥー教徒になることを望み、イスラム教徒の父親は息子がイスラム教徒になることを望む。しかもこれは子供が幼児であって、自分自身で考えられない時に全て決められる。しかしこの種の汚染行為は、その期間にのみ可能だ。後年にこれを成し遂げることは確かに非常に困難だ。考える能力が存在する時、欺瞞は不可能になる。

人間の合理的な理解能力は、彼の自己認識になる。いわゆる宗教的な人々がそのような論理的思考に、そのような理解に反対することは、少しも不思議ではない。もし真理が知られても、彼らは知性を支持することさえない。知性、創造性、そして理性があるところはどこでも、革命がある。そして革命は、新しい生き方の追求を意味する。革命は未知の探求において、既知のものを捨てることを意味する。革命とは、あらゆる古い世代をあらゆるより若い人から切り離している障壁を突破するという意味だ。

私が見る限り、革命は宗教的なマインドの核だ。宗教よりも大きな革命はない。宗教とは生が変容するプロセスだ。それは存在する中で最も急進的な変容だ。だから、宗教教育は退屈さの中での、無知な中での教育であることはできない。それは深遠で、創造的な思考の教育でなければならない。宗教教育は、深い論理的思考能力を刺激し、創造的な知性を育まねばならない。

無垢な子供は、好都合な答えを背負わされるべきではない。また、彼の基本的な知性に反する方向に条件付けられるべきではない。彼は自分の本質的な知性を自由に、活発に、そして絶え間ない気づきをもって機能するのを可能にさせる道に沿って、励まされなければならない。彼はどんなものによっても、または誰によっても条件付けられることが全く不可能な地点に達するように、助けられるべきだ。ただそのようなマインドだけが喜びの、愛の能力を有することができる。これこそが真理だ。

自由は真理への道だ。だから子供たちを自由にさせなさい。彼らに自由の感覚を目覚めさせなさい。彼らのハートとマインドを奴隷にする全ての可能性に警戒するように、彼らを助けなさい。これこそが、そしてこれだけが本当の宗教教育の何たるかだ。

それでも、いろいろな宗教はこのタイプの教育を授けない。彼らがすることはまさに正反対だ。彼らは奴隷状態の教育を提供する。これは創造性の教育ではない。それは信念の崇拝を促進しようとする試みだ。それは知性の教育ではない。それは無知の教育だ。これは盲目状態に基づいていて、自己理解には基づいていない。

なぜ全ての宗教は、創造性をとても恐れているのだろう？　彼らの恐怖は確かに根拠のないものではない。そこには多くの根本的な理由があるが、最も重要な理由は、あまりにも多くの創造的な思考があると、多くの宗教団体はあまり長く生き残れないということだ。宗教はもちろん持ちこたえるが、宗教団体は特定の危険な状態になるだろう。

努力を要しない創造的思考へ向かうどんな動きも、真理の方向への一つの動きになる。ちょうど川が海に向かって自然に流れるように、創造性は全体に向かって進む。その全体性においては、ただ真理だけがどんなものとも同一化せず、どんなものからも離れたままだ。

真理への道は多くはあり得ない。真理は一つだ。ヒンドゥー教徒やキリスト教徒のための別々の真理はない。だが彼らのいわゆる真理が盲信に基づいている時、彼らが何かの共通項を持つという可能性は一切ない。信じることは創造性の障害になる。信じることは、彼ら自身の狭い制限内に閉じ込められることであり、彼らは活気がなくて全体の方へ進まないので、決してひとつである状態に達することはない。世界にとても多くの異なる信仰があるのは、彼らがそうした厳格で個人的な組織の中に閉じ込められているからだ。

考えることは創造的だ。信じることは条件付けだ。考えることは自己革命だ。信じることは自己プログラミングだ。思考はどんな点からでも始められるが、それは最終的により深い領域に、中心の方へ、真理の方へと導く。信仰はただ神への道を塞ぐだけだ。

私は、ジャイナ教の地理というものさえ存在するのを聞いたことがある！　そしてこのタイプの愚かさは他の宗教にも存在する。別々の地理があるということさえ、可能なのだろうか？　もしそれが信仰に基づいているなら、あり得る。それなら可能だ。創造的思考がないところには幻想が、盲信が、そして騙されやすさがある。これらのことは、全て個人によって異なる。

真理は一つだが、それぞれの人の想像は異なる。欲望が同じ人は二人といない。同じ夢を見る人は二人といない。自己の内側に存在する真理は普遍的だ。それは誰かの夢ではなく、誰かの投影ではなく、誰かの解釈ではない。

真理を知覚するためには、ずば抜けた能力を必要とする。人には常に油断せずにいる広く開いたマインドが必要だ。創造的な全体性は、卓越した明晰さのあるマインドを持つ人間によってのみ知覚され得る。だから私は、もしあなたが自分の子供たちが真理を知ることを望むなら、創造的に考える機会を彼らに与えることだと、何度も何度も話しているのだ。彼らを信念で条件付けることを止めなさい。彼らに自分自身で物事を理解するようにさせなさい。創造性は彼らの生のための能力になるだろう。創造性は彼らの知恵になるだろう。その能力と知恵は、真理という未踏の海に彼らを導くだろう。

あなたはアリストテレスが、才能のあるその男が、女性は男性よりも歯が少ないということを書いたのを知っていただろうか！　どうやって彼はそんなことを書けたのだろう？　歯を数えられるような女性が、周りにいなかったのだろうか？　女性には不足していなかったが、彼は単に因習的な信念を受け入れて、自分自身で物事を確かめる理由はないと考えていた。そして彼には二人の妻さえいた！　彼は歯を数えられるように口を開くことを、第一アリストテレス夫人か第二アリストテレス夫人のどちらかに求めさえすればよかったのだ！　しかし彼は面倒くさがった。彼は決して因習を疑わなかった。彼は、女性は男性よりも歯が少ないという信念を単純に受け入れた。真実が知られても、男性のエゴは、女性がどんな点においても男性と等しくあり得るということを、受け入れる準備がない。歯の数においてさえもだ！　そしてアリストテレスのような男が、一般に信じられている信念を疑わなかったなら、他の誰がそうするだろうか。

疑いは発見の始まりだ。本当の疑いは真理を発見するための第一歩だ。それが本物の宗教教育の始まりだ。信仰ではなく、疑いが宗教の本当の基礎だ。疑いは始まりで、信仰は終わりだ。疑いは探求で、信仰は成就だ。

疑いから始める人は最終的に神に到達するが、信仰から始める人は全くどこにも到達しない。彼は本末転倒している。あなたは始まりのところで始めるしかできない。終わりのところでどうやって始められるだろう？　疑いがないところに思考はない。思考がないところに理解はない。そして理解がないところに真実はない。

宗教団体は、疑いではなく信じることを教える。彼らは探求する方法ではなく従う方法を教える。しかし本物の宗教は、疑う方法や考える方法、発見する方法を教えるだろう。

本当の認識は、自己発見を通してのみ生じる。そのまさに発見そのものが、私たちが真理だとわかる根本的な変容をもたらす。真理とは発見、絶えざる発見だ。それは創造的な発想力の中で続いていく革命だ。真理は、一方から他方へと手渡すことはできない。その人自身の直接の体験から生じることしかできない。真理は借りることはできない。それはその人自身の努力の成果だ。

真理の発見に向けられた活動は、どんなものでも宗教教育の一部になる。しかし宗教が信仰にこだわっている限り、実質的に宗教教育への望みは全くない。望むならそれを宗教教育と呼べるが、それは全て実はヒンドゥー教の教育、キリスト教の教育、イスラム教の教育だろう。この種の教育は全く宗教教育ではない。これは偏狭な教育だ。とらわれない心になる方法では絶対にない。

この種の教育を受けてきた人は、誰でも偏見を持たざるを得ない。彼の知性は解放されていない。それは新鮮さを失い、停滞している。彼はハートとマインドにおいて年老いている。どんな種類の発見でも、若くて新鮮なマインドが必要だ。偏見がない人は常に若い。観念形態《イデオロギー》や先入観から自由な人は永遠に新鮮だ。偏ったマインドは早く年を取り、人は持っている偏見に比例して条件付けられる。この種のマインドは宗教的ではない。しかしこれらの既成の理論と経典の全てから自由な人は、宗教の中で、自然な創造性の流れの中で、自己理解の中で生きる。

人の観念形態《イデオロギー》は環境との同一化から生じるが、これらは単なる外見的な現われだ。埃が鏡を覆うように、観念形態《イデオロギー》はその人の意識を覆い隠す。意識の鏡は、あらかじめ用意された答えや盲信や先入観という埃で覆われてはいけない。それは澄みきっていなければならない。

宗教において、そして瞑想において、真の教育は自由への熱望を誕生させる。宗教は、知性をその全ての固定観念から解放させる道だ。しかし、市場に提供される宗教は全く本当の宗教ではない。宗教が教育の領域に入る前に、宗教は実質的に、他の全ての関わり合いから宗教自体を解放させなければならない。ただその時だけ、宗教は若い世代に新しい創造性と知性をもたらすことができる。若い人々は、宗教の中に生きることを学ぶ必要がある。それは日常生活の一部にならねばならない。これが実現しない限り、彼らの生は不活発で歪み、調和しないままだろう。

もし私たちが、自分の外的な環境の面からだけ考えるなら、私たちの内的な実存は知られないまま、発見されないままだろう。私たちの注意が物質的なものだけに向いている限り、私たちは神を奪われている。これは高くつく。これは、小石のためにダイヤモンドを捨てることだ。外的な快適さは、あなたがそれを内的な体験と比較する時、どんな価値があるのだろう？　世俗的な快楽を、神の計り知れない喜びと、知られざるものの至福と比較できるだろうか？　あなたは自分の実存のハートを、核を知るようにならなければならない。全ての活動の真髄は、あなたの内的な実存の発見にならねばならない。この内的な発見への衝動が欠けている限り、あなたの生は決して完全なものではない。

私は宗教と教育が、名目だけで結び付けられるのを見たくない。私は、生の核が教育の焦点にもなるのを見たい。そして未知なるものがその基礎だ。未知なるものとの、神との交感の中にいない限り、彼の生には意味も重要性もない。全く意味がない生に、何らかの喜びはあり得ない。生に意味がある時にだけ、生の中に喜びがある。

科学は生にとって有用な物の発見だ。宗教は、生そのものの重要性の発見だ。科学はそれ自体では不完全で、宗教も同様に不完全だ。その二つの長所が統合された時にだけ、結合された時にだけ完全と喜びがあり得る。同じことが宗教と教育についても当てはまる。

一つの宇宙が人間の外側に存在する。しかしそれが全てではない。宇宙は彼の内側にも存在する。一つは客観的な研究の目標だ。もう一つは、内側にあるものの発見のそれだ。しかし主観的な発見が、客観的な研究の犠牲にされて無視されてはいけない。もしこれが起こるなら、私たちには力はあっても平和はないだろう。外側の安楽はあっても、内的な穏やかさはないだろう。そして内的な平安を犠牲にして世俗的な富を所有しても、何の意味があるだろう？　この種の成功は敗北と失敗に等しい。

かつて、ラビアという名前の聖女がいた。ある朝、誰かが彼女の小屋の外から彼女を呼んだ。
「ラビア、出て来なさい！　日の出がとても美しい。この上なくすばらしい朝だ。出てきなさい！」
ラビアは答えた。
「友よ、私はあなたに中に入ってほしい。ここで私は、あなたが外で賛美しているそのまさしく太陽や朝の創造者を見ています。あなたは内側にもいるべきではありませんか？　私は外的な美しさを見ました。あなたは内側にある美しさを見たことがないのですか？」

一つの世界は客観的な世界だ。それは本当にとても美しい。そして人類を外の世界に敵対させたいという人には、何の知性もない。この外の世界は途方もなく美しい。その素晴らしさを理解せずに拒否する人は、人類の福祉に反対している。外の世界の美しさは疑いようもないが、限りのない美しさで満たされている内側の世界がある。外の世界で止まる人は中途で止まっている。

そのような人は、落ち着こうと急いでいる。彼は手段を目的と混同してしまった。彼は宮殿の扉を間違えて階段に立っている。彼は揺り起こされる必要がある。彼は目覚めねばならない。自分の道を続けられるように、ゴールの方へ導かれなければならない。

子供たちは、彼らが途中のどこかで止まらないように、同じゴールの感覚を与えられる必要がある。子供たちがゴールを理解するように助けることが、宗教的教育の目指すものであるべきだ。彼らの生が中間地点で止まらないために。

学習とは、外の世界の研究と発見に関わるものに過ぎない、という理解は絶対に不可欠だ。単独では、客観的な調査は不完全だ。教育が専心するものは内省的なもの、内的な発見でなければならない。しかし現在の宗教の探求は、全く内省的ではない。宗教は内的なことの多くを話すかもしれないが、彼らの話は空虚で役に立たない。彼らの寺院は外側にある。彼らのモスクは外側にある。偶像は外側にある。彼らの経典は外側にある。彼らの観念形態《イデオロギー》は外側にある。そして毎日私たちは彼らが外部のものをめぐって戦っているのを見る。彼らが求めているものは、全て外的なものだ。これらのいわゆる宗教は、あらゆる内省的な探求の方に決して人類を導かない。

ある朝、黒人が教会の扉のところに立っている牧師に近づいて、教会に入る許可を求めた。さてどうしたら、黒い肌を持つ人が白い肌を持つ人たちの所属する教会に入れるだろう？　いつも内省的な事について話す人々は、人の肌が黒いか白いかに必ず気がつく！　そしてこの国で神について話し続ける人たちは、人がバラモンか不可蝕賤民かどうかにも完全に気づいている！

牧師は言った。

「友よ、あなたは教会で何をするつもりなのだ？　あなたの心が汚れているか落ち着かないのであれば、あなたが中に入ることが何の役に立つのだろう？」

時代は変わり、時代と共に牧師は言い方を変えた。昔は、彼は単にその男を妨げて「立ち去りなさい。あなたのような人がここに来ることは許されない」と言っただろう。しかし時代は変わり、彼は自分の口調を変えねばならなかった。だが彼の心は変わらなかった。彼は自分が望ましくないとみなす彼らを、今でも何とか中に入れないようにする。

彼は「あなたは汚ならしく穢れているので、あっちへ行きなさい」とは言わずに、「友よ、それがあなたにとって何の役に立つのだろう？　あなたの心が汚れていて安らいでいないのなら、どうやって神を理解するのだろう？　まずあなたの心を清めに行きなさい」と言った。

これが彼が黒人に言ったことだ。だが、もし白い肌の人が教会に来たなら、彼は全く何も言わなかっただろう。まるで白い肌を持つことが、心の平和を保証するかのようだ！

その無垢な黒人は退いた。牧師は喜んだに違いない。彼は、その男は百万年でも心の平和を達成することはないだろう、それで再び戻ってくることはないだろうと思ったに違いない。黒人は実際に戻って来ることはなかった。しかし彼は静けさを達成した。

一年が過ぎ去り、ある日その牧師は、教会の前の通りを歩いている黒人を見た。彼は全く違って見えた。彼は神の栄光を放っていて、天上の輝きに囲まれていた。彼が再び教会に入ろうとしているのだと考え、牧師はひどく狼狽した。だが彼の恐れは根拠のないものだった。黒人は教会の方向をちらりと見ることさえなく、通りを歩き続けた。牧師は自分を抑えられなかった。牧師は彼を追いかけて尋ねた。

「あなたはどこにいたのだ？　私はしばらくの間、この辺りであなたを見かけなかった」

黒人は笑って言った。「友よ、ありがとう。私はあなたの助言に従った。この一年間、私は教会に来れるように、心の平和を達成しようと試みてきた。だが昨夜、神御自身が夢の中に現われて言ったのだ。『なぜお前は教会に行きたいのだ？　私を見るためにか？　あなたに教えてあげよう。私は過去十年間、私自身で教会に入ろうとした。牧師が私を中に入れないのなら、彼は決してあなたを入れないだろう』」

私は、神がその特定の教会だけに入れなかったのではないことを言いたい。彼は決してどこにも入ることを許されなかった！　人間によって建てられたどんな教会や寺院も、人間より大きいものではあり得ない。それらの人造の教会や寺院は、神のための充分なスペースがないほど小さくてちっぽけなものだ！　マインドが寺院そのものではない誰かによって建てられた寺院は、全く役に立たない。

内側に神を体験したことのない人は、外側のどこかで彼を見つけることは決してないだろう。神が最初に出現するところは、その人自身の内側だ。その最初の出現は完全《トータル》だ。完全性に到達する外的な方法は全くない。内側が唯一の経路だ。

人の自己が神に最も近いものだ。彼を遠く広く探し求める代わりに、人は内側に彼を発見すべきだ。もしある人が、すぐ近くに何かを見つけられないなら、どうやって遠く離れている何かを見つけることを期待できるだろう？　神は寺院では体験されない。神は内側で体験される。このため、寺院やモスクの宗教は、教育とは決して結びつくことができない。結びつけられるべきでもない。それらの影響力はただ外側のものにより多く固執し、客観的世界に対するどんな固執も内側の発見への道を塞ぐ障害になる。

寺院の中で、宗教団体が授ける教育について大学で語るのを聞く時、私は笑いたい気分になる。人は歴史から全く何も学んでいないのだろうか？　私たちは寺院やモスクの宗教が成し遂げられるものと成し遂げられないものを、既に見てきたのではないだろうか？

どんな外側の宗教的な手続きも儀式も、全く必要ではない。それらが役に立たないだけなら問題はないが、それらは本当に非常に有害だ。宗教は、どんな類の外面的な形にも発見されるものではない。だからどんなタイプの外側の儀式も非宗教的な行為だ。これは二足す二は四と同じくらい、簡単に理解すべきことだ。

本当の神の寺院もあるが、それはレンガやモルタルで建てることはできない。石造りの寺院はヒンドゥー教徒、キリスト教徒、ジャイナ教徒または仏教徒のものであることはできるが、神に属することはできない。何らかの組織の私有財産であるものも同様に、神に属することはできない。どんな構造も神の寺院ではあり得ない。それは彼が全体であり完全《トータル》だからだ。

神の寺院は、ただ意識の寺院であり得るだけだ。その寺院は天上や地上にはない。魂そのものの中にある。それは建てなければならないものではない。神の寺院は既に存在する。それを明らかにする必要があるだけだ。

だから宗教と統合されるべき教育にとっては、寺院やモスクの宗教と何かの関係を持つことはできない。自己の内側に隠された寺院を明らかにする宗教と、関連付けられるべきなのだ。

内側に存在するものを理解することだ。それを理解すれば、その人の生に革命をもたらすことができるからだ。真理を理解することは、その人の生に根本的な変容をもたらすことを意味する。

内的な真理を明らかにせず、神を発見しない教育は、不完全なだけでなく非常に危険でもある。そして今日の教育システムの失敗の根本原因は、この不完全さそのものにある。

この頃、大学教育を終えたばかりの若者の教育は全く不完全だ。彼は自分の実存の核で、生命そのものの中心で鼓動するものに全く気づいていない。彼には真理についての、または美しさについての理解が全くない。彼は全く愛を知らない。彼は自分が学んだ特定の、取るに足らない事実をもって世界に参入する。そしてこれらが、彼がそれと共に生きるべき全てであり、それによって生きねばならないものの全てだ。この種の生は彼に平和をもたらさない。彼の意識は徐々に無意味さの、浅薄さの、無益さの感覚で窒息するようになる。生である生きた創造性は、無意味さの砂漠の中に失われる。これに対する彼の反応が、一般的に世界に向けた怒りや欲求不満になる。これが非宗教的なマインドに起こることだ。

それに反して、宗教的なマインドは至福と祝福の感覚で満たされる。宗教的なマインドは全てに感謝する。だがこれは人が全一《トータル》である時にだけ、彼の全存在が喜びで打ち震える時にだけ起こる。この喜びと全体性の感覚は、自己を理解している人だけが、内的な実存を知るようになった人だけが手に入れられるものだ。それが宗教と融合するまでは、本当の教育のようなものは決してあり得ない。その人の内的な実存の意識が、生そのものの基盤だからだ。これを理解することが、これに対して開いていることが、生を完全に生きるために必要不可欠だ。宗教は内的人間の教育だ。

では私たちは何を教えるべきだろうか？　私たちは経典に含まれているものを教えるべきだろう

か？　私たちは道徳的な行動規範を教えるべきだろうか？　自分の子供たちに、神についてや魂について、天国についてや地獄について、救いについての私たちの考えを教えるべきなのだろうか？　いや、絶対に違う。そのような教育は全く宗教教育ではない。そのような教育は、決して人間を内側に導くことはできない。そうした教育は、まずその人自身の偏見を伝達している。その教育はただ単に、単語や使い古された慣用句を記憶するだけだ。これは全て彼ら自身の中に、無知よりもさらに危険な誤解を生み出す。

知恵は自己理解からのみ生じる。他人から手に入れた知識は知恵ではない。他人から手に入れた知識は、単に知恵を得たという錯覚に過ぎない。この錯覚はその人の無知を覆うベールの働きをし、創造的な発見への扉を永遠に閉ざす。その人の無知を理解することは、本当に素晴らしいことだ。なぜなら彼自身の創造性の発見へと導くからだ。しかし既得の知識を福音として受け入れることは、確かに非常に危険だ。借りものの知識がもたらす満足は、何らかの更なる発見の試みを止める障壁になる。

私はかつて、百人ほどの子供たちが住んでいた孤児院を訪問したことがある。院長は子供たちに宗教教育も授けたことを私に教えた。そして私に示すために、少年たちに質問をし始めた。

「神様はいますか？」と彼は尋ねた。

子供たちは「はい。神様はいます」と答えた。

「では彼はどこにいますか？」と院長は問いかけた。

子供たちは空の方を指さした。

「では魂はどこにありますか？」

子供たちは「ここです」と言い、手を自分の胸に置いた。

私はその全てを見守った。院長と教師は非常に得意気だった。

彼らは私に言った。「あなたも何か尋ねてみませんか」

私は一人の小さな子供に尋ねた。「君の心《ハート》はどこにある？」

彼は少し混乱して辺りを見回し、それから言った。「先生はまだそれを僕たちに教えていません」


あなたはこれを宗教教育と呼べるだろうか？　記憶された答えの繰り返しが教育なのだろうか？

もしそれがそんな簡単なことなら、世界はとうの昔に宗教的になっていたのではないだろうか？

彼らが子供たちに与えていた教育は全く宗教教育ではなかったこと、彼らがしていた全ては、子供たちをオウムにするための訓練であることを、私は院長と教師に伝えた。個人が特定の物事を記憶することと、それを機械的に繰り返すことを学ぶなら、彼の知性は非常に損なわれる。そして生が彼を挑戦に、真理の発見への門戸であり得るようなタイプの挑戦に立ち向かわせる時、彼は自分が記憶したものを繰り返して、それですっかり満足するだろう。

「あなたの教え方は、彼らの探求の感覚を殺している」と私は言った。

「彼らは魂も神も知らない。そして自分の胸に手を置いて、それらがどこにあるかを示すために空を指すことは完全なごまかしだ。それであなたは宗教教育をしていると言うのか！　しかしあなた自身の理解は、子供と同じではないだろうか？」と私は尋ねた。

「あなたは誰かがあなたに言ったことを、ただ繰り返しているだけなのではないだろうか？」

すると彼らは、ちょうどその子供のように混乱して、周りを見回し始めた。

世代から世代へ、私たちは同じ空虚な言葉を伝え続ける。それを知識と呼ぶ。真理は教えることができるのだろうか？　真理は記憶できるものだろうか？　真理は丸暗記で繰り返されるべきものだろうか？

物質的な世界では、これらのテクニックは何かの役に立てる。ちょうど象徴が、人が客観的な世界について得た知識を指し示すのに効果的なようにだ。しかし神に関する限り、象徴は無意味で無価値だ。神の次元は象徴の次元ではない。神の次元は理解だけの領域だ。神の次元は直接的な知覚の次元だ。人はそこに在ることができ、生きることができるが、これは教えることができない。人がそこにいる時、教えることや学ぶことはそのように振る舞う演技になる。ちょうど舞台の上にいるように。

愛を学ぶことができる人がいるだろうか？　もしある人が、自分は愛をどこかで学んできたと考えるなら、それは全く愛ではない。それは単なる行為だ。これが、神と教義について習得した全ての知識が、まさに偽物である理由だ。これが、礼拝と祈りがまさに偽りになってしまった理由だ。愛を学ぶことができないのなら、どうやって祈る方法を学べるだろう？　祈りは愛のより深い様相だ。人が愛について学べないのなら、神を理解することを教わる微かな可能性がどうしてあり得るだろうか？　愛そのものの成就が神なのだ。

真理は未知だ。そして既知のもの――規則、行動規範、言葉をもって真理に到達することはできない。未知の中へ入るためには、自分が知る全てを置き去りにしなければならない。既知のものから自分自身を解放することが、未知に直面する始まりだ。いわゆる宗教教育を受けることよりも、知っていることを全て捨て去る方がましだ。この場合、忘れることの方が覚えることよりもましだ。それ以上、その人の意識に何かを刻み込むべきではない。起こるべきことは、そこに既に書かれてあるものは全て消去されなければならない、ということだ。

意識が言葉から解放されると、真理への鏡になる。人の意識が観念形態《イデオロギー》の貯蔵庫になってはいけない。それは真理そのものへの、まさに鏡にならなければならない。その時だけ宗教教育は、言葉の普通の意味で、教育ではなくなる。そしてより活動的な修行《サーダナ》に、真理そのものへのより直接的な旅になる。この修行《サーダナ》の準備をさせることこそが、宗教教育と言えるものだ。

宗教の教育は大学教育のようなものではないから、試験はできない。宗教教育のテストは生そのものだ。人生がその試験だ。

三人の若者が、大学での教育を終えた後に家に帰る準備をしていた。彼らは全ての科目で試験を受けたが、宗教の試験はなかった。彼らは宗教の試験がないことに驚いていた。彼らは簡単に合格点をもらえた。

彼らが学校を後にした頃は、日が暮れ始めていた。彼らが歩いていた時、近くの木から道路に落ちていた棘の多い枝に出くわした。最初の若者は枝を飛び越え、二人目はそれをよけて通り、それから三人目は、それを拾って邪魔にならない所に安全に置いた。

他の者たちは尋ねた。「君は何のためにそれを気にしているんだ？　暗くなってきたし、真っ暗闇になる前に森から外に出たいのなら、急ぐべきだ」

「それが、まさに僕が枝を取り除いている理由だよ」と彼は言った。「もし他の誰かが闇の中をやって来たら、彼はそれを見ることができないし、棘を踏むかもしれないからさ」

この時に、彼らの教師が木の後ろから出てきた。三番目の若者に彼は言った。

「若者よ、君は行ってもよい。君は宗教的な試験に合格した」

彼は他の二人を、彼らの教育を終わらせるために学校に戻した。

生以外に、生のためにどんな他の試験があり得るだろう？　宗教は生そのものだ。何かの試験に合格したという理由だけで教育を受けたと思う人は、錯覚の中に生きている。試験が終わるところが、本当の教育の始まりだ。なぜなら学校教育の終わりが、人生の始まりだからだ。

それなら宗教教育について何が為されるべきだろう？　宗教の種子は全ての人の中に存在する。真理は私たちそれぞれに存在する。生は私たちそれぞれに存在する。その種子の進化を可能にする環境を作るべきだし、その発達の道に立ちはだかる障壁を除去しなければならない。これが達成できれば、種子は生のための独自の自発的かつ固有の能力を用いて、その本当の進路を見つけるだろう。その自然な進化のために努力は全く必要ない。その本能的な活動そのものが生なのだ。人が自然に進化する時、彼の生は喜びに満ち、美しさに満ち、愛に満ちるだろう。

私たちがすべきことは、正しい環境を作り、生に自然な進路を取らせることだけだ。これが本当の宗教教育だ。教育制度は、ある種の雰囲気を確かに提供できる――宗教に、独自の自然で自発的な進路を見つけさせるために必要な――。そしてまた、宗教のこの自然な進化の道に立ちはだかる全ての障壁を取り除くための環境も作ることができる。

この機会を作るための、三つの基本的な必要条件がある。最初の要素は勇気だ。個人は途方もない勇気を必要とする。真理の発見への道における、神の探求における最初の要件は勇気だ。神を発見するためには、ヒマラヤを登ることよりも、または海の深さを測るよりも多くの勇気を必要とする。神の発見よりも崇高な行為、深遠な努力はない。

だがいわゆる宗教的な人々には、通常全く勇気がない。実際のところ、彼らの信心深さは通常自分たちの臆病からの逃避だ。宗教と神は、両方とも彼らの恐れを隠すための仮面だ。恐れているマインドは、決して宗教的になれない。

宗教的であるためには、恐れのないことが不可欠だ。勇気は恐れのなさから成長するので、まず第一には恐れを教えないこと、子供たちにどんな種類の恐れも全く教えないことだ！　そして二番目は、彼らに恐れのなさの感覚を植えつけることだ。恐れのなさはそれほど素晴らしいものだ。それはとても輝いていて、全く途方もない！　本当の宗教は、恐れのなさを土台にしてのみ築き上げられる。

いわゆる宗教は、恐怖によって人を搾取する。宗教が今日のような状態にあるのはこのため、これだけのためだ。それは全く物質世界を超えられなかった。恐怖が非常に深い時、何らかの超越があり得るだろうか？　私が寺院やモスク、または教会に行くと、常に人々が恐怖の中で身を寄せ合っているのを見る。彼らの祈りは、彼らの恐れへの反応に他ならない。そして彼らがひざまづく神は、その恐れの体現に他ならない。人は危機の時に神のところに走る。それが彼が最も恐れる時だからだ。そして人生の終わりに向こう見ずに神に飛びつくのは、死が他の何にもまして彼を怖がらせるからだ。

寺院に行って見てごらん。教会を訪れてごらん。あなたは、死に近づいているか既に死んでいる人々しか見ないだろう。そのような恐怖は教えられるべきではない。私たちはその代わりに、勇敢さ、恐れのなさを教えるべきだ。その時だけ、宗教は生きている人々の宗教になるだろう。なぜあなたは、勇敢さを教えることをとても恐れているのだろう？　あなたの恐れの一つは、若い人たちは神を否定するだろうということだ。だが、これだけがあなたを怖がらせるのは、あなたの神が恐れに基づいているからだ。

神を否定することの何が間違っているのだろう？　私は、ただ彼を受け入れることだけが間違いだと言う。私は「もし神を知らないのなら、神を否定することは素晴らしい」と言うほど、勇敢さの虜《とりこ》になっている。否定がないところに勇敢さはない。人が自分にとっての偽りを否定しないなら、何が真理かをいったいどうやって発見できるのだろう？

私が見る限り、人間の恐れのなさから生じた無神論は、まさに有神論の別の側面でもある。それは有神論の成長のための根本的な要因だ。無神論者でいたことのない人が、いったいどうやって有神論者になれるというのだろう？　無神論者であるより、有神論者である方がよりはるかに難しい。だが、もし無神論を恐れているなら、彼の有神論は完全に偽りだ。それなら彼が有神論者であるのは、単に自分が無神論者であることを恐れているというだけのことだ。ならば彼の有神論に何の価値があるだろう？

私は恐怖に基づいた有神論よりも、恐れのなさに基づいた無神論の方を好む。恐怖が存在するところに、本当の宗教は決して存在できないからだ。宗教は恐れのなさが存在する時にだけ、創造的になる。無神論を通り抜けることは喜びだ。それは人の存在をより活動的に、よりエネルギッシュにする。人が最初に無神論の期間を通過せずに有神論者になるなら、彼の有神論は空虚だ。無神論者は常にそこに、彼のマインドのより深い部分に隠れているだろう。だが無神論を完全に通過するなら、彼は永遠にそれから自由になる。

無神論は否定だ。もし社会が神に反対して宗教に反対しているなら、その社会で神を信じることが無神論になる。一般に受け入れられているものや信じられているものの否定が、無神論だ。この否定の期間は個人の成熟する過程において非常に有益で、非常に価値のある段階だ。この否定の期間を通過しなかった人は、常に未熟なままだろう。そして成熟とは、ただその人の個人的な体験を通して、その人の恐れのなさを通して、その人の生を体験する勇気を通してのみ生じるものだ。

最大の勇気とは何だろう？　最大の勇気とは、あなたにとって偽りのものを拒否することだ。神の存在を確信していないなら、彼の存在を受け入れてはいけない。誰かがあなたを納得させるために最大限の努力をするかもしれないが、天国を用いてあなたを誘惑したり、地獄を用いてあなたを脅かすかもしれないが、もしあなたがわからなければ、自分自身を納得させてはいけない。恐れるよりも、天国を失って地獄の準備をするほうがましだ。恐れることは破滅的だ。偉大な勇気がある人だけが真理を発見できる。

恐れている人は何をするのだろう？　そのような人は、自らの恐れのせいで何もかも受け入れる準備ができている。有神論者の社会では彼は有神論者になる。ロシアでは彼は無神論者になる。彼は死んでいて、社会の影になる。彼は生きているとは言えない。恐れのなさだけが、個人の創造性を表現できる。

数人の人々が、昨日私に会いに来た。彼らは「私たちは永遠の魂を信じている」と言ったが、その顔には死への恐怖が表われていた。

私は言った。「あなたは死を恐れているので、そう信じているだけではないのか？　死を恐れている人たちは、魂は永遠であると言われた時に常に慰めを感じるものだ」

私が彼らに言ったことは重要ではない。魂が永遠であるかどうかは重要ではない。問題は、死を恐れている人がいったい生を発見できるのか、生を理解できるのかどうかだ！　恐れのなさは、真理の発見への道において最も重要な要因だ。

そして私はさらに、死を最も恐れている人たちは、永遠の魂に最大の信仰を持つ人であることをあなたに言いたい。彼らの信仰は彼らの恐怖に等しい。そのような人々は、自分の目を開いて事実に直面する準備ができているのだろうか？　人が恐れ知らずでない限り、真理は決して体験され得ない。

そう、魂は永遠だ。しかしこれは怯えた想念《マインド》の信念ではない。それは意識の体験だ。怯えた想念《マインド》は真理を望んでいない。それは安全を感じさせるものが何であれ、そこに逃げたい。恐怖に満ちた想念《マインド》はあまり真理を知りたくない。それは慰めを望んでいる。そのような人は、彼が探している安全や慰めを与えるものなら、どんな信念にでもしがみつくだろう。

しかしどうしたら、信念や信条、または過去の経験が、何らかの安全や慰めを与えることができるだろう？　真理以外に安全はない。ただ真理の中にだけ満足と平和がある。真理を発見するためには、偽りの安全と幸福を求める欲望から自由な想念《マインド》が必要だ。だから私は、無限の勇気が最大の宗教的な美徳だと言うのだ。


司祭は、子供たちの集団に勇気についての説教をしていて、少年たちは実例を求めた。彼は言った。

「十二人の子供たちが、高原避暑地に滞在していると思ってください。非常に寒い夜です。子供たちはみんな旅で疲れていて、寝る準備ができています。十二人の子供のうち十一人はベッドに跳び込んで、すぐに毛布の中へぬくぬくと包まれますが、その寒さにもかかわらず、一人の子供はお祈りをするために、ひざまづきます。私にとってこれが勇気です。君たちはこれを勇敢だと思いませんか？」

ひとりの子供が大声で言った。

「十二人の司祭が宿にいたと思ってください」。彼は続けて言った。

「そして十一人はひざまづいて祈りました。そして十二番目の祭司は、毛布を覆ってベッドに跳び込んだとします。これも勇気ではないでしょうか？」

私はその司祭が、その少年の質問にどう対応したのかわからない。しかし私は、ただ自分自身であることは非常に勇気がいることだと知っている。その人自身で立つことが、群衆から自由でいることが勇気だ。子供がありのままの自分であるように助けることは、彼に勇気を与えることだ。勇気とは自分自身への信頼、その人の自己への信頼だ。勇気は自信だ。

勇気に加えて、子供たちに理解を与えなさい。彼らに自己認識を与えなさい。これが教育の二番目の基本的な要件だ。もし理解がなければ、勇気はそれ自体では危険にもなり得る。その時は、子供が自信を持つようになるのを助ける代わりに、勇気は彼を邪道に導くことがあり、彼を利己的にすることがある。勇気はエネルギーであり、理解は視野《ビジョン》だ。勇気は力であり、理解は見る能力だ。

あなたは、足の不自由な人と盲人の話を聞いたことがあるだろうか？

ある時、彼らがいた森林が火事になり、両者とも窮地に陥った。当然彼らは、それぞれ炎から逃れたかった。盲人は、走ることはできたが見ることはできなかった。森林が燃えたら、いずれにせよ彼にどんな可能性があっただろう？　足の不自由な人は、見ることはできたが走れなかった。では彼の視力にどんな使い道があっただろう？　彼が火から逃れる方法はなかった！　しかし彼らは解決策を見出して、両者とも死を免れた。盲人が足の不自由な人を背負ったのだ。

これは、盲人と足の不自由な人についての話だけではない。それは勇気と理解の物語でもある。

無知の火から、この環境の燃えている森から自分自身を救出したいなら、彼には理解によって導かれる勇気が必要だ。

ほとんどの人々は、無知のまま自分の人生を生きる。人は眠っている。深い催眠状態にある。彼は自己忘却の深い眠りの中にいる。意識的になること、自分の自己に気づくようになることは、人をこの眠りから目覚めさせる。そして自己理解が生まれる。子供たちは、気づきの中で教育を受けなければならない。自分の存在全体に気づくようにならなければならない。そして彼らは、自己理解を発達させるよう手助けされなければならない。

一般的に、私たちの意識的な活動の全ては外的なものだ。私たちは、外側で起こるものだけに気づいている。だがそのまさにエネルギーは内側に、自己の方に、自己認識の方に向けることができる。この理解は、人を無知の眠りから、彼自身の存在の現実《リアリティ》に目覚めさせて気づきをもたらす。

何であれ、宗教の名のもとに永続されているものは、それが賛美歌であろうと祈りであろうと、いかなる気づきの自己理解ももたらさない。これらの物事は、自己忘却以外の何物ももたらさない。この種の宗教的な活動で人が感じる満足感は、安眠から得る楽しみと同類のものだ。それは、彼が少しばかり酒を飲んだ時に感じる満足に似たものだ。

教育機関は、若い人たちに気づきを植え付け始めるのに最適な場所だ。そして気づくことは全てのレベルで、網羅的でなければならない。肉体的なレベルで、精神的なレベルで、そして子供の内的な存在のレベルで、彼の魂のレベルでだ。もし、あらゆることが気づきの中で行なわれるなら、理解して行なわれるなら、生は意識で満たされる。子どもの精神的な創造性の、ありとあらゆる様相に注意を払うことは、彼の生に完全な気づきと理解をもたらすだろう。その人の内的な存在に絶え間なく気づくことは、自己洞察と自己認識をもたらす。

宗教教育の三番目の基本的な要件は、静寂、沈黙、穏やかさだ。言葉は最大の犯罪者だ。言葉はマインドをかき乱す。言葉はマインドを緊張させる。マインドは常に考えている。それは考えて考えて考える。それは決して平穏ではない。

私が静寂と言う時は、マインドの平和を意味する。静寂と油断のない状態で在ることは新鮮さ、若々しさを生み出す。静寂の、完全な沈黙の状態では、マインドは澄みきったものになる。それは真理が反映された鏡になる。

考えて欲しい、かき乱されたマインドが何を理解できるだろう？　そのようなマインドが、いったい何を発見できるだろう？　そうしたマインドは、それ自身の陰謀に簡単に巻き込まれてしまう。それは、全くどんな新たな道の探求にも関心を持たない。

真理の発見には全く静かで、完全に穏やかで、思考のないマインドが必要だ。この精神状態が瞑想だ。そして子供たちは簡単に、マインドの穏やかで静かな状態へと、瞑想へと導くことができる。マインドには穏やかさに向かう自然な傾向があり、そして沈黙の方に引き寄せられる内的な力がある。マインドは完全に穏やかでなければならない。それは単に波に浮かぶだけで泳がない時、ただ波に浮かんでいる時と同じくらい平和でなければならない。ただ浮かんでいなさい、全くどんな動きもなく……。この完全な無活動の行為は、以前には決して知らなかった沈黙に導くだろう。その平和の中で、その沈黙の中で、生の神秘と喜びが彼の前に現れる。彼が真理を知覚するのはその時だ。実のところ、真理は常に存在していた。彼の欲求不満のせいで、彼には見えなかった。沈黙の中で、完全な平和の中で、彼の自己は明らかにされる。

宗教教育はその時、勇気の、理解の、そして平和の教育になる。宗教教育は大胆さの、気づきの、静寂の、無思考の教育だ。そして疑いなく、そのような教育は新世代の基盤に、新しい人類の基盤になることができる。

私は、あなたが今日言われたことに瞑想することを望んでいる。私が話したことを、ただ信じて欲しくはない。あなた自身でそれらを体験して欲しい。私の言葉に瞑想して欲しいと思う。あなたには偏見のない態度が必要なだけだ。あなたは自分自身の実験によって、私が話したことを試す必要があるだけだ。

自己体験の炎で試される時、真理は純金になる。

私は自分が学んだことを忘れてしまった。私は学ぶ価値のある唯一のものを認識したが、それは教えることができないものだ。真理を認識するために、あなたが今までそれについて学んできた全てのことを忘れる準備が、あなたにできているだろうか？　もしあなたの答えが「イエス」なら来なさい。真理の扉はあなたのために開かれている。

第四章 思考とビジョン

Thought & Vision

私は二つのタイプの人間しか知らない。真理に背を向けた人々と、真理に対して目を開いている人々だ。他のタイプの人間はいない。

思考の力は電気の力と同じくらい素晴らしいものだ。私たちは電気の力を理解してきたが、ほとんどの人は思考の力について全く何も知らないでいる。それを知らない人々は、それを使うことができない。なぜなら思考の力を使うためには、まさにあなたの源泉から、あなた自身を変容させなければならないからだ。

全く考えることのできないものについて考えてみてごらん。するとあなたは思考の枠外に移動する。これは自己の領域に入ることだ。

真理、不死、そして永遠への扉は、恋焦がれる愛でもなく、抑えられない渇きでもなく、飽くなき情熱でもない。実のところ、真理に導く道はマインドでもなく、マインドに関する何かでもない。マインドが全く立ち入らないところに真理は存在する。

思考の力より大きな力はない。思考は個性の本質だ。人間の生の流れは思考を中心としている。彼の内側で明らかにされるものは、全て思考を通して表現される。動物から人間を区別するものが思考だ。

それでも忘れてはならないのは、思考の力を所有することと、思考に圧倒されることの間には大きな違いがある、ということだ。違いがあるだけではなく、複雑な矛盾もある。人が思考に圧倒される時、彼は考えることができなくなる。人のマインドは思考に圧倒されると、考えを支離滅裂に述べること以外何もできない、という狂気に陥る。全ての狂気の原因が世界的規模でこの種の考えの発展に深く関わっている、ということがあり得る。混沌とした思考の重荷の下では、考えるための自発的で自然な能力は息を止められ、考えるためのインスピレーションは殺される。そしてこの思考の騒々しさが、実際上の考える力と勘違いされている。

思考を、考える能力と混同するという誤りが、人間の無知の土台になっている。他人の考えを集めることは、その人自身の考える能力の証明にはならない。だがそれでも、それができるということは、その人の考える能力のなさを補うことになる。エゴを満足させるためには、無知ゆえに習得した偽りの知識を持つことが最も簡単な方法だ。人が自分自身の中に感じる思考力の欠如が大きければ大きいほど、彼は他人の考えでそれを隠したくなる。その人自身が考える能力を獲得するのは大変な仕事だが、他人の考えを蓄積することは、海岸で貝殻を集めることと同じくらいたやすい。

たとえ、考える力が内側にある生まれつきのものだとしても、私たちの思考のほとんどは他の人々に属している。その人の考える力を開発することは、内的な探求を必要とする。他人の考えを借りるためには、自分の外側を見ることが必要になる。だから私は、二つの異なるアプローチがある、二つの矛盾した旅がある、と言うのだ。

知識を勉強することに心を奪われている人は、自分自身の考える能力を否定している。真の知識は、自分の外側で習得することはできない。自分自身の意識から成長する知識だけが本物だ。

自分の無知を隠そうとしても、それを根絶することにはならないし、知識を獲得することにもならない。自分の無知に、その全てを曝け出した状態で直面して、それを理解しようとする方がはるかに良いだろう。無知を隠そうとして獲得した知識は、無知そのものよりも有害ではないだろうか？

友人のように装った敵は、純然たる敵よりも間違いなく危険だ！　自分自身から生まれていない知識は敵だ。それは偽りの知識だ。

なぜ私たちは、偽りの知識が欲しいのだろう？　なぜ私たちは夢を追いかけるのだろう？　何も原因なしには起こらない。この場合はエゴが犯人だ。私たちは自分の無知を隠すために、すぐに即席の知識を求める。だから私たちは他人の考えを蓄積する。エゴの衝動力は強く、これこそが人々を、経典を記憶するように、あらゆる種類の教義を盲目的に受け入れるように駆り立てるものだ。偽りの知識はエゴをより強く感じさせる。自分の無知に気づくことは謙虚さを育てる。知識が豊富であるという錯覚はエゴを強める。

本当の知識を得るためには、エゴを滅ぼすことが不可欠だ。エゴの核心は所有欲だ。それには実在が、それ自体の本当の中心が全くない。所有欲が無い状態にあることは、エゴの根絶を意味する。だからエゴは、できるだけ多くのものを所有したいと思うのだ。この獲得への傾向がマインドにある限り、エゴはそれ自身を知ることができない。知識を追い求めるその必死の競争は、エゴがそれ自身を知るようになる時間の余地を残さない。この地位、名声、宗教、知識、放棄や魂の本質を追い求める競争が見当外れであろうとなかろうと、だ。なぜなら欲望があるところはどこにでも、それがどんな種類の欲望であっても、そこにはエゴがあるからだ。そしてエゴがあるところには無知がある。


知識の探求は、富を捜し求めることと同じだ。富は粗野な所有かもしれないし、思考は微妙なものかもしれないが、全ての外側の所有物は単に内側の貧しさを示すものだ。人を外部の探求に没頭させるものは、この内側の貧しさの感覚だ。

そしてこれが人類の基本的な過ちだ。この外向きの探求は、彼が何らかの本当の結論を引き出すどんな可能性をも否定する。人は自らの内側の貧しさのせいで外側の富に憧れ、彼の中に途方もなく破壊的な不調和を作り出す。それもまた完全に無駄なものだ。外側の繁栄は、決して内側の貧しさを根絶できない。何であろうと、その二つには何の関係もない。貧しさは内側にあり、もし繁栄を望むなら、私たちは内部も同様に見なければならない。内側から生じる知識だけが無知を追い払うことができる。

あなたは富が欲しいのだろうか、それともただ裕福に見えるようにしたいだけなのだろうか？あなたは知識が欲しいのだろうか、それとも自分の無知を隠したいだけなのだろうか？　全ての外側の包装はごまかしだ。それでもあなたは、この方法では本当に自分自身を欺くことはできない。あなたが自分自身にしていることの真実を認識するやいなや、あなたの見解の中に基本的かつ革命的な変化が起こる。もし自分の無知という現実を見たら、それから逃げてはいけない。この逃げるということで、何を成し遂げるつもりなのだろう？　この教義や経典の後ろに隠れることの全ての意味は何だろう？　借りた考えの靄《もや》であなたの自己を曇らせようとすることで、あなたはどんな目的に役立たせようとしているのだろう？　これは治療法ではない。治療という口実の下で行なわれることの全ては、病気を悪化させる。偽医者は、彼が診断する病気よりも危険かもしれない。そして彼が処方する薬は、全ての新しい病気の連鎖を引き起こし得る。むやみにたくさん知識を詰め込みたいと思うことは、ニセ医者の万能薬を当てにし、その犠牲になるのと同じだ。そしてあなたの無知から自分自身を解放するために経典に縛られることは、より大きな束縛に導くだけだ。真理は言葉の中には存在しない。真理は自己に内在するものだ。

真理に達するためには、全ての教義や全ての形式的な経典から、あなた自身を解放する必要がある。完全に自由である時にだけ真理の認識が起こる。愛着は依存のしるしだ。それは自分自身に自信がないことを表している。他人を信じることや自分を信じないことは、奴隷状態の姿だ。他人を信じることから解放されている人だけが、本当に自由でいる。聖職者や宗派や経典を信じることは、あなたは依存しているという意味だ。言葉や信条を信じることも依存だ。私はあなたに言う、ただ本当の自由だけが真理に導く、と。たとえ誰からであろうと、他人から得た全ての考えと全ての信念を捨てなければならない。

自分の無知を自覚することは、人間の自然な成長の一部だ。そしていったんそれを自覚したなら、それを決して忘れてはいけない。この忘れる傾向は自己欺瞞だ。それは暗い空虚さを明るくしようとする試みであり、劣等感に苦しむ人々は地位、強さ、そして権力に憧れる。彼らはまるで、足の不自由な人が、肉体的に優れた人の偉大な離れ業を切望するようなものだ。

ヒットラーは、この古くからの真理の具体的な実例だった。人の死の恐怖が大きければ大きいほど、彼の中で発達する暴力はより大きくなる。他人を殺すことによって、彼は自分が死の及ばないところに上昇したと感じる。搾取や戦争だけが存在するのは、かき乱されたマインドを持つ人々が自分自身の中の狂気から逃げようとしているからで、社会が停滞しているのは、私たちが自分たちの精神的な不安の大きさを見ることさえできないからだ。

権力と所有物を求めるこの競争は致命的な病気だ。その病気は外部ではなく内部のものであり、人はそれから逃れられない。彼がそれを知らないことは、彼をいっそう速く走らせるだけだ。しかしこの癌は内側にある。それから逃げることはそれを強めるだけだ。この成り行きは究極的に狂気に導く。不可能を成し遂げようとするどんな試みについても、狂気がその当然の結果になる。

自分の自己から逃れることは不可能であり、その緊張に耐えられるように、人には酔わせるものが必要になる。ワインや女性や歌、マントラの繰り返し、祈りや礼拝がそれだ。富を求めることや力と知識を求めることは、自己を忘れたいという願望だ。このためには、実に強いワインが必要となる。ある人たちは宗教に転向する。彼らにとってはそれが強力な鎮静剤になる。これが、いわゆる豊かな社会で、宗教への関心が高まる理由だ。だがそれはそれでも競争だ。基本的な問題は競争の方向をどうやって変えるかではなく、それをどうやって完全に終わらせるかだ。

哲学者は思考を通して逃げる。芸術家は彼の創造を通して、政治家は権力を通して、富裕者は富を通して、禁欲主義者は放棄を通して、そして帰依者は神を通して逃げる。しかし真理は、全く自分の自己から逃げようとしない人によってのみ認識され得る。これについて考えてごらん。物を蓄積する欲望は、物を集める欲望は、物を所有する欲望は、単なる自分の自己から逃げようとすることではないだろうか？　そして学ぶことも同じだ。私は思考の力は支持するが、考えは全く支持しない。内側の無知を隠すための別の試みに過ぎない。他人の考えを勉強することは、単に自分自身の考えは決して個人の核心に触れない。どんな種類の富も個人の核心に触れない。全ての富は外部にある。富は魂に達することはできない。それは単に豊かさについての錯覚を作り出せるだけだ。

昨夜私は「自分は乞食だ」と言う男に出会った。彼の目と言葉は両方とも彼の貧しさを露呈していたが、それでも私は笑って「なぜあなたは自分を乞食と呼ぶのだ？」と尋ねた。

「あなたにはお金がないかもしれないが、それはたして、あなた自身を貧しいと呼ぶのにもっともな理由だろうか？　私は大変裕福な人々を知っているが、それでも彼らは本当に貧しい。もしお金の不足だけで自分を貧しいと呼ぶのなら、あなたは間違っている。より深い貧困に関する限り、全ての人たちが貧しく、全ての人たちが乞食だ」

自己の真実を知らない人は貧しい。彼は乞食だ。そして彼の内側の実存をよく知らない人は無知だ。覚えておきなさい。美しい服は栄華を意味するのではないし、知識は偉大な見解で自分自身を覆い隠すことでは得られない。一つのものはただあなたの貧困を隠すだけで、他のものは単にあなたの無知を隠す。より深い洞察力を持つ人にとって、豪奢な衣類は貧困の現われであり、壮大な考えは無知を示すものだ。これをあなた自身に向けてよく考えてごらん。あなたは真実のあなた自身を奪い取っていないだろうか？　価値のある何かは、自己を犠牲にして、あなたの魂を犠牲にして達成されるものなのだろうか？

かつて私はマハラジャと一緒に住んだことがあり、そこで私は彼に尋ねた。

「あなたは、自分が王であるという幻想の下にいるのではないのか？」

「幻想!」と彼は言った。「私は自分が王であることを知っている!」

彼は深い確信を持ってそう言ったので、私は大変な同情を感じた。私は毎日学者たちに会って、彼らには知識という幻想以外何もないことがわかった。私はまた僧侶にも会って、彼らが自分は禁欲主義者であるという幻想に生きていることがわかった。知識という幻想は考えによって作られる。王の身分という幻想は肩書きによって作られ、禁欲主義という幻想は放棄によって作られる。もし人が外側の富は持っていても内面的に貧しいのなら、単に自分の富を与えることだけで、どうやって禁欲的になれるのだろう? 所有することで見出される真理はなく、所有物の放棄で見出される真理もない。真理は、両方を超えて隠されているものに気づくことの中にある。

知識は、考えることや考えないことで見出されるものではない。知識は、見る人がいるところ、思考と無思考の両方を目撃する人が存在するところで見出される。思考は単なる記憶に過ぎない。そして私たちは、記憶の訓練を知識と間違えている。記憶とは、単に外部の問題に答えを提供することだが、私たちは間違ってこれを思考だと思い込んでいる。

あなたは思考と記憶の違いを理解しているだろうか? 記憶は完全に過去のものだ。それは過去の経験の死んだ収集物だ。それなら、どこに生の問題への答えが見つかるだろう? 生は謎、パズルだ。古い解答は、新たな問題を解決できないからだ。あなたが蓄積してきた古い解答と、日ごとに起こる新たな問題との間には何の関係もない。だからマインドは生との接触を失うのであり、人は自分の肉体が実際に死ぬよりずっと前に、年を取って死ぬことになる。真理を調べるためには、生の神秘に直面するには、決して古すぎないマインドが必要になる。マインドが過去に縛られると、その新鮮さを、インスピレーションを、その思考力を失う。生に対して閉じてしまう。純粋に先入観のない思考が存在するのは、その人のマインドが記憶に縛られていない時だけであり、記憶という知識に結び付けられていない時だけだ。

記憶を通して生を見ることとは、過去のベールを通して現在を眺めることだ。マインドがこの奴隷状態から解放されている時にだけ、それは本当の知覚能力を獲得する。そして本当の知覚が本当の知識へ導く。もしあなたの視覚《ビジョン》が純粋なら、自己認識という潜在力があなたの内側で目覚める。あなたが記憶の重荷から自分自身を解放して現在に焦点を当てるとすぐに、あなたの視覚《ビジョン》は過去から解放される。

決して記憶を知識と間違えてはいけない。記憶は全く機械的なプロセスで、ただ思考の助けになるだけだ。コンピューターの発明は、記憶が機械的なものであることをはっきり示した。適切な知識を与え、正しい事実を与えると、これらの機械は正しい答えを提供する。誤りの生じる余地は全くない。私たちは自分たちのマインドを同じ方法で養う。ギータで、コーランで、聖書で、マハーヴィーラの言葉で、仏陀の言葉で、モハメッドの言葉で、そしてさらに毎日の新聞を用いて養うが、記憶はその中に入れられたものしか刷り込むことはできない。記憶は自発的に考えることはできない。それは重要だが、その役割を誤解するべきではない。それはそうでないものとして受け取られるべきではない。本当の思考は常に独自のものであり、記憶は常に機械的だ。

記憶から生まれる思考は、独自のものでもなく生きているものでもない。これに反して、知識は全く異なるものだ。知識は機械的なプロセスではない。それは意識的に気づくことから生じる。そして知識の性質がそうしたものであるため、機械では作り出せない。知恵は決して機械的ではないが、学習は機械的だ。そして停滞したマインドとは、いわゆる学者に属するものだ。このタイプのマインドは、問題への答えを、問題が生じる前に与えてしまう。これは反復性のプロセスに他ならず、創意よりもむしろ信念を頼りにしている。記憶に左右される思考は、主張するために信念を必要とする。そして同様に、信念も記憶に頼った繰り返しによって支えられる。それは悪循環だ。

つい今朝方、私はギータをまるごと完全に記憶したといういわゆる学者に出会った。彼は最後の四十年間、何度も何度もそれを読んできて、今ではそれを読み上げる時であってもなくても、日夜それを暗唱した。人々は彼の学習のために彼を避けていた。彼は落ち着きがなくて議論好きだ。彼はこのような自分自身については目を向けずに、どのようにして世界に平和をもたらすかという考えで一杯になっている。彼は創造的というよりむしろ機械的な、そうしたマインドの典型だ。そのような人々は教義の奴隷になり、経典はこうして派閥主義や暴力の原因になる。一人の人を別の人から切り離すことが、どうしたら仏陀の、キリストの、マハーヴィーラやゾロアスターの言葉で可能になるのだろう？　敵意や暴力の基礎になることが、どうしたら彼らの言葉で可能になるのだろう？　それが起こるのは、彼らの言葉が非創造的なマインドに利用され、歪められる時だ。

学んだマインドは古めかしく、たとえ生の問題が連続的に変化しても、これらのマインドが提供するべき解答は変化しない。それらは完全に非創造的だ。もし世界がマルクスの方へ動いても、この種のマインドはマヌ（ヒンドゥー教の世界で、人類の始祖とみなされる聖人）と共に残り、世界がマルクスを超えて動く時も、この種のマインドはマヌと共に留まるだろう。聖書を当てにしようと資本論を当てにしようと、独自性のない人は、ある種の経典の確信を必要とする。彼にとっては教義や観念形態が現実の生よりも重要になる。成熟した知性は新鮮な角度から、新たな視点から問題にアプローチして、いくらか前もって考えられた見解からはアプローチしない。だがいわゆる学者は、経典の中に何らかの間違いがあり得ることが想像できない。彼の知恵の欠如からこの類の人は、誤りは生の中にあるに違いないと言う。彼は、自分があなたのために作ったものが合わない時、あなたの身体の方を咎める仕立屋のようなものだ。

何千年もの間、世代から世代へと受け継がれてきた経典と伝統の大きな重荷のせいで、人類は何も解決できなくなっている。人間のマインドは麻痺してしまった。そして私たちは、自分たちの問題への答えを見つけられないだけでなく、これらの問題の根源がどこにあるのかを見ることさえできない。

人は自分の記憶から超然としていなければならない。自分の思考力を目覚めさせることだ。これを実現するためには、自分が蓄積してきた膨大な思考を絶対最小限度にまで減らす必要がある。あなたの記憶を、もうそれ以上重荷にさせてはいけない。あなたは、記憶のベールを通して自分の問題を眺めるのではなく、その現在の状況にあるそれぞれのものを、それらを直接、あるがままに見ることを学ばねばならない。あなたと生の間に、生とあなた自身の間に経典を置くことは致命的だ。自己とあなたの接触が直接的であればあるほど、自分の問題を理解するあなたの能力は大きくなる。問題を解決するためには、あなたはそれを生きなければならない。教義が全く助けにならないのは、解答が問題そのものの中に隠されているからだ。それは、全く先入観のないマインドでしか発見できない。

思考力は、あなたが他人の観念形態《イデオロギー》から自分自身を解放する時にだけ、あなたの中で活動し始める。自分自身のために考えることによってのみ、考えることを学ぶ。その時、新しい力があなたの内側の実存に目覚めるだろう。それから、新しくて馴染みのないエネルギーがあなたの中に現われる。それはまるで盲人が突然見えるようになるような、暗闇の中にあった家が突然明かりで光り輝くようなものだ。

思考力があなたの内側の心《ハート》に目覚める時、それは光で満たされる。そしてこの照らすもの《イルミネーション》と共に、至福が訪れる。あなたの内側にこの明かりが存在する時、どんな障害物もあなたから隠されることはない。純粋な思考の明かりの中で、あなたの生の惨めさは調和の取れた組み合わせになる。

私はあなたに、自分の生に自由な思考のランプを点灯することを強く勧める。誰かの考えを受け入れることで、彼の奴隷になってはいけない。真理は、その人自身の主人であるその人に属する。

思考は、既知のものを超えて進むことはできない。たとえそれがどれほど高く舞い上がろうとも、既知のものの辺境を越えることは不可能だ。思考は既知のもの全ての源であり、既知のものの範囲がその存在の全てだ。思考は、その人の過去の体験の真髄であり、記憶がその住処だ。だが記憶は死んでいる。それは過去のものだ。そして思考もまた生命のないものだ。たとえ真理が未知のものであっても、それが生の本当の姿だ。そしてこれが、思考が人を決して真理に導くことができない理由だ。

思考は、生きている領域に入ること、未知の中へ入ることが禁じられている。魚は、しばらくは水の外で生き残れるかもしれないが、思考にとっては、既知のものの軌道を巡る死んだ記憶の周辺から、たった一歩でも踏み出ることは不可能だ。

知的探求においては、思考力は存在するが、体験には思考力は存在しない。体験はハートで、人間の存在の最も活力のある部分で起こる。体験に基づいていない思考は死んでいる。しかし生命のない言葉や観念は頭の中で絶え間なく反響していて、私たちはそれらの重みの負担でよろめいている。それらは私たちを解放せず、私たちを奴隷にする。

ハートに関する体験が、自由のために不可欠になる。私たちがこの重い負荷を振り払えるなら、それはぜひともそうすべきだ。だから私はあなたに、真理の意味を探すことではなく、真理についての何らかの解釈を探すことではなく、真理そのものの体験を探し求めることを言うのだ。生を探し求めなさい。真理の深みに飛び込んで、完全にそれに浸りなさい。そうするとあなたは虚偽から自由になるだろう。知性はあなたを表面上に浮かばせるだけだ。ハートはあなたを完全に沈める。知性ではなく、ハートが解放への道だ。

私が話していることとは何だろう？　言葉だろうか？　いや、全く違う。言葉だけを聞いている人は、私が語ることを理解していない。私たちは重大な考えを熟考しているのだろうか。いや、全く違う。私たちはどんな類の考えも熟考していない。私たちはどんな種類の討議にも携わっていない。全くしていない。私たちがしていることは、生の特定の側面を、存在の特定の様相を探し求めることだ。私たちは、純粋な存在そのものへの入り口を探し求めている。

「会得 *comprehension*」という考えの他に、「理解 *understanding*」という言葉もまた、入るという概念、浸透するという概念を共に持っている。そして生は、人がその中に浸透できる場合にだけ理解できるものだ。生は、思考と討議の空虚な玄関に降りるものではなく、愛の戸口を通過することによってのみ理解できる。生を生きることだ。

私はあなたに、私の言葉を理解させているのだろうか？　だが、もしあなたが理解していなくても、心配しなくていい。心配は障害だ。それはあなたの理解力の邪魔になる。ちょっとしばらく止まって、私が話していることを考えてごらん。

外のグルモールの木に咲く花を見てごらん。あなたはそれについて思案するだろうか、それともただそれを見るだけだろうか？　カッコウの鳴き声が聞こえるだろうか？　あなたはそれについて考えるのだろうか、それとも単にそれが歌うのを聞くのだろうか？　ちょっと私に耳を傾けて、私の言うことを考えてごらん。

これは討議ではなく、あなたを私の言葉を理解することへと導いて、鋭く浸透させる洞察《ビジョン》だ。討議は言葉に溺れる。洞察は沈黙を貫通する。討議は無駄に熟考する。洞察は意味を明らかにする。洞察はよりはるかに深い理解だ。それは討議が拘束するプロセスから自由だからだ。討議は時間と行動を含むが、認識においては、内的な洞察においては、時間も活動も全く存在しない。

内的な洞察《ビジョン》は理解の頂点をなすものだ。それは最高の状態に発展した理解だ。あなたは美しさを、愛を、至福を体験した瞬間に、これを見たことがないだろうか？　存在する深くて深遠な覚醒だけが、それらの瞬間におけるあなたではないだろうか？　それらの瞬間に、思考はあなたに別れを告げたのではないだろうか？　真理、美、幸福など、生において真正であるものは何でも、沈黙の中だけで、波がなく思考のない状態においてのみ知ることができる。だが、思考の大波や砕けた波の思考の中では決して知ることはできない。

あなたはどこに行っているのだろう？　あなたが探し求めているものは手元にある。もし近くにあるものを見つけるために歩き続けるなら、あなたは道に迷うだろう。立ち止って見てごらん。とても近くにあるものを認識するためには、ちょっと立ち止って見るだけで充分だ。

知識人は全て何でも知っているのだろうか？　いや、もちろんそうではない。全ての知識人ができることは説明だ。それは批評しかできない。外の世界に関する限りでは、感覚が知覚して知性が明らかにする。内的世界に関係しては、知覚するのはハートで、説明するのが知性だ。

知識人を知っている人として受け入れる知識階級の人たちは、間違っている。知性を通しては、今まで全く何も知られてこなかった。それは知識への道ではない。しかしそれが道筋であるという錯覚のせいで、本当の道を見つけるための障害や妨害になっている。

それなら、あなたが尋ねている知性にとっての真実《リアリティ》とは何だろう？　答えはあなたの知性を邪魔なものにさせないところにある。あなたの知性があなたと生の間に、あなたの自己と生の間に立ちはだかっていない時、開いていて理解する姿勢があなたの中に作り出される。そしてこれが真理を見る目になる。

私は迷信や盲目的に信じることに反対する。実際のところ、全ての信じることは盲目的だ。もし信じることにしがみつくなら、彼の識別力は決して鋭くならないし、決して炎になることはない。もし健康な子供が、若い時に松葉杖をついて歩くようにさせられたら、年をとると彼の足は決して適切に機能しないだろう。彼は足が不自由になるだろう。そして同様に、信じることへの習慣的な依存は、知性を無力にする。人間の生において、虚弱な知性よりも大きな苦悩があり得るだろうか？　だが、これこそが信じることの原因となるものだ。

民衆が、自分たちの考える能力を開発することを本当に望んでいる社会や国家は一つもない。もし人々が自分たちの考える能力を開発するなら、統治の手綱を保持する全ての専制君主と圧制者は重大な危機に直面する。その時、革命の可能性がある。人々は、真理を探求し始めるかもしれないという恐れが常にある。組織社会、いわゆる宗教、そして全ての王国は、虚偽という基礎の上に築かれてきた。

赤ん坊が生まれる瞬間、集団的な努力がその子をさまざまな『信じる』という奴隷的依存状態に縛りつける。これが、教育制度がこれまでにしてきた全てだ。にもかかわらず彼らは、自分たちの目的は人間を解放することだと言う。しかし現実に起こることは、抜け目がなく微妙な精神的奴隷状態が、ゆっくりと個人のマインドに襲いかかっているということだ。この制度は考える方法を人々に教えない。それは単に彼らを信じることで一杯にさせる。それは疑いを奨励しない。それは反逆を許さない。そのような教育制度の成果は、一般に自分で考えることができないものになる。

活動的で活気のある真理の探求は、疑いから生じるのであって信じることからではない。真理の探求においては、健全な疑いの感覚より大きな支えはなく、それより強い押し進める力はない。信念は真理の探求の始まりではない。信念は結果だ。疑いが始まりを特徴づける。どんなによく計画された調査も、疑いを持って始まり信念で終わる。下手に計画された調査は信念で始まるが、疑いに導いて疑いで終わる。この種の信念は現実に基づくことができない。

どうして信じることに基づいた信念が、本物であり得るだろうか？　ただ完璧な知識だけが本当の信念を生む。完璧な知識と本当の信念は同行する。信じることは無知だ。真の信念は完璧な知識だ。信じることは借りものの信念だ。信じることはあなたに押し付けられた信念であり、あなたの上に無造作に放り投げられたもの、重ねられたものだ。

あなたが働きかけねばならないような信念は、ただの信じることに過ぎない。あなたの内側で目覚めるような信念だけが、完璧な知識という照明《イルミネーション》を通して自然かつ独力であなたに生じるその信念だけが、真の信念と呼ばれる。その信念を探しにどこかへ行く必要はない。それを学ぶ必要はない。それはそれ自体から生じる。あなたが学ばねばならないものは、疑い、正しい種類の疑いだ。正しい種類の疑いが、真の信念を達成するプロセスの始まりだ。

疑いとは信じないことではない。信じないことは、信じることの単なる否定的な側面だ。もしその人の疑いが単に信じないだけのものなら、それは不健全でもあり不完全でもある。疑いは信じることでも信じないことでもない。それは際限のない好奇心だ。それは知ることへの抑えきれない欲望だ。それは知識を得ようとする衝動だ。それは絶え間のない研究だ。それは真理に達するまでは、あなた自身の体験から生じる真理に達するまでは、どこにも止まらないという断固とした決意だ。

私がそれを見る限り、信じることも信じないことも真理の探求にとって障害になる。疑いは真理を成し遂げる唯一の方法だ。ただ疑いだけが、最終的に人を真理に導く。

真理を探求していた一人の男がいた。数年の放浪の後、膨大な量の神聖な本を詰め込んだ洞窟に住む聖者のところに、彼はやって来た。それらが網羅する論題は無限にあった。見たところはどこも経典、経典、さらに経典だらけだった。賢人は彼に言った。

「宇宙に関する全ての知識は、これらの本に保存されている。神秘と秘密に満ちたこれらの書物は、ただ真理を探しに来る人たちのためにだけ収集され、ここに保管されている。それぞれの探求者は彼が選んだ一冊の本を持ち出すことができる。どの経典をあなたは持ちたいのだろうか?」

若者は本の終わりなき集積を見渡して、一瞬考え、そして言った。「他の人たちみんながそれを含んでいると明言するような、あらゆるものを供給する書物を私に与えてください」

これを聞いて老人は笑った。彼は言った。

「もちろんわしはそのようなテキストを持っているが、誰かがそれを要求するとは稀なことだな」

それから彼は「最も偉大な疑いの経典」と題した書物を与えた。

私もまた同じ本を全ての人に与えたいと思う。なぜならこれが、探求者を他の全ての経典の混沌とした乱雑から解放できて、彼を永遠の真理に導くことができる唯一のものだからだ。

私は訪問したある家の中にあったリュートに注目して、リュートと人間のマインドがどれほど互いに似ているかに心を打たれた。マインドは楽器でもある。それは調和か、または調子外れかのどちらかの旋律を生み出すことができる。しかしあなたのマインドが生み出す旋律が何であれ、それに対する責任はあなたにある。だから、あなたのマインドを調和と真理の楽器にさせなさい。あなたのマインドをずっと開いたままにして、それを調子が合ったままにさせておきなさい。それをエゴから自由なままにさせておきなさい。エゴよりも調子外れの旋律を生み出すものは何もない。内的な音楽で満たされている人だけが、真理にアプローチできる。真理の方に自分の道を見つける人は、音符と対位法について思惟する人ではなく、自分自身への完全な交響曲である人だ。

私は光について、照らすものについてあなたに話しているのではない。なぜならそれは問題ではないからだ。問題は視覚《ビジョン》についてだ。視覚と共に、光は存在する。それなしでは、光は全く存在しない。あなたは自分の視覚を超えたものを知覚できない。だから論点は知るべき存在についてではなく、あなたの知識の能力についてだ。存在についてのあなたの認識は、あなたの知識が目覚めさせられるその度合いに比例する。

誰かが先ほど、私に魂は存在するのかどうかと尋ねた。私は「もしあなたにそれを見る目があるなら魂は存在する。そうでなければ存在しない」と答えた。

普通は、あなたは客観的現実に気づくことができるだけだ。あなたの感覚は、ただそれに調子を合わせるだけだ。身体という媒体を通しては、身体とは別の何かを知ることは不可能だ。身体そのものより他の、どんなものも知ることは不可能だ。魂は身体を超えている。その本質は全く異なるものだ。魂は別の方法でアプローチしなければならない。

宗教は魂を知る方法であり、自己を知る方法だ。宗教とは、あなたが客観的な世界を超えて見れるようにさせ、肉体的な存在であるあなたを超えさせる内的な目の、内側の視覚《ビジョン》の訓練だ。宗教は、それでも、考えることではない。達成するために必要な実習は体験だ。

思考は常に感覚に関係している。全ての思考は感覚を通して把握される。思考のためのインスピレーションは外側から来るものであり、内側からではない。思考は他人に属していて、自己にではない。思考の極致は科学であり、そして科学のように、思考は常に客観的なものに集中する。

思考は決して、客観的な世界を超えたところに導くことはできない。それ自体のまさにその性質によって、思考が魂を知覚するどんな可能性も否定される。なぜなら全ての思考は、感覚から生まれて感覚を通して経験されるからだ。感覚を超えて存在するものは、全く思考の領域に入らない。だからどんな思考でも、魂を言葉で述べようとしたり描写しようとする試みは、発言が与えられた時、非論理的で支離滅裂に見えてしまうのだ。

宗教は論理を超えている。それは思考と感覚の両方を超えている。そして宗教をもって一貫性が生じる。

宗教は思考を通して起こる体験ではない。それは無思考の意識に目覚めることだ。思考の末端の地点は対象であり、対象のない意識が究極的に認識するものが魂だ。魂に関係する全ての思考は、それゆえに無駄なものだ。唯一の有意義な道は、無思考の状態に導く道だ。

目覚めつつある状態、識別の状態、そして知性の状態は思考を超えて存在するが、思考に気を取られている人はこれに全く気づかない。思考は煙が火を包むように根底にある現実をもみ消す。それだから個人は存在の本性に無知なままでいるのだ。

思考は多人数の領域だ。知識の真の炎は独自で個人的なものだ。思考は知識ではないが、それが存在しなかったら私たちは盲目だっただろう。そして盲人は闇にも光にも気づかない。

ある僧侶が盲人に、光について長々と説明したが、その男は僧侶が言うことを全く受け入れなかった。彼の意見が合わないのは当然だし、考えを進めると彼の議論は筋が通っていた。彼にとって自分に見えないものは存在しなかった。ほとんどの人に同じ類の論理がある。盲人は思想家であり、彼の意見の相違は、思考の原則に完全に一致していた。僧侶はついに、その男の友人に言った。

「なぜあなたは、彼を私のところに連れて来たのですか？　彼は光についての説明を必要とするよりも、治療を必要としています！」

私も同じことを言う。もしあなたに視覚《ビジョン》があるなら、光を見ることができる。その時あなたは自分自身を知ることができる。

あなたが知覚するものが、あなたにとっての真理になる——たとえそれが、必ずしも真理だけではないかもしれなくてもだ。真理は無限だが、それでもそれは知覚できる。思考はあなたの限界だ。感覚はあなたの限界だ。あなたがそれらを通して知ることができるものは限られている。果てしなきものを知るために、あなたはそれらを超越しなければならない。

あなたが思考を超えた時に知覚するものが、無限の、果てしない、そして時間を超えた魂だ。魂は瞑想を通して、ヨーガの科学を通して知られる。マインドの流れが力を失ってあなたの視覚が内なる光を知覚する時、あなたの生は変容される。その時、魂は存在するか否かという問題はない。あなたはそれを知っているし、自分自身でそれを認識しているからだ。その時あなたは思考を超えている。あなたは知識を体験する。

究極は虚空を通して達成される。そして虚空は、あなたのマインドの中の思考のプロセスに対して、偏見がなく非活動的な目撃者に留まることで達成される。これらのプロセスがマインドの生命、マインドの本質であり、その束縛から自分自身を解放しなければならない。

偏見のなさ、非活動性、そして無思考の状態は瞑想を通して達成される。あなたは見るだけでいい、見守るだけでいい。選ぶべきものは何もなく、決定すべきものは何もない。しかしこの種の知覚には大変な努力が必要となる。活動の習慣があなたの中で非常に強くなってしまったので、何もしないという単純な作業は、途方もなく困難になってしまった。

あなたが自分の視覚《ビジョン》を一点に集中するなら、思考は消え始める。ちょうど朝日の暖かさで蒸発する草の上の露の滴のように。あなたの集中した観察の熱は、思考を消滅させるのに充分なものだ。これが、虚空が始まり、人が視覚を達成し、自分の魂を知覚し始める地点だ。

ある暗い夜、私は一人で座っていた。誰も私と一緒にはいなかった。内側に思考は一つもなかった。私は完全に受容的で、焦点を合わせずにただ単に見ていた。私の視覚《ビジョン》は対象なしで、その背後にどんな理由もなかった。私は知覚そのものを経験することに携わっていた。誰かがそばを通って、何をしていたのかと私に尋ねた。私に何が言えただろう？　私は何もしていなかった。私はただ一人でそこにいただけだった。しかしそれが虚空の始まりだ。これこそが、あなたが物質世界を素通りして、あなたの中で神の実現が始まる地点だ。

私は虚空を教える。私は溶けることを教える。私は死を教える。あなたが完全になるかもしれないように、不滅になるかもしれないように、私はこれを教える。それはあなたにとって驚きになるかもしれないが、人は死を通して生を得る。生にしがみつく人はそれを失う。完璧さを心配する人は何も成し遂げない。しかし空っぽになることで、自分自身を心配から解放する人は、完璧さを達成する。

雨の一滴が、もし他の滴から離れてしまったら、大海にはなれない。そのエゴが邪魔物、障害だ。独力で立つことでは、滴は決してどんなものにもなれない。起こり得る全ては、無に還元される、ということだ。大海はそれを外に出したままにはしない。それの唯一の障害は、それ自身が持つ個であることへの願望だ。その壁と境界がその単独さになる。それは大海に溶け込むことを望んでいるが、それ自身の存在を失いたくない。それは滴という存在が終わるのを望んでいない。これが問題だ。そして人間にとっての問題も同じだ。滴がそれ自体に実体を残すことと、それと同時に海になることは不可能だ。人間の場合も同じだ。個人が個人として残りながら、それでも神と一つになれない。

エゴが溶解すれば、魂が達成される。魂はとても近くにあり、手元に非常に近い。それなのに私たちは全く不必要に、そして愚かにエゴと関わっている。エゴは破壊されねばならない。私たち自身の手でこれらの壁を、これらの境界を取り除かなければならない。その時に、そしてその時にだけ、私たちは無限で果てしない真理の一部になる。

この勇気がない人は、決して宗教的になれない。宗教的になることは、エゴの消滅を意味するため、人間にとって可能な最も勇敢なことだ。宗教は臆病者のためのものではない。それは天国に誘惑されたり、地獄を恐れる人のためのものではない。これらの誘惑と恐れは、エゴだけに属する。エゴは破壊すべきだ。個人は死ななければならない。ただ恐れがなくて勇敢な人だけが、真理の無限の実現を迎え入れることができる。

あなたは真理を知りたいと望むが、それでもあなたは思考の埃をマインドに蓄積させている。マインドは鏡のようなものだ。それをきれいに拭き取りなさい。その時あなたは、自分の前に立っている真理を見るだろう。その時あなたは真理が常にそこに、目の前にあったのがわかるだろう。

その人の目の中の最も小さな塵の粒は、最も大きな山を隠すことができる。そしてか弱いまぶたを閉じることで、その人の視野から世界を遮断することができる。視力に対して、純粋な視力に対して、見る者と見られるものとの間に、どんな障害物もあってはいけない。だが障害物がある時、それが人の目により近ければ近いほど、それはより大きくぼんやり見える。そして同じようなことが精神的に起こる。真理を見ることから彼を遠ざけるものは、見る人自身にとってまさに非常に近くにあるものだ。ではあなたが尋ねている、見る人に最も近いものとは何だろう？　それが「私」だ。「私」という感覚が最も近く、最も密接しているものだ。それがあなたと真理との間の障害物になることに、何の不思議があるだろう？

人間の外観は、彼の内側がそうであるものの反映だ。外側は内側の色で塗られている。もし内側の全てが喜びに満ちているなら、全ては外側で美しくなる。惨めさが内側にあるなら、外側の全ては醜い。人は自分が見るあらゆるところに、自分自身を見ているだけだ。あなたが地獄にいるなら、あなた自身がそうしているのだと知りなさい。しかし天国にいることもまた、あなたの力の範囲内であることも知りなさい。

神を知りたいなら、あなたは彼と融合しなければならない。彼と一つになることだ。これはあなたにとって逆説的に思えるかもしれない。というのも、あなたが神を全く知らなければ、どうやって彼と一つになれるのだろう。そして彼を知るために彼と一つになるのなら、いったいどうやって彼を知ることができるのだろう？　全てのことは確かに本当に逆説的に現われる！　しかしこのパズルを解読するためには、全てのスピリチュアルな実習の全ての基礎を、はっきりと正確に理解する必要がある。


かつて私は、夕陽を描いていた芸術家に出会ったことがある。

「あなたが描く時……」と私は彼に尋ねた。「最初に何をするのですか？」

「私は自分が描こうとしている景色と一つになります」と彼は答えた。

「それはどんなふうにするのですか？」と私は尋ねた。

「たとえばこの夕陽と一つになるには、どうすれば可能なのですか？」

彼は言った。「人が自分自身を忘れる瞬間、その人は全てと一つになります」

芸術家は非常にうまくその状態になる。神は存在する全てだ。存在の全体性が神だ。そして存在と一つになるためには、あなた自身より他に、あなたの「私」以外に他の障害物は存在しない。

神は「私」が不在の時にだけそこにいる。これが神を知ることだ。これが神の中で生きることだ。何かを本当に知るためには、それを生きなければならない。神は内側からしか知ることはできない、外側からは決してできない。だからあなたは彼と一つにならねばならない、彼の中で、あなた自身を失わなければならない。

あなたが神から分離していて、それで自分の周りを見ると、あなたが見るものは世界だ。あなたはそれを見ないかもしれないが、それもまた神だ。だが、その融合した内側から世界を見る時、あなたが見る全てのものは神の現われだ。

真理の外側の光景《ビジョン》が世界で、真理の内側の光景は神そのものだ。

神が存在することの、本当の証明とは何だろう？　神に関する限り、証明の言葉は完全に適用できない。どんな思考も、どんな議論も、どんな証明も、神のレベルにまで上昇できない。思考、議論、そして証明の中には「私」が存在する。そしてどこであれ「私」のあるところに神はいない。

カビールが、「神の通りはとても狭いので、二人が同時にそこを歩けない」と言ったのは正しかった。『愛』がその通りの名前だ。愛とは私が生きるところ、私が存在するところ、私が在るところだ。そこはエゴがないところ、「私」がないところだ。

目隠しがその人の意識から外れ落ちて、神の光景《ビジョン》が可能になるのはこの状態においてだけだ。その光景そのものが証明になる。愛の中に在ることより他に、どんな愛の証明が必要だろうか？　神の中に在ることより他に、神の存在の証明はない。

しかし、ありとあらゆる証明が過去において提唱されてきたし、より多くのものが将来において提出されるだろう。愛することができない人たちは愛について語る。視覚《ビジョン》を議論する人たちは、全く見る目を持たない人たちだ。神を見るための視力が全くないところには、彼を体験するためのハートが全くないところには、ただ神についての討議と議論があるだけだ。そして議論が神に賛成か反対かどうかは問題ではない。賛否両論はわずかな違いも作らない。有神論者と無神論者は、同じコインの単なる二つの側面だ。どちらもどんな視覚《ビジョン》もない。

この視力の欠如が争いの主要な種だ。盲人が光の存在を受け入れようが受け入れまいが、全く何の違いも生じない。彼にとって唯一重要なことは、自分が盲目であるのを実感することだ。なぜなら彼が視力を捜し始めるのは、唯一その理解によってだからだ。彼は光と関係しなくていい。彼に必要なのは視力だ。視力が存在するなら、光はある。そしてもし視力が全くないなら、光があることをどうやって彼に証明できるだろう？　視力が全くないなら、神の存在の証明も全くない。

だから光が存在する証明を求めてはいけない。あなたに視力がないということを、ただ理解しなさい。そして神の証明もまた求めてはいけない。「在るもの」はあなたにとって未知であり、あなたが無知であることを率直に知ることだ。光は未知であるかもしれないが、あなた自身の盲目は知ることができる。神は知られざるものだが、あなた自身の無知は知ることができる。

さて、あなたに尋ねてみたい。未知のものを考えることで、あなたはどんな達成を望んでいるのだろうか？　どんな思考も、既知のものの範囲を超えて動くことはできない。それは既知のものの通路を、既知のものの溝をただ走るだけだ。未知のものは、決してこのように知ることはできない。未知のものがやって来れるのは、既知のものがそれに道を譲り、その余地を作る時だけだ。未知のものの到来は、既知のものの除去に依存する。既知のものが別れの挨拶を言う時にだけ、未知のものは人の意識の入口に現われる。これは議論によっては生じない。議論が全くない時にだけ、それは生じる。それは熟考から解放された土壌にだけ発芽する。この議論と熟考の不毛の土地があなたの盲目であり、その無意味な耕作であなた自身を忙しくさせるものがあなたの無意識だ。全ての議論と熟考が消えてあなたの意識が完全に油断なくある時にだけ、あなたは神と呼ばれる光を垣間見させる視力を達成する。

人が真理を知ろうとする熱心な願望とは、光について話すことではなく、自己の盲目状態を治療することによってだ。宗教とは自己の盲目状態の治療だ。

神について反駁できない証明とは何だろう？　それは目だ。自分の視力を得た時に私自身が見たものは、ただ神だけが存在するということであり、他には何も存在しないということだった。私が自らの盲目の中で考えたことは、他の全ては存在しているが、神は存在しないということだった。

自分の内側に神性さを実感する瞬間、あなたは自分が見るあらゆるところに神の像《ビジョン》を見始める。自分の内側にあるものを外側に見るだけだ。どこにも神を見ないのなら、あなたがまだ内側で彼を求めていないことに気づきなさい。

一つの幻想を追い払うために、別のものを作り出してはいけない。古い夢から抜け出すために新しい夢に移動することは馬鹿げている。神を想像しようとしてはいけない。彼についての概念を作ってはいけない。あなたの全ての創案を消し去り、ただあなたの目を開きなさい。あなたが自分の目の前で見るものが神だ。それだけが神だ。

真理は天空のようなもので、終わりもなく始まりもなく、境界もない。大空に入るための扉があるだろうか？　それなら、どうしたら真理に入るための扉があり得るだろう？　だが、もしその人の目が閉じているなら大空はあり得ない。そして同じことが真理における真実だ。あなたの目を開くことが真理への入口だ。あなたの目を閉じることは、その扉を閉めることだ。

私は異なる世界に生きてはいない。私は他の誰もが生きる同じ世界に生きている。しかし私の生を見る方法は完全に変わってしまった。この変化は世界そのものの変化だ。なぜなら私たちが見るものこそが、私たちがそうあるものだからだ。

私たちの視る世界《ビジョン》が私たちの世界だ。私たちの視る光景《ビジョン》が私たちの生だ。私たちの視覚《ビジョン》が私たちの周りに世界を作り出す。もし生があなたにとって惨めに見えるなら、その惨めさはあなたのものであることを、それはあなたの創造物であることをよく覚えていなさい。あなたの生ではなく、あなたの視覚《ビジョン》を変えようとしてごらん。あなたの視覚《ビジョン》の変容は、あなた自身の変容だ。

全てはあなたに、あなたの内なる自己に依存する。地獄や天国は自己の中に生きている。世俗性や救済もそこに留まる。自己は変えることができない。それは永久に同じままだ。しかし一つの視点が牢獄として見る一方、別のものはそれを救済の本質として見る。

生をエゴという観点から見る時、それは地獄になる。なぜならエゴは全てのものに、全ての人に反対するからだ。私は自分が望む限り「私」のままでいられるが、それはただ存在と異なったままでいることや、残りの存在に反対することでしか、そのままでいることはできない。「私」になるための努力とは、全てを手に持って飛ぼうとする試みだ。それは不安と苦悩という結果になるしかない。それは破壊の恐れ、死の恐怖を導く。惨めさが、この頑なな「私」を達成することの、この頑固で不可能な非現実に達することの、唯一の結果であるのも不思議ではない。

しかし「私」という言葉はエゴ無しの視点から見ることもできる。「私」は全てのものと争う。「無‐私」とはあらゆるものが同化することだ。ただその合一だけが真のもの《リアル》であるのは、存在は切り離せないし分けることもできないからだ。

全ての断片と分割は、人間の空想の産物に過ぎない。もし「私がいる」なら、私はただの破片に、部分に過ぎない。もし「私はいない」なら、私は分割されていない全体に吸収されている。部分であることは奴隷状態だ。全体であることは自由だ。「私がいる」限り、私は惨めな中にいる。なぜなら「私」の存在そのものが、生との永遠の決闘、死への闘いだからだ。だが「私はいない」時、私は至福の中にいる。非存在は無限の平和だ。

意識が「私」から解放される時、それは全ての因習から解放され、全ての条件付けから解放される。「私」から自己を分離することが、神との融合なのだ。

私は思慮深い瞑想――何かについて考えることでそれに瞑想する、という考えを本当の瞑想と考えてはいない。本当の瞑想とは無思考だ。無思考状態そのものが、瞑想の何たるかだからだ。

思考も討議もないところに瞑想がある。深い眠りの中にも思考は全くないからといって、瞑想は単なる思考の不在に過ぎないと言うのは、全く正確ではない。これは否定的なアプローチであり、瞑想は何かの否定的な側面ではない。それどころか、瞑想は肯定的な存在だ。それは感受性、気づき、理解という肯定的な存在だ。ただ完全な覚醒だけが、ただ完全な意識だけが瞑想だ。そして完璧さや意識は、人が思考から完全に自由な時にだけ可能になる。

あなたは瞑想したいのだろうか？　それなら瞑想する間は、あなたの前方には何もないことと、あなたの後方には何もないことを心に留めておきなさい。過去を消滅させて未来を手放しなさい。

あなたの記憶を空にしなさい。あなたの想像を空にしなさい。そこには時間は全くない。そこにはただ虚空だけがある。そしてこの虚空の瞬間に、あなたは自分が瞑想の中にいるのがわかるだろう。この瞑想の瞬間は、永遠の瞬間でもある。

あなたはサマーディというエクスタシーの中で、何が知られるのかを尋ねているのだろうか？何もない。知られるための何かが残っている限り、あなたはサマーディの中にはいない。サマーディは存在との合体だ。髪の毛の幅ほどの間隔さえも、知られるために残ってはいない。

真理は一つだ。だが存在を二つに切り離すことは、全ての人類の最も根深い盲信だ。存在するものは一つだ。二つのものはない。自然と神、身体と魂、生命のあるものと無生物、これらの区別は存在の中には全くない。

しかし唯物論者と唯心論者の議論に重みがあるのは、これらが異なっているように見えるからだ。存在は一つだ。それでもその現われは多数だが、その多様性においては、それもまた一つだ。あらゆる部分の中に分割されない全体が存在する。しかし議論と熟考が区別を引き起こすのは、彼らが表面だけを見てその深みを推し量らないからだ。彼らは外側から物事を見るが、内側に浸透しない。

どんな議論でも、話す者の人格も考慮しなければならない。話す者が自分自身は存在から離れていると信じる時、まさにこの感覚が、彼が存在の中に入るのを妨げる。存在の中に入るためには、融合する能力が不可欠だ。深く浸透するためには、一つであることが必要だ。だが自分自身を失わない限り、決してこれを達成できない。そして自分の全ての思考と全ての観念を見放さない限り、自分自身を失うことができない。なぜなら彼は思考の影に過ぎないからだ。彼には自分自身の存在が全くない。彼はただ思考の収集物に過ぎない。だが彼がしたいことは自己の存在証明《アイデンティティ》を保つことであり、それを失うことではない。だが彼はより多くの考えに、より多くの議論に飛び込むことによってしか、これをすることができない。そして真理について熟考すると、彼は真理そのものから次第に遠く離れて行く。

真理とその人の自己との間に隔たりを作り出すものが、この真理についての議論であり、真理についての熟考だ。マインドに思考がない時に生じる知覚においては、魂も存在せず、身体も神も自然も存在しない。だがそこには名付けられないものがある。便宜上、それを普遍的魂と呼ばせてほしい。その未知の、名前の無い、分割されない単一性が真理だ。あなたがそれについて考えようとする時、それは異なる断片の中に現われる。だがあなたが思考から自由でいれば、その分割されない形の中に現われる。それがその原形だ。その本当の顔だ。熟考はそれを見るために、それをばらばらに壊す。

熟考は分析的プロセスであり、分析の性質は、何かが見えるようになる前にそれを解体することを、小片に壊すことを必要とする。

合体されている人、統合されている人はそれをあるがままに見る。彼が見ることにはどんな行動も伴わない。彼はただ見ている。彼の熟視は完全な鏡であり、真理はその中で正確にありのままに反映される。統合された意識の鏡の中には、たったひとつの二元性の痕跡もない。

私が普遍的な魂と呼ぶその未知の実在は身体と魂であり、神と自然の両方だ。これらは全て一つのメロディの音符だ。全ては生だ。何も死んでいない。生命のないものは何もない。死はどこにも見つからない。波は生の海で沸き立ち、それから元に戻り、その後溶け合う。波は立ち上がる時にも存在し、引く時にも存在する。海が存在するため、それらは両方の状況で存在する。

個人たちが死ぬのは、本当はそのような個人としての実体が全くないからだ。有神論が滅びるのは、それが実際に存在しないからだ。実在しないものは何でも消滅するが、存在するものは常に存在する。これは単なる私の観念ではない。これは単なる私の考えではない。これは私が見たものだ。

そして考えや意見を避ける人は、沈黙と平静さと虚空と気づきに留まる人は、誰でも正確に同じ視覚《ビジョン》を持つだろう。

分析的な目を通して世界を見るなら、あなたは二元性を見る。あなたは分割を見る。だがあなたがそれを直接的にはっきりと、あなたの目に何もなく純粋な視力で見るなら、それが一つであるのがわかるだろう。

思考が空である意識は瞑想の中にある。そして瞑想は真理への戸口だ。これはあなたへの私の招待であり、瞑想の奇跡的な世界に入ることへの招待だ。

あなたは私に、瞑想をするにはどうしたらいいのかと尋ねている。私は全く何もすべきではないと言おう。ただ静かにして、あなたの呼吸に気づいていなさい。意識的にあなたの呼吸を見守りなさい。あなたの息が入って来るのと出て行くのを観照しなさい。それを奮闘的な活動にさせてはいけない。静けさの中で、平和で落ち着いて気づくことの中で、それをただ見守りなさい。その時全く自然な方法で、それでもその方法を知ることなく、自分が途方もなく気持ちの良い感覚を体験しているのを見出すだろう。あなたは自分が、いつどうやってその状態に入ったのか気づかないだろうが、突然あなたは、以前には決していたことのないどこかにいるだろう。これが、実際に、あなたの意識が永遠にあったまさにその場所なのだ。

真理を調べるためには二つの方法がある。一つの方法は考えによるもので、もう一つは認識によるものだ。

思考の道は循環する。あなたはぐるぐる回って行くが、決して一度も終わりに来ない。これは偽りの、非現実的な方向だ。それはただ分割に、派閥主義に導くだけだ。真理の認識が生それ自体の全ての生命力の体験であるのに対して、思考や観念形態《イデオロギー》は知的な提案より以上の何ものでもない。全ての学派は論理に依存しているから、全く安定性がない。真理は不変であり、真理の達成は人をずばり存在の中に、永遠なものの中に、神の中に確立する。

思考の道は借りものだ。あなたは他人の考えで舗装された道路に沿って進む。これらの受け売りの思考の議論を通して、その異なる組み合わせを通して、あなたは独創性のある幻想を作り上げる。認識はその人自身の内側で生まれるので、認識だけが独自のものだ。既知のものは未知のものへと導くことはできない。真理は未知のものだ。それだから、よく知られた考えは決して真理への踏み石にはなれない。ただ思考を背後に残すことによってのみ、真理への戸口を通過できる。真理の知覚は思考の中では起こらない。それは無思考の意識の清流の中でのみ起こり得る。

人間は自分の感覚を通して体験を集める。これらの体験の全ては外の世界に属している。なぜなら、感覚は外部的なものしか知らないからだ。感覚はその人の内側の実存に接近できない。思考を生じさせるものは、これらの外側の体験だ。科学的な探求のレベルでは、思考は非常に建設的で途方もなく役に立つが、内側の真理の探求では思考は全く役に立たない。思考は感覚に縛られている。それはその人の内側の核の意識に触れることはできない。

思考が外部にあるということを覚えておくことは、非常に重要だ。思考は自己を明らかにするのを助けるよりも、むしろ自己を覆う。人の考えの蓄積が大きくなればなるほど、自己に達することはより難しくなる。

自己を知らない人は、決して真理を知ることはできない。真理に到達するための他の方法はなく、他に代わりとなるものはない。真理に関する知的な思索に熱中することは、盲人が絶え間なく光について考えるようなものだ。彼の考えはどこへも導かないだろう。光は見るべきものであって、考えるべきものではない。彼には治療が必要であり、哲学者の考えは必要ではない。思考は病気だ。認識は薬だ。問題は光についてではなく、むしろ視覚《ビジョン》についてだ。

まさにこのようにして、思考と瞑想はお互いに関連して立つ。思考とは盲人による光についての思案と分析だ。瞑想とは真理を見るための視力を達成することだ。そしてヨーガは瞑想の科学だ。私がそれを見る限り、瞑想とはマインドの状態、虚空の状態、そして完全な覚醒と気づきの状態だ。マインドが、対象がなくて見る人自身に完全に目覚めた時、その人は瞑想の状態に到達している。

瞑想は真理を見る能力だ。私たちのマインドは一般的に、対象、物事についての考え、外側の刺激への反応などで雑然としている。これは私たちを締め出す壁を、私たちの自己から私たちを分離する壁を作り出している。人間の意識は、ちょうど雲が太陽の光を覆い隠すように、彼の知性によって隠されている。

人間は、彼がそう望むなら、自ら進んで自分の内側の実存への扉を閉める。しかし自分自身を鎖に繋げる人は、自分自身を解放することもできる。二つの側面が自由になる。ちょうど創造する力が常に破壊する力を隠しているようにだ。この真理を覚えておくことは重要だ。

真理に達することや自己を知ることに突き進む人は、二つの面に着手すべきだ。彼は覚醒状態に向けて攻撃を開始しなければならない。彼は虚空に向けて進撃し始めなければならない。二つの面が出会う時、彼は瞑想の中にいる。

目覚めるためには、人は自分の思考と行為において、無意識だけでなく個人的なプライドも捨てなければならない。全ての思考と全ての活動を、完全に意識した状態で行なうことだ。そして絶え間ない実践を通して、やがて観照が自己の内側に生まれる。人の潜在的な知恵が目覚め始め、それと共に、真の知識についての意識が目覚め始める。これは、マインドの無気力に対する着実で継続的な闘争から生じる。そしてついには、睡眠中でさえ、常に気づくことが存在する。これは攻撃の最前線だ。


二番目に押し進めるものは虚空に対してだ。考えや観念の絶え間ない流れから引き起こされる落ち着きのなさと動揺から、マインドに本来備わっている平和を守る必要がある。あたかも夜風から自分の蝋燭を守りながら歩いている人間のようにならねばならない。

これらのそれぞれの激しい攻撃は他のものを補う。一つのものの着手は他のものを手助けする。意識の誕生は虚空に導くのを助ける。虚空の始まりはその人の意識の成長を助ける。二つのうちのどちらがより重要かを言うことは難しい。

意識と虚空の両方が成熟する時、それらが両方とも実を結ぶようになる時、マインドは想像したり言葉にすることがほとんど不可能な革命を体験する。人間の生において、他のどんな変化もこれより大きくはない。この革命は全人生が変容されるほど基本的な、それほど根本的なものだ。私がそれを言葉で言える最も近い表現では、それは盲人の視力が突然回復されるようなものだ、と言うことになる。この言いようのない光の信じられない体験を通して、人間は彼の自己の内側に落ち着くようになる。

この革命を通して、人間は至福、意識、そして彼の存在の現実を認識するようになる。死は消え失せる。彼は不死を知覚する。闇は消える。彼は真理を認識する。この体験の後にだけ本当の生が始まる。この時点までは、人間は非常に限られた方法で生を体験する。

ある友人が私に「もし私たちが世界を変えられるなら、素晴らしいことではないでしょうか?」と言った。私は答えた。

「それはとてもけっこうなことだろうが、どこにその世界があるのだ? 探してみても私は見つけることができない。世界中を捜しても、私はただ自分自身の反映しか見ない。世界に構わないでいなさい。その代わりに自分自身を変容させなさい。そうすれば、世界は変容されるだろう。私たちはみなそれの一部であり、私たち全てが共有している深い内側の結びつきの他に、どんな世界があるのだろうか?」

真理の認識が困難なプロセスであるのは、それは求められなければならず、生きなければならないからだ。しかし、経典が真理について語っていることを受け入れるのは非常に簡単だ。経典は信じるだけでいい。真理を認識するためには、目を見開いた識別が必要だ。その他のことに対しては、盲信は全くうまく行なう。このため経典は、真理の認識を妨げる障害になる。

盲信が存在するところには、何であろうとどんな識別力も決してあり得ない。そしてよく覚えておきなさい。全ての信じることとは、目を見えなくさせる。どうやって盲目が真理を知覚できるのだろう？　盲目とは意識の閉じられた扉であり、真理は、公平で偏見のないマインドがそれに歓迎を表明する準備ができている扉しか叩かない。

あなたは偏らないようにする準備ができているだろうか？　あなたには、信じることから自分自身を解放するのに充分な勇気があるだろうか？　あなたのハートの扉は、真理に開いているだろうか？　もしあなたが「はい」と答えるなら、言っておこう、あなたにとって真理を認識するよりも簡単なことは何もない。それが難しく見えるのは、ただあなたのマインドの中でだけだ。あなたの信じることはあなたの信念であり、あなたが受け入れたその価値観が全てのものを複雑にしたのだ。

これらの複雑な網を一掃できる人は、彼の面前にある真理に気づくだろう。それは常にそこにあった。それを見るためのあなたの目が、あまりにも曇っていただけだった。

あらゆる家は鏡でいっぱいだ。しかしあなたは、ほんの少しの真理が、ほんの少しの愛や親切な行為が、あなたの目に、あなたの顔に、あなたの全存在に新鮮な美しさをもたらすことに気づいたことがあるだろうか？　もしなければ、あなたはコウモリと同じくらい目が見えていない。あなたは鏡の前で自分の時間を無駄にしてきた。それなら、あなたの全ての鏡を粉々に粉砕しなさい。あなたは鏡の使い方が全くわかっていない。

人間は苦しんでいる。私たち全ての年代が苦しんでいる。この理由は何だろう？　あなたは答えのためにはるか遠くを見る必要はない。私たちは実に多くのことを知っているが、私たちには全く直接的な体験がない。ただ脳だけは手つかずのままで、ハートは虚しさの中へ次第に小さくなっていった。そして真の認識が知識だけで生じることは全くない。それは体験を通して生じる。生の道を照らす目は脳に繋がれていない。それらの連結はハートにある。もしあなたのハートが盲目なら、あなたが生に期待できる全ては暗闇だ。

私があなたの目の中に見るものは、失望だろうか？　失望が目に表れる時、その人のハートの中の火が消えるという意味であるのを、知っているだろうか。その人が澱んで鈍くなってしまうということだ。失望は大きな罪だ。それは生命エネルギーを抑制する。それは上方に動くことからそれを引き止める。失望は罪であるだけではなく、それは自殺だ。なぜならよりよい生のために努力していない人間は、死に向かってロボットのように動いているからだ。上昇しない人は後退し、前方に動かない人は後方に押し戻されるというのは永遠の法則だ。

誰かが堕ちるのを見るたびに、私は彼が生の頂点に登ろうとすることを止めたのを知る。生の頂上に昇ることは積極的な行動だ。後退することや暗い谷間に突入することは、前方と上向きに努力していないことの消極的な側面だ。あなたの目にそのような失望を見る時、私のハートが悲しみ、愛、そして哀れみで満たされるのは当然だ。なぜなら生に対するこの種の幻滅は、死の谷への転落の始まりだからだ。

ヒマワリのように、希望は太陽の方を向く。失望は暗闇の中に生きる。幻滅した人は、彼に潜んでいる大きな可能性に気づかない。彼は自分とは何かを、自分がなることができるものを忘れている。地中にある種のように、どんな生が待ち構えているのかに気づかない。生に対する失望に陥っている人の状況は同じものだ。今日では、誰もがこの同じ苦境にいる。

ニーチェは「神は死んだ」と言った。だが希望というものが存在する限り、人間には神を見出す可能性がある。神を見出すことへの妨害は、「希望の死」以外には、他に見つからないだろう。もし希望が存在しないなら、神が存在するか否かは的外れになる。人をその未知への旅に出発させるものは希望の起動力であり、彼の眠っているエネルギーを目覚めさせて、休眠状態の意識を活性化することができるインスピレーションを与えられるのは希望だけだ。

希望については何を言うべきだろう？　希望は有神論だと言うべきだろうか？　希望は全ての成長の源泉だと言うべきだろうか？　しかしもっと重要なことは、希望はどこに見出されるのだろう？　私は至る所に希望の火を探す。私が見つけるものの全ては幻滅の灰だ。もしあなたに希望がないなら、どうやって生きることができるのだろう？　それなしでは、あなたは全く本当に生きていない。

そう言うことを許してほしいが、あなた方はみんな死んでいる。あなた方はまだ生きていない。あなたは生まれてきたかもしれないが、まだ生まで至っていない。誕生は生ではない。あなたは生まれてきたかもしれないが、個人的に生に達しなければならない。あなたは自分でそれを成し遂げなければならない。

誕生は死によって打ち消されるかもしれないが、死は生を壊すことはできない。生は誕生でも死でもない。生は誕生の前に存在する。生は死を超えて存在する。これを知る人だけが、彼の恐怖と惨めさを超えて上昇できるだろう。しかし幻滅に包まれている人は、どうやってこれを認識できるだろう？　そのような人は単に誕生と死の緊張で滅びる。

人生はまさに可能性だ。それを現実《リアリティ》へと変容させるためには努力が、霊的な修行《サーダナ》が必要だ。そしてその人の修行は、その人の真理への旅は幻滅からは生まれない。幻滅は不毛だ。全く何もそれから生まれはしない。だから私はそれは自殺だと言うのだ。それは全くどんな類の創造力をもはっきりと示せない。

あなたがまさにすべきことは、立ち上がるということだ。ちょっと自分たちの足で起き上がって、この幻滅という外套を振り捨てなさい。あなたは自分自身で、それがあなたを全て包み込むようにさせてきた。あなたはただそれを取り除こうと決心し、それを投げ捨てなければならないだけだ。あなたに、それもあなただけに、その存在に対する責任がある。

人間は彼の考えたものになる。彼の考えるものが彼を創る。人間は自分の運命の建築家だ。ある考えと観念の絶え間ない繰り返しは、最終的には実際の状況に落ち着く。だから覚えておきなさい。あなたとは、何であれ自分がそうありたかったものなのだ。あなたはそれについて考えていた。あなたはそれを渇望していた。あなたの記憶をくまなく調べてごらん。そうすれば、あなたに話している真理がわかるだろう。真理を見る時、あなたは自分自身を変えるための鍵も見つける。いったんその鍵を持てば、あなたが借りてきた考えや観念を捨てることは難しくない。それは服を脱ぐより簡単だ。なぜならあなたが蓄積してきたこれらの観念は錯覚であり、それらはただあなた自身の想像の中にしか存在しないからだ。

私たちは、自分自身を自分固有の観念の中に監禁している。そうしているのは全て私たち自身だ。しかし、あなたの内側に深く存在しているものは常に自由だった。それは太古の昔から自由だった。あなたは、幻滅という牢獄よりも大きなものを何か想像できるだろうか？　私にはできない。失望は、石の壁でも成し遂げられないことが可能だ。石の壁を破壊することは可能だが、幻滅は自由でありたいという人間の望みさえも破壊する。

これらの鎖を壊しなさい！　それらは壊すことができる。だから私はそれらを打ち壊すことをあなたに求めているのだ。それらは本物ではないから、永遠に粉々にするためには、あなたの決意だけでいい。ちょうどランプを点灯する瞬間に暗闇が消えるように、あなたの中の非現実的なものは、決意があなたの中に目覚めるとすぐに消え去る。幻滅の足枷を脱ぎ捨てる時、その人の意識に光が浸透する。それが、私の言う希望のことだ。

幻滅とは自らが課した条件付けだ。希望は自己の生れつきの性質だ。幻滅はその人のマインドの上を覆うベールだ。希望はその人の精神《スピリット》の現われだ。もしそれがなかったなら、発展と成長に向かう生の絶え間ない動きは、全く存在しなかっただろう。種はどこかに存在することを希望するから、発芽したいと切望している。あらゆる生命は開花を望んでいる。どんな存在であっても、それ自身の果実への願望をその内側に含んでいる。

希望なしで、どうしたら完全なものへの成熟への願望があり得るだろう？　希望なしで、どうしたら神への旅が可能になるだろう？　焚火が天の方に届くのを見る時、私は炎の中に希望を見る。希望の光は子供たちの目の中で、動物たちの目の中で、鳥たちの歌の中で輝いている。生きているものは何であれ、希望の中で生きている。死んだものは何であれ、幻滅の中で死んだものだ。

もし、まだ社会や教育や文明によって汚されていない幼い子供を観察するなら、あなたは彼らの中に三つの明確な生命力の糸を見るだろう。あなたは希望を見つける。あなたは好奇心を見つける。あなたは確信を見つける。これらの性質は自然なものだ。それらは手に入れてきたものではない。これらのものは私たちの内側に存在するが、それらは失われ得る。それでもあなたが本当にそれらを完全に失うことができないのは、自然の本質は決して破壊できないからだ。自然はただ隠されるだけ、ベールに包まれてしまうだけだ。不自然なものは何であろうと、覆うもの以外の何かであることはできない。それは決して内側の本質そのものではあり得ない。

だから私は、あなたの衣服を脱ぎ捨てることや、裸のあなたが誰なのかを見ることをあなたに促すのだ。衣服は束縛だ。そして一つのことは確かだ。神は身体にぴったりした衣服に包まれてはいない。もしあなたが自分の衣服を脱ぐなら、どんなにすばらしいことだろう！　だが覚えておきなさい。私は綿の糸で仕立てられている衣服について話しているのではない。私は、否定的な観念という鉄の鎖で織られた衣服について話しているのだ。これらがあなたの束縛だ。それらを捨てる人は誰でも、マハーヴィーラが生きた、そして彼が話した純粋な裸の状態を達成できる。

あなたは真理を知るために、自己を知るために、まさに自己の本質に落ち着くようになるために裸にならなければならない。しかし、まず幻滅という暖炉の前飾りを捨てなければならない。あなたの他の衣服は、あなたがこの重い外套を脱ぎ捨てた後にだけ取り除くことができる。

もしあなたが、神を達成するという考えにたじろいだり躊躇しているなら、幻滅の毒があなたの内側のどこかにあることを実感するほうがいい。これがあなたを怠慢で無気力にさせるものだ。怠慢はあなたの人生の最終ゴールを失わせるかもしれない。

神より前に、そして神より他に、生のゴールは全くあり得ない。この理解を、あなたの存在全体を通して響かせなさい。神を除いては人生に平和は全くないことを、その完璧さは神の中にしか見つけられないことを、あなたの中に深く染み込ませなさい。神に到達する前に人生から脱落する人は、自分自身を侮辱している。彼は自分がそう在ることのできたものになる前にあきらめたのだ。

あなたの決意の気持ちが大きくなればなるほど、あなたの視界を高くすればするほど、自己の内側に潜在するエネルギーの目覚めはより深くなる。あなたの成就の高さは、あなたのエネルギーの力に比例する。天空に触れる木を見てごらん。その根は地中に深く入っている。もしあなたが天空に触れたいという希望と欲望によって奮起させられるなら、あなたの存在の最も内側の奥底に横たわる休眠状態の力が目覚める。

あなたの熱望の高さは、あなたの力の深さだ。あなたの視界を低く定めることは、あなたの自己の品位を落とすことになる。だがもしあなたが請い求めねばならないのなら、少なくとも神を請い求めなさい。あなたが最終的になることを望むものは、まさに始まりからあなたの意図するものでなければならない。なぜなら、始まりそれ自体が最終的な達成の本質的部分だからだ。

私は、あなたが絶え間なくあなたに反する状況に、あなたが神へと上昇することを防げる状況に囲まれているのを知っている。だが覚えておきなさい、これまで神に達した人々も、みんな同じような境遇に取り囲まれていたのだ。状況を弁解として使ってはいけない。なぜなら本当の障害は弁解であって、その状況ではないからだ。

たとえどれほど好ましくない境遇にあろうとも、それらはあなたと神との本当の障害ではあり得ない。それは不可能だ。それはランプを点灯するには暗すぎると言うようなものだ。闇とは決して黒でもなく、あなたが光に到達するのを防いでしまうような好ましくない条件でもない。唯一の障害はあなた自身の幻滅だ。実のところ、あなた以外に障害物はない。

今日ここにあるものに、あまり執着し過ぎてはいけない。それは明日には無くなってしまう。瞬間から瞬間へと変わるものは、価値が非常に低いものだ。状況の流れは川の流れのようなものだ。流れの中央にある岩のような、堅固なものに集中してごらん。それはあなたの意識だ。それはあなたの魂だ。それはあなたの、自然なままのあなただ。他の全ては変化するが、それは変わることができない。あなたは風の中を漂っているので、その不動な地点をつかまえることだ。あなたは波に翻弄されている。

あなたは自分の存在の堅固な基盤を見つけなければならない。それに焦点を当てなさい。あなたのマインドの中でそれに照準を合わせなさい。あなたがこのしっかりした基盤に焦点を当てるとすぐに、あなたの失望は希望に変わり、闇は光に変容される。覚えておきなさい。希望と確信に満ちたハートで、強さと決意を持って、愛と祈りを持って魂の扉を叩く人は、誰でも決して失敗することはない。彼は決して顔を背けることはない。そのような人は神を見つけざるを得ない。

罪へと向かう道では、成功は失敗が神へ向かう道にあるのと同じくらい不可能になる。もし罪があなたに成功をもたらすなら、それはただ幻想としてだけだ。もしあなたが神へ向かう道で失敗しているように見えるなら、それは単なる試練に過ぎない。神の扉は決して閉じられない。あなたの目は閉じるかもしれない。だがあなたは、自分の失望で目を閉じただけだ。この失望を、この幻滅を捨てなさい。そしてあなたの前に立っているものを見なさい。それはあなたが探し求めてきた太陽ではないだろうか？　それはあなたがいつも憧れていた最愛の人ではないだろうか？

キリストは言った。「求めよ、さらば与えられん。叩けよ、さらば扉はあなたに開かれん」これはキリスト以前でも同様に真理だった。それは未来においても真理であるだろう。ほとんどの人たちは、自分の目を閉じて神の扉の外に立っている。自分の目を開いて叩く人々は幸いである。

目を開いて、あなたの周りを注意深く見回しなさい。あなたの見るところがどこであれ、あなたは絶え間のない変化を見ないのだろうか？　あなたの目が見るものは何でも、生の絶え間ない流れの一部だ。急流な川の真っ只中に自分の宝物のための倉庫を建てたい人は、正気ではない。

真理は、あなたが作る何かではない。それは全く作ることはできない。あなたに作ることができる唯一のものは虚偽だ。真理を見ることは可能だが、それを作ることは無理だ。真理は常に存在する。それを見るための目が必要なだけだ。

第五章　生と死

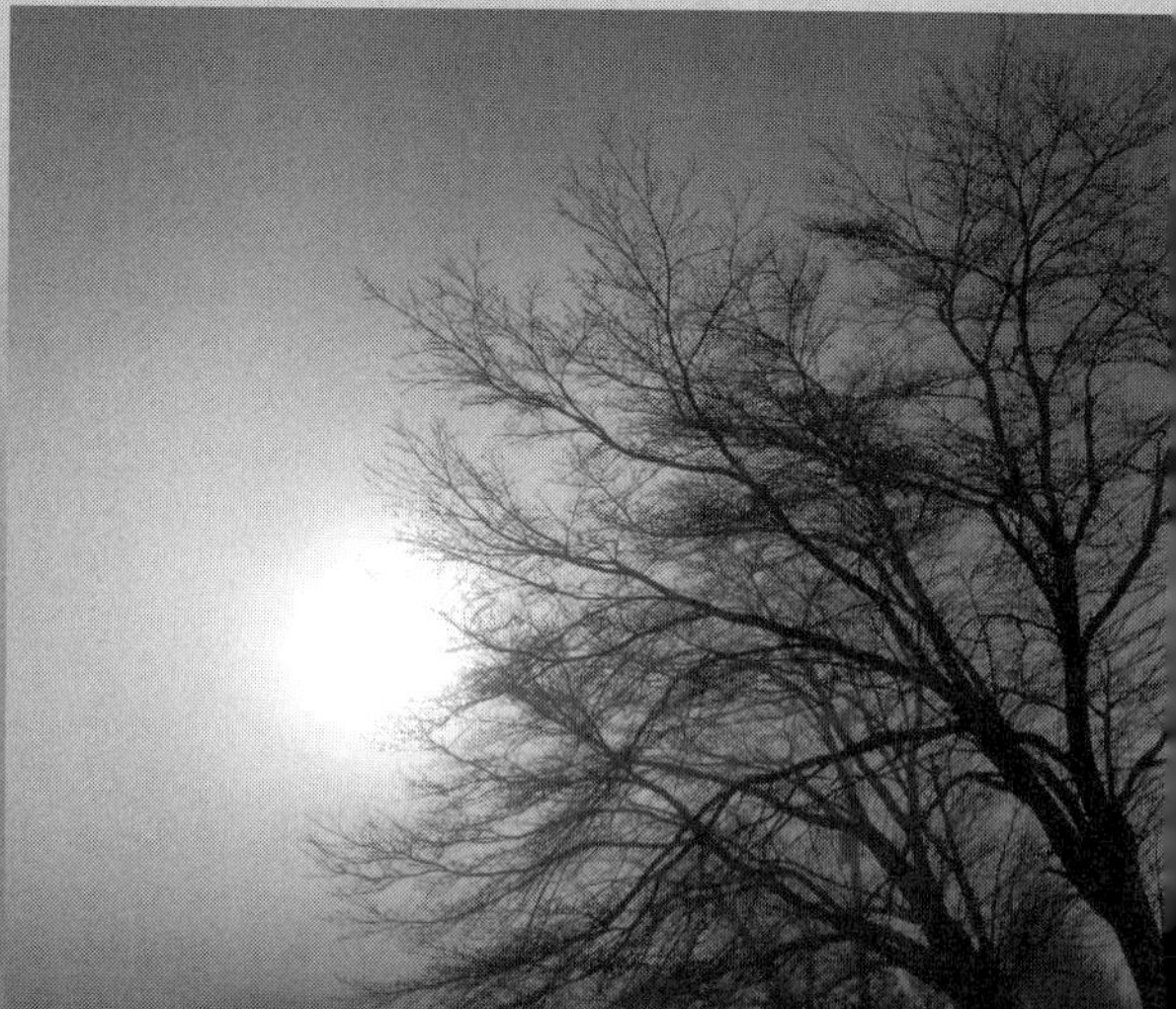

Life & Death

私はどこを見ても生のスリルを、生の躍動を見る。あらゆるものは生で脈打っている。最も小さな原子でさえ生の愛で振動している。あなたの全ての周りで生の踊りは続いている。あらゆるところで存在の交響曲は演奏されている。たとえあなたがそれを見ることも聞くこともできなくても、生の楽しい、気分を浮き立たせるリズムは存在する！

私たちが自分たちの周りに見るこの生が、神そのものではないだろうか？　生から遠ざかっていたり、生から離れている神はどんなものも死んでいる。それは非現実的だ。生が唯一の真理だ。神は、はるか遠くのどこかに座って、創造の遊びにふけっているのではない。生は進化という一つの永続するプロセスであり、この継続的な生の創造が神そのものだ。

生という最も長い旅においても、唯一必要なのは一歩踏み出す勇気だ。誰も一度に一歩以上踏むことはできない。何千マイルもの旅でさえ一歩から始まり一歩で終わる。

生はここ、今、今日にある。明日ははるか遠くにある。明日は限りなく遠く離れている。だからそれは決して来ないのだ。今日を生きなさい。本当に生きる人は常に今日を生きる。今日が生であり明日は死だ。もしあなたが生きたいのなら、今日を生きなさい。だが、あなたがただ死にたいのなら、明日が非常に役に立つことに気づくだろう。

あなたは自分の究極の深みに触れる時にだけ、生を生きる。そうでなければ、あなたはただ存在しているだけだ。ただ存在することと生を生きることとの違いは、生きることと死ぬこととの違いと同じくらい大きい。

私は誰もが、あたかも世界中から目が向けられているかのように生きてほしい。そのことを私たちが知る知らないは別として、隠されているものは何もない、それがどんなに不可解でも――。全体から全く無関係でいられる人や離ればなれでいられる人は、誰もいない。人の中に生じたあらゆるもののこだまは、他の人々にも届く。人の生は、その周りを流れている生の不可欠な部分だ。

私は美を愛する――身体の中に深く横たわっている美しさを。美しい思考や美しい感覚を持つ身体は、ただ保護的な領域に過ぎない。だがそこには、内側の虚空の、無思考の、無感覚の深くて完全な美しさもある。だから身体で止まってはいけない。止まることは死だ。深い海を渡りなさい。海岸には小石や貝殻しか見つからないだろう。真珠を取りに潜るためには、沖合いへ行かねばならない。

知識の達成は生の神秘の終わりではない。実のところ、本当の神秘が明らかにされるのは、人が知識を獲得した時だけだ。それからは、ただ神秘だけが残る。知識とは神秘についての理解、神秘の受容、神秘との交わりであり、知識は神秘を持つ生の、神秘の中の生の、神秘を通した生の至福になる。自己が溶解して神秘だけが残る時、あなたは普遍的な魂の神聖な範囲に入る。この自己の溶解よりも大きな神秘はない。なぜなら個人の自己が消える時、絶対的自己の純粋な存在が、その言語に絶する栄光と完全な壮大さの中に現われるからだ。

今日、私はあなたに何を言うべきだろう? 私は生についてあなたに話すべきなのだろうか? おそらく、私はそうするだろう。おそらくそれは適切だろう。たとえあなたが生きているとしても、あなたは全く生とは関係がないからだ。これは矛盾した声明のように思えるかもしれないが、これをあなたに話すことが可能なだけでなく、本当にそういうものなのだ。あなたは生きてはいるが、生について忘れている。おそらくあなたは、生を思い出すためには、生きることにあまりにも巻き込まれ過ぎているのだろう。

私が木を見る時はいつでも、木はその根に気づいているのだろうかと思う。だが人間でさえ自分の根について何も知らない。人間がこの知識を持っていない限り、彼がそうしない限り、どうしたら生との本当の関係を持てるだろう? 生は根の中に、目に見えない根の中に存在する。目に見えるものの本質は、見えないものに根ざしている。あらゆる生き物において、目に見えるものの源は目に見えないものの中にある。これに気づかない限り、あなたは全くその真の本質と何の関係も持たずに、自分の人生を過してしまうだろう。

生と関わるためには、生まれてきたという単純な事実だけでは充分ではない。誕生は、あなたの内側に潜在する生の体験が展開され得る一つの場、舞台に過ぎない。誕生はただの始まりに過ぎない。しかしここで止まったり、出発地点を超えても決して前進しない人々がとても多くいる。彼らはそれを目標そのものと間違える。これが一般的に起こっていることだ。

出発点と終着地点の違いを区別できるのは、ほんのわずかな人々しかいない。他の人たちは、おそらくその二つの差を認められるかもしれないが、それに応じて自分たちの生を生きてはいない。彼らの識別は純粋に知的であり、知的な認識は全く純粋な認識ではないことを忘れてはいけない。認識が実りあるものになるのは、それが生への大きな感じやすさから、より深い理解から生じる時だけだ。この理解は生に対する強烈な感覚から、その人のハートの深みから生じる。それは人を変容する。それは彼を生まれ変わらせる。

知性は知識を持っているという錯覚の下で作用するが、このいわゆる知識は借りものの他人の考えに過ぎない。知的な認識は基本的に非常に表面的だ。それは気まぐれで変わりやすく、安定性や持久力のない海を渡る波のようなものだ。波は来ては去って行くが、海の深いところはそれによって変わらず、影響を受けない。波が海に対するもののように、知性は理解に対するものだ。

自己に気づくことや、生まれていることと生を生きることの違いに気づくことは、知性からではなくむしろハートから生じなければならない。誕生は単なる始まりだ。それは在るものの全てではなく、それで全てが終わるのではない。そして誕生を生と間違える人は、さらに自動的に死を生の最終地点として受け入れるだろう。これは錯覚であり、最初の思い違いを受け入れたことの当然の結果だ。そして誕生を誤解した人は、死を恐れもするだろう。

私たちが生として知るものは、実は生きている死だ。自分が自分の身体から分離していることに気づかない人は、言葉の本当の意味で生きていない。自分が自分の身体の誕生前に存在していたことと、その死後にも存在することを知らない人は、全く生きていない。生の現象は途切れないものだが、それでもそのような人は、誕生と死の間にある自分の生を充分に体験できないだろう。

誕生は外側の出来事で、生は内側だ。誕生は世界で、生は神だ。誕生は単なる生への入り口に過ぎない。だが、人がこれを実感する努力をしない限り、誕生は彼にとって死への入り口になり、それ以上の何にもならない。死は誕生の単なる発達したものになる。

ただ、意識と気づくことだけが生に導く。これこそが修行《サーダナ》であり、これこそが自己実現への旅であり、これこそが宗教だ。

私は老いた人々を見て、そして若い人々を見る。誕生と死の観点からでは彼らに違いはあるが、生に関する限り全く何の違いもない。生は時間の領域外にある。誕生と死は時間の範囲内で発生し、年齢が進むことは時間の範囲内で起こるが、それらは生そのものの成長ではない。年齢と生は完全に異なる二つのものだ。

生に達するためには時間の外側を動くことが必要だ。あなたは時間とは何か知っているだろうか？　時間は変化する。物質世界において静的なものは何もない。物理的な世界では、たった一つの原子も不変ではない。ただ自己だけが不変だ。変化を超えている何かが自己の中にある。そして自己の存在は時間も超えている。この不変の存在の中に入ることが、生に目覚めることだ。

生を探求しなさい。そうしなければ、死があなたを奪うだろう。あらゆる瞬間にそれはますます近づいて来る。誕生後、それぞれの瞬間はあなたを死の勝利のより近くに連れて来る。そしてあなたが何をしようと、あなたが真の生を生きると決めない限り、この勝利は既に決定されている。財産、権力、名声……これら全ては、死の勝利から見れば取るに足らないものだ。自己の存在への認識が、死の外側にある唯一のものだ。なぜなら自己だけが時間の外側に存在するからだ。時間の領域に生きることは、死に向かって急ぐことだ。

私は誰もが死地に向けて走っているのを見る。止まって、あなたが動いている方向について考えてごらん。毎日誰かが死んでいるが、それでもあなた方それぞれは、まだ無関心な見物人のままだ。もしあなたが真理に気づくことがあるなら、彼の中に自分の死を認めるだろう。同じことがあなたに起ころうとしている。本当は、それは既に起こっているのだ。あなたが生に対して思い違いをしていたことは、それは実際にはゆるやかな死だということだ。しかし死のプロセスはとても遅いので、死と向かい合うまであなたはそれを認めない。

死の動きの遅い前進を見るためと、物事の成り立ちの中で自己の状況を認識するために、敏感な洞察力が必要になる。そして生を達成したいという欲望は、自己が不安定な位置にあることを実感した時にだけ生まれる。彼が死の火に包まれている自己の存在を見る時、彼は燃えている家から逃げ出したい人のようなものだ。その時、彼は生きるための強烈で激しい渇きでいっぱいになる。生きたいというこの願いが人間に可能な最大の幸運であるのは、この欲望が彼を生のより深い層に浸透させることへと導くからだ。

あなたは自分の中にこの欲望があるだろうか？　あなたのハートは未知のものへ達することを、既知のものを超えて動くことを望んでいるだろうか？　もしそうでなければ、あなたの目は閉じていること、あなたの盲目状態はあなたをどこでもなく死の手の中に導くことを、よく覚えておきなさい。

時間がまだある間に目覚めなさい。あなたの目を開きなさい。見てごらん。死はあなたの周りにある。しかしあなたの自己の中には、世界の外側と時間の外側には、見つけられるべき甘露がある。その神性な甘露に達する人は、どこでも死に遭遇しない。彼にとって死はただの幻想であり、ただ生だけが本物だ。キリストは言った。「人はパンだけでは生きていけない」。彼は偽りなく話した。パンでは充分ではない。これは、人間はパンなしで生きられるという意味ではない。彼にはできない。しかし彼は、パンを常食にして他に何もなく生きることはできない。パンなしで生きることは不可能だが、単にパンだけに頼って生きることも同様に不可能だ。

根が植物のためにあるように、パンは人間のためにある。根はそれ自身のために存在していない。それらは果実を実らすために、花を咲かすためにある。もし果実や花が成長しないなら、根の存在は無駄になる。そしてたとえ果実や花が根なしでは生じなくても、果実や花は根のために生じるのではない。卑しいものは高尚なものを作るために必要になる。卑しいものは、高次の形態を作る進化そのものを通してその目的を果たす。

人間は、生きるためと、生の真理への、生の美しさへの飢えを満たすために、パンを必要とする。パンはパンの飢えよりも、さらに大きな飢えを満たすために必要とされる。だがもし大きな飢えが全くなければ、パンは無駄に存在する。パンはパンだけのためには存在しない。

それ自体ではそれには価値がない。その目的は、それ自体の存在を超越した時に果たされる。その目的は、それをはるかに超えた高いところにある生の価値の中にある。

ある苦行者《サドゥ》が私に会いに来て、自分は不死不滅について考えていると、いつも言っていた。そのたび私は、不死不滅について考えるなんて単純に無理だと言った。「考え」の範疇に入ったもので、不死不滅なものはあり得ないからだ。あなたが考えるものは死ぬ運命にあるのだから、不死不滅との接触のチャンスは全くない。私は、死の必然性を考える旅に出たほうがいい、死を探し、それを体験する旅に出たほうがいいよと、よく言った。

死にまともに直面することが、魂を不死に導く。しかし私たちは死を怖がっている。私たちはむしろ不死を熟考するほうを好む。この不死についての考えや話は、全て私たちの死の恐怖から生じているのではないだろうか。それなら死を怖がるマインドが、どうやって不死を達成することに成功できるのだろう?


もし真理を知れば、死の恐れはない。死は恐れの中にある。死とは未知で見慣れないものであり、恐怖がどこから来るのか理解することは難しいと思う。あなたはそれを恐れているものを熟知している必要がある。未知のものを恐れることは不可能だが、既知のものを失う恐れは、見慣れたものを失う恐れはあり得る。死の恐れとは本当は死を恐れることではない。それはあなたが生として知っているものの損失を恐れることだ。そしてこの恐怖が固まる時、それは死へと変容される。

それが、私が苦行者《サドゥ》に死を探求することを助言した理由であり、私が誰にでも同じことを言う理由だ。そしてこれが実を結ぶ唯一の探求だ。その探求の終わりに達成されるものは、死ではなく不死そのものだ。


なぜ人間の生には、それほど多くの惨めさがあるのだろう?

人間の生が音の集合であり、無音の集合は全くないからだ。思考の地獄は常にあっても、思考のない静寂は少しもないからだ。感情の混乱は常にあっても、純粋な愛情がないから、いつも幻想だらけだからだ。人間は常に四方八方、あちこちへと飛び回っていても、「もうどこにも行きたくない」と思って止まることがないからだ。それは人間の生が行動の自由市場であっても、孤立していることが、一人でいることが、活動のない時が全くないからだ。そして最後に、常にエゴが支配的で、魂が完全に抑圧されているからだ。

あなた自身を真理へ明け渡す方法を学びなさい。あなたがあなた自身を明け渡さない限り、真理は認識されない。種は、それが苗木、緑、そして生命に満ちるようになる前に、砕かれて崩壊しなければならない。もしあなたが生きたいなら、死ぬことを学びなさい。

私は、死んだ知人たちの何人かをもう一度見ている夢を見た。彼らはみんな死んだ時と同じ服を着ていた。彼らはみんな死んだ時に持っていた同じ思考、意見、そして偏見に取りつかれていた。彼らが死んでから生の全てが変わっていたが、彼らは一つも変わっていなかった。私が彼らにこれを言ったら、彼らは笑った。「死者は決して変わらない」と彼らは言った。

「私たちは死者の世界に固定されたままだ。私たちの法則は永遠だ。変化という病気に影響され、それに病んでいるのは生だけだ」

私は言った。「生においても決して変化しない人々がいる。彼らの法則も永遠であり、彼らはさらに変化に対して目を閉じる。しかし少なくともここには、変化する人も少しはいるのではないのか？」

異口同音に彼らは答えた。「いや、いや、いや。それがここでどうやって起こり得るだろう？誰もここでは生きていない。そのようなことが生の中で起こるのは、多くの人々が実際に死ぬずっと前に、既に死んでいるからだ」

あなたは生は惨めだと言うのだろうか？　いや、友よ、生とはただ、あなたが作ったものに過ぎない。あなたがそれを至福にしない限り、生はあなたにとって決して幸福ではないだろう。生はひとつの機会だ。それは白地の小切手だ。あなたはそれを生きることでそれを埋める。あなたは充分に生きることでそれを一杯にする。生は人間に手渡されていない。彼は日々それを生きることで、自分の生を築く。生は自己創造だ。人は誰かにではなく自分自身に責任がある。

私たちは渓流のそばに座っていた。ちょうど私たちの下には水溜りがあり、魚がそのあたりを泳いでいた。近くには砂州があり、貝殻や巻貝でいっぱいだった。私はこれらのいくつかを手に取って、私と一緒にいる彼らに言った。

「見てごらん。これらの貝殻の中には生まれていない生き物がいる。彼らがこれらの貝殻から抜け出すのに充分強いなら、彼らは生まれる。私たちの内側にも、似たような生まれていない生き物がいないだろうか。私たちはちょうどこれらの貝殻と同じように、固い被膜で覆われていないだろうか？　私たちの利己的な自己は、ちょうどこれらの貝殻のようなものではないだろうか？　そして私たちもエゴの殻から抜け出すことで、内側にあるまだ生まれていない存在を、誕生させられないものだろうか？」

「新たな生の誕生に反対しているものが『私』だ」と私は言った。

「それはそれ自体を保護する方法だけを、あまりにもよく知っている。それは世俗的な所有物によって、身分や地位、名声によってそれ自体を保護する。もっと微妙な形では、宗教、社会、理想、価値観などによってそれ自体を保護する。それは生き残るためには、活躍して成功するためには何でもする。しかし覚えておきなさい、それが強く成長すればするほど、内側に隠れているまだ生まれていない生のための機会は少なくなる」

「エゴの無慈悲と冷たさは、あなたの自己という子宮の中にある生まれていない魂を殺すことができる。エゴは魂が生まれるために、死ななければならない」

生が欲求不満であるのは、私たち自身がそれをエゴの内側に閉じ込めたからだ。もし生がエゴという四面の壁から解放されたら、至福に変容する。生は「私」の中には存在しないし、「あなた」の中にも存在しない。生とは、その二つの間を流れる決して終わることのない流れだ。

人の生は全体との会話だ。しかし私たちはそれを討論に変えてしまった。だからそれほどにも惨めさが、それほどにも苦痛があるのだ。だから不安や死があるのだ。これは全て、エゴの範囲内に私たちの意識を閉じ込めた結果による。これのせいで、生は妨げられてきた。それは上昇したり落ちたりすることなく、死のように、無感覚にさせられてきた。それは私たちの束縛に、私たちの牢獄になった。

私たちは、硬い種子の内側に閉じ込められて発芽している芽のようなものだ。外殻が押し破られるとすぐに芽は動いて、その暗い地下の牢獄から太陽に向かう上方への旅を始める。それが存在するところへ向かう航海が始まる。

人間とは、エゴという殻の中に閉じ込められている芽だ。この殻は突破するには非常に硬い。それは私たちに安全という慰めを与える。しかし私たちは、それを割って開けようとする代わりに、それを強化し続け、栄養を与え続ける。それがより強くより固くなればなるほど、内側の芽は弱く生命のないものになる。そのように、錯覚の下で私たちは自分の生をより安全に、より確実にしているので、私たちは生そのものを失っているのだ。

私は、自分自身を守りたいという欲望から、全く扉がない宮殿を建てた皇帝について聞いたことがある。彼自身は宮殿の内部に座り、自分が入るための通路を封印した。中に隠れることで、彼はどんな敵からも完全に守られた。扉のない宮殿の中で彼は完全に安全だった。しかし内側に完全に閉じ込められた瞬間、それは全く安全の提供ではなく、確実な死の提供だと彼は理解した。宮殿そのものが彼の墓になった。

自分の安全に対する懸念から、人間は自分のエゴを扉のない家に変える。それはさらに最終的には彼自身の墓になる。
生は存在からそれ自体を分離していない。生はそれと融合している。だから私はあなたに、もし生を実感したいなら、自由という至福を熱望するなら、この安全のための狂気を落とすべきだと言うのだ。それだけが、生を保護するという口実の下で、最終的にはそれを殺すという悪循環の根拠だ。生は不安定だ。生は不安定な中にだけ存在する。安全は非活動的だ。そして安全はあなたに、死以外の何をもたらすことができるだろう？
不安定な中で生きる準備ができている人は利己心の殻を突破できるし、彼の生である芽は神へ向かって進むことができる。

生は私たちを深海へと導く。私たちを溺死させるためではなく、私たちを浄化するためにだ。しかし溺死を怖がる人は、単に無駄に生の海に沈むだけだ。誰かこれまで生で溺死してきただろうか？私は全く一人も知らない。溺死する人は、恐怖で海岸に群がる人たちだ。

美を創造するには、美の中に自分自身を失わなければならない、美と一つにならねばならない。美を知ることができるのはその時だけだ。もしある芸術家が「私は美を知らないが、それを創る」と言うのを聞いたら、あなたは彼は狂っていると言うだろう。これは善い行ないに関しても真理ではないだろうか？

あなたは真実の生を、どうやって生きることができるのだろう？　真理を知ることなく、真理と一つになることなく、どうやって実践できるのだろう？　私たちの行動は私たちの意識に基づくものを反映するだけだ。そうではないだろうか？　美を知らなくても美を描いている夢を見ている芸術家が狂っていると思われるのなら、真理を知らなくても、それを彼の生で実践しようとしている人も同様に狂っている。

美の創造は美の体験の結果であり、真実の生は真実の体験の自然の成り行きだ。真実の生を生きることは、真実の体験への階段ではない。真実の生は真実の体験の現われだ。ある人が、実際の真実の体験を持たずに導くいわゆる真実の生は、虚偽であるだけではない。それが虚偽よりも悪いのは、それが真実についての偽りの考えを作るから、それが彼に真実についての幻想を与えるからだ。そしてそれは致命的だ。

あなたは何のために生きているのだろう？　もしあなたが私にこれを話せるなら、私はあなたについての全てを知るだろう。あなたの生は、あなたが動く方向によって決定される。あなたの生はあなた自身の創造物だ。あなたはあなた自身の生を築く。あなたの築くものがあなただ。あなたは石であり、彫刻家、そして彫刻刀だ。どんな芸術も生の芸術ほど複雑なものはなく、ある人々が生を完全に否定することは、それを形作るために必要な仕事や訓練から逃げることだ。彼らの生は岩のようなもので、衝撃と震えと今の生の安定した腐食状態によって、盲目的に形作られている。そして彼らは決して全く何も感じない。これが惨めさの生だ。これが苦悩と痛みの生だ。これは生きている死だ。

私はある友人たちと一緒に住んでいて、彼らの子供たちは競技に参加する準備をしていた。彼らは私に「ババジ、競技に勝つ秘訣は何ですか?」と尋ねた。「勇気だ」と私は答えた。それから私はすぐに付け加えた。

「人生の競争でも必ずこれを覚えていなさい。人生の競争において勇気にまさる秘訣はない」

かつて私は窓がない家に住んでいた。それはかなり古い建物だった。私は家主に言った。

「あなたの家は人間のマインドのようだ。どちらにも窓がない。あなたは新鮮な空気のための、開かれた空の光のための設備を整えていない」

彼は答えた。「この建物はとても古い」

私は言った。「人間のマインドもかなり古い」

古いということは、生への開放性の終わりを意味しているようだ。閉じていることは死だ。それは永遠に葬られるための準備だ。しかし、ちょっと壁を取り壊して光を入れることはできないのだろうか? 壁の内側にあるものは、外側にあるものと接触することになっていないのだろうか?

その壁は、空に達するために取り壊すには費用がかかりすぎるほど、貴重なのだろうか？　壁に囲まれている人は、生の本当の全景を知ることは決してないだろう。

何と恐ろしい運命だろう、これらの古い壁によって空から切り離されつつあるとは！　何と自己破壊的なことだろう、この古いマインドによって魂から孤立させられつつあるとは！

肉体は自然に老いるが、それに伴ってあなたのマインドが老いらないように、気をつけていなさい。あなたの身体が死の入り口に到着した時、もしあなたのマインドが生まれたばかりの子供が持つ完全な純真さを保っているなら、それは生の巡礼をうまく完了したことの確かなしるしだ。

生に対立するものとして涅槃《ニルヴァーナ》を求めてはいけない。むしろ、生そのものを涅槃《ニルヴァーナ》にさせなさい。これが覚知している人たちがすることだ。救いのために努力するのではなく、あなたの全ての行動があなたに救いをもたらすようにさせなさい。私はこれが可能であることを保証する。私は私自身の体験から話している。これがあなたにとって可能になる日、あなたの生は最も美しい花と同じくらい豊かになり、香りで満ちるようになる。

生は外側から解決すべき問題ではない。生への解答は、生きることによってのみ見出される。

これは何という不思議な世界だろう！　生きているように見える人たちは全く生きていない。熱情の夢に巻き込まれている生は、全く本当の生ではない。私が見るには、彼らの言う死んだ者は全く死んでいない。魂は死を知らない。

私の目は私に何を伝えているのだろう？　その目は私に、それが夜であろうとなかろうと、またはそれが昼であろうとなかろうと、全ての人は眠っているということを伝えている。目覚めていると推定される人は、本当は眠っている。真の目覚めのために、人間の内側の意識が活性化されなければならない。その時にだけ、人間の睡眠は身体的と霊的の両方の面で、終わりに至る。

意識は生だ。睡眠は死の一形態だ。意識はハートを満たす覚醒の明かりだ。睡眠は惨めさ、痛み、そして自責の念に支配されている闇だ。もしあなたがこのように感じるなら、あなたは闇の中にいることをよく知りなさい。あなたは自分が眠っていることを理解しなければならない。それから目覚められるようになる前に、この状態を理解することだ。自由への願望の重要性を知るためには、あなたはまず監禁状態を体験する必要がある。

私はあらゆる人に内側を見ることを、内省的であることを求める。もし何であろうと、自分の内なるマインドから、内なる感覚から逃げようとする傾向があなたにあるなら、それはあなたがそこで遭遇する闇から逃げるための単なる試みに過ぎない。私には毎日人々に会って、彼らの多くを詳しく調べる機会がある。みんなに共通する一つのことは、苦しんでいるということだ。誰もが深い惨めさの網に捕らわれ、強烈な不安という蜘蛛の巣に絡まっている。誰もが窒息するかのように息が詰まっているように見える。それはあなたと同じだろうか？　あなたにも同じ閉所恐怖症の感覚があるだろうか？

どこを見ても私は目的の欠如を見る。あたり一面に退屈や不満の雰囲気がある。これが生というものなのだろうか？　あなたはこれで満足しているのだろうか？　あなたはまだ充分に持っていなかったのだろうか？　これは生なのか？　それともこれは死なのか？

生は全く完全に異なる命題だ。それは全く別の体験で、あなたが全く見慣れていないものだ。私はある理由のためにこれを言う。なぜなら私も、かつてはこのいわゆる生を本物と間違えていたからだ。これは無理もない間違いだ。なぜなら代わりのものがあることに気づかない限り、あなたは自分が知っているものを生として受け入れるからだ。これは意識的な間違いではない。それは無知から来る誤りだ。しかし自己についての最も小さな考えや、その人の内的な実存への最も細心の注意が、この無知を根絶できる。あなたは自分に提供されるものを、何でも受け入れるべきではない。これは盲目的に、無意識に反応することだからだ。思考は意識であり、だからそれは全ての幻想を破壊できるのだ。

思考とは、信じることに全く反対するものだ。信じることは完全に無意識だ。だから本物の生に達するためには、信じることの袋小路にではなく、思考の道に従うことが必要だ。信じることは盲目的な受け入れだ。思考は油断のない調査だ。全てを盲目的に受け入れる人々には、何であれ前進するための刺激がない。知識への道における最大の障害物は、この信じるという傾向だ。信じることは、思考の自由な道に立っている唯一の本物の障壁だ。信じるという鎖は進歩を妨げる。この罠に捕らえられてはいけない。あなたは自分自身の調査を通して、真正な生に達するしかない。

そのままの生に満足してはいけない。それは真のものではない。それには何の意味も、何の正当性もない。それはただの挿話《エピソード》であり、生の総体的な進化のほんの一部に過ぎない。


私はある老人の話を聞いたことがある。彼は死の前に後継者を選びたくなり、自分の二人の息子をテストすることに決めた。息子たちにそれぞれいくつかの小麦の種を与えて、自分は巡礼でしばらくの間離れるだろうと言い、注意深く種の世話をするようにと彼らに伝えた。長男は種を地下の貯蔵室に保管した。次男はそれを植えた。数年後、老人が戻って来た時、彼は次男の種が千倍に増加していたのに比べて、長男に与えていた種は朽ち果てていたのを知った。


生もこのようなものだ。生は種のようなものだ。その潜在的可能性はその内側に潜んで、隠されている。この潜在的可能性を実現している人だけが、彼の内的な実存の主人になれる。

私たち一人一人に成長する機会がある。そして達成可能な最大限まで達することが、存在する最も高い頂点に達することが本物になることだ。

あなたはこれまで、花に注目したことがあるだろうか？　ある朝、美しい花でいっぱいの庭で、私は一緒にいた何人かの友人に言った。

「これらの花がとても愛らしくて、とても健康的で香りがよいのは、そうあるはずだったものになっているからだ」

花は固有の完璧さを達成していた。その潜在的可能性は満たされていた。

これは人間にとっても可能だ。

生はフルートのようなもので、内側は中空で虚空だが、無限に眠っている美しい音楽の可能性がある。フルートから流れる音楽は、その演奏法に依るものだ。

未来の周りにあなたの生を集中させてはいけない。生はここに、今に存在する。未来は現在に隠されていて、今日を失う人は明日を全て失う。全ての明日の花は、あなたが今日植えた種の中に隠されていないだろうか？

ある友人が非常に若い年齢で死んだ。彼は若者だったが、彼の人生は純粋で美しく、静かで調和がとれていた。誰かが言った。

「何と悲劇的で残念なことだ！　このような若い年齢で死ぬとは！」

私は言った。「いや、そのようなことを言ってはいけない。長い人生は全く無価値かもしれない可能性が高いが、純粋な生は深くて長くて広大なものだ。時間の面からはあなたは同意できないかもしれないが、これは単に私たちの尺度の無能さと限界を証明している」

私は毎日死んでいる。実のところ、私は一瞬一瞬死んでいる。これは生の、長い生の秘密だ。過去の重みを持ち運ぶ人は、死の重荷を持つことで死ぬ。

あなたは今まで死んでいる善人たちを、または生きている悪人たちを見たことがあるだろうか？ ちょうど悪人たちが本当は決して生きていないように、善人たちは本当は決して死んでいない。

死の恐怖があなたをそのように当惑させるので、あなたは神を発明したのではないだろうか？ 恐れに基づいた神の概念よりも真理でないものは何もない。

光は一直線に進む。真理と宗教も一直線に進む。もしあなたの人生が一直線に進まないなら、あなたの人生は闇、悪、そして虚偽の道を進んでいることに気づきなさい。

富、名声、知識または放棄を求めるこの狂った競争は、人をどこに連れて行くのだろう？ 野心的なマインドの性急な慌しさは、どこに導くのだろう？ 私はこれについて考える時、決して忘れられない夢を思い出す。

私が何回も見たこの夢の中には、その上部の段が雲の中に完全に失われている長い梯子があった。それは天空に導く梯子のように見えた。天空に達したいという抑えきれない願望にせき立てられて、私は登り始めた。だがそれは非常に困難だった。各段には大変な努力が必要だった。私の呼吸は苦しくなって汗が額から流れた。しかし天空に達したいという私の願望はとても大きかったので、私は登り続けた。すぐに窒息する感覚があって、まるで私の心臓は止まったかのように思えた。しかし不意に私は、自分が唯一人の登る者ではなかったことを、私の梯子が唯一つの梯子ではなかったことを認識した。そこには無数の梯子があり、果てしない数の人々が上へ向かって登っていた。私は大きなライバル意識の高まりを感じ、さらに速く登り始めた。この狂った競争は、登り続けるために全力を使うことは、ついには夢の終わりへと消えていくまで続いた。

それは常に同じだ。

私は最終的に最後の横木に達した。それを超えたところに横木はなく、振り向くと梯子もないことがわかった。それからその大変な高さからの落下、転落が始まった。それは登ることよりも、さらにもっと苦痛だった。死は避けられないようだった。そしてやはり、それは私の死だった。そしてその死の衝撃が、いつも私を目覚めさせた。

しかしその夢は私に大きな真実を示した。初めて私がそれを見てから、生はその夢の延長でしかないように私には見えた。全ての夢の中には、人類が巻き込まれているある種の狂った性急さという光景《ビジョン》がないだろうか？　全ての狂った奪い合いは死で終わらないだろうか？　しかしその時、

「死」の意味とは何かを、自分自身に問いかけるがいい。それは単に、梯子にはより高い横木は全くないという意味ではないだろうか？　死は急ぐことの終わりだ。それは未来の終わりだ。それは更に先の可能性は何もあり得ないということだ。急ぐマインドが、競争するマインドが人を大変高みへ導くなら、その高さからの落下より他に、何が死と言えるだろうか？

どんな種類のものであれ、狂った競争がある時はいつでも、死は常に立ち寄る。そのゴールが富であるか、宗教や楽しみ、または放棄であるかどうかに変わりはない。性急さがあるところはどこでも夢見があるが、急ぐマインドや競争するマインドがないところには真理がある。そして生もそこにある――全く死のない生が。

死が私に忍び寄っていた時があった。私が恐れていたため、それは常に私を待ち伏せしていた。しかし私がそれを抱擁しようと歩を前に進めたその日、それは全く存在しなかった。死は死の恐怖の中にある。死の事実を受け入れることが、死に脅かされた状態からの救済だ。恐怖が死だ。恐れのない状態は死からの自由だ。死は影のように、それから逃げる人々を追いかけるが、あなたがその方を向いて直面するなら、それは消える。死があなたのところに来る前にそれを迎えることは、永遠に死から免れることだ。

私がどう死ぬかは私次第ではない。選ぶことは私たちに任されていない。しかし私がどう生きるかは、確かに私の決定だ。死は生の完了であり、まさにそのために、生きる方法を選ぶことによって、私は死ぬ方法も選ぶ。その人の死は、その人の人生の指標だ。人が自分の生の中に蒔く種は、彼の死の間に開花する。

生は、生との闘いの中で死ぬ方法を知っている人間のためだけにある。

もし人間が危機の時に自己の存在を感じないなら、彼は全く生きていない。どうにかして彼はうまく生きて、どうにかして彼はうまく死ぬが、彼はまだ自分の自己の存在を熟考し始めていない。生について考えることが、最終的には死の真実に人を目覚めさせる。人の死は危機の時に現実の可能性となる。危機は自己の探求へと案内する。それは真理へと向かうその人の探求の始まりを示す。それは死から不死への移行の瞬間だ。

だから私はあなたに、あなたの人生でこれまで危機があったのかと尋ねるのだ。もしあなたにないのなら、どうやってあなたは真理の探求に着手することを望むのだろう？　危機に出会うことは人間の意識にとって必要だ。危機とは、あなたの自己が終わる可能性に面と向かって出会うことだ。不死を達成したいという欲望が生み出され、それを成し遂げるための運動が動きの中に用意されるのは、この出会いからだ。これまで誰も、最初に死についての見方を調べない限り、生を探求することに着手してこなかった。また彼はそうすることも全くできない。

生は探求だが、この追求は死に直面するまでは生の探求にはならない。これが起こらない限り、人は取るに足らないものを追い続けて全く無駄に死ぬ。彼は些細な事に完全に巻き込まれていて、そこで死は彼を探しにやって来る。だが彼が死を垣間見る瞬間、空虚なものを追い求める競争が突然止まることは、彼にとって大変な未曾有の危機になる。この衝撃は彼を自分の夢から、眠気から揺さぶる。もはや彼にとって眠ることはできなくなる。この時間が、この危機の時間が彼を生に目覚めさせる。それから彼の意識は、死を克服することに携わるようになる。

だから私はあなた方に、自分たちの死を探し求めるようにと言うのだ。それを見つけに行きなさい。死があなたを探しに来ることよりも、あなたがそれを探しに行くほうがましだ。これよりも永遠に重要なものは何もない。

あなたは、生の中で最大の美徳とは何かを私に尋ねている。そして私はそれは勇気だと言う。勇気がなければ自由は全くない。自由なしでは真理は全くない。真理なしでは美徳は全くない。礎石が建物のためにあるように、勇気は生という建物のためにある。

あなたは死を征服するために、死を歩いて渡らなければならない。死を意識するようになる人はそれを負かして不死に達する。

私はあなたに、あなたは何のために生きているのかを尋ねたいと思う。あなたには、そのために自分の生命を捨てる用意がある目標や理想があるだろうか？　もしあなたの答えが否定的なら、あなたは既に死んでいることをはっきりと知ることだ。目的を持った生の途方もなく強力なエネルギーは、あなたは笑って死を自ら招くための準備ができるという理想によってのみ目覚めさせられ、それによってのみ生き生きとしたままでいられる。自分の生を賭けることによってのみ、あなたは生に勝つ。

人間は問題の中にすっかり巻き込まれている。その結果、社会も問題の巻き添えに遭っている。世界の問題は個人に関するものと同じだ。

人間がある種の問題に常に直面しているのはどういうわけだろうか？　それは個人が問題を持っているということではなく、個人そのものが問題なのだ。彼の個人主義的な意識そのものが問題だ。彼の利己的な意識そのものが問題だ。だがもしも、「私は在る」からあなたが「私」を取り除いて、「在る」という体験と共に残されるなら、問題は消える。その時、解答が扉を叩いている。

現実的には、生とは単純な存在だ。それはまさに存在の自然な現在の流れだ。「私」とはその流れを停止させようとする試みだ。「私」とは自然の流れを妨げる人工のダムだ。

「私」をあなた自身の中に探してごらん。それはどこにも見つからない。生はある、存在はある、だが「私」はない。それでも私たちは「私」の上に自分たちの全ての生を築く。どうりで私たちは生の中にどんな平和も見つけられないわけだ。私たちの宗教、私たちの文明――全てが「私」という基盤の上に築かれている。それなら宗教と文明が、ただ心配、緊張、困惑、そして狂気を引き起こすしかないのは、自然なことではないだろうか？　「私」という基礎の上に建てられるものが何であろうと、それは不健全であり安全ではない。

転生するものは、再誕生するものは「私」の上に築かれた生命だけだ。生まれたり死んだりするものは「私」だけだ。ただ夢だけが生まれて消滅する。存在するものは誕生や死を持つことはできない。それは単に存在している。それは存在し、存在し、存在している。

その「私」を忘れなさい。ただそれを手放しなさい。存在に目覚めなさい。そしてその中で生きなさい。

その「私」は、あなたが生に目覚めることを許さない。あなたが存在の中で生きるようにさせない。それは過去の中に、または未来の中に居座るが、生は永遠の現在だ。生は常に、今とここだ。「私」を振り落として現在に目覚める人は、あらゆる面から、四方から、内側と外側から彼を取り囲んでいる生の真理、美と調和、生の甘露を実感する。ちょうど魚が海に取り囲まれているように。

人間は生とは何かを知らない。そしてもし彼が生さえ理解できないなら、実質的に彼が死を知る可能性は決してない。生の意味が知られない限り、それが謎のままである限り、死が理解されることはない。

真理は、私たちの生についての無知が死を引き起こすということだ。生の意味を知る人々にとって「死」という言葉は全く存在しない。なぜなら死はこれまで起こったことがなく、起こることはなく、決して起こり得ないからだ。

人間の言語にあるいくつかの単語は、完全に偽りのものだ。そのうちのいくつかには真実が少しもない。「死」はその部類に含まれる。それは完全に誤った言葉だ。それは完全に真実ではない言葉だ。死は決して起こらない。それでも私たちは、毎日死んでいる人々を見る。私たちは至る所で死に囲まれている。全ての村や全ての町には墓地があり、私たちが毎日行き交うまさにその地では、多くの死体が焼かれてきたに違いない。私たちがその上に自分の家を建てている土地の小区画は、間違いなく在りし日の火葬場だったに違いない。何百万人もの人々が毎日生まれては死ぬ。それはあなたを驚かせるかもしれないが、私はあえて人類の言語の中で「死」よりも誤った言葉はないと言う。

かつてチベットに住んでいたイスラム教の行者《ファキール》がいた。ある日、ひとりの男が生と死の意味を尋ねるために彼のところに来た。行者は思わず笑った。彼は言った。

「もしあなたが生について私に尋ねたいと思うなら、確かにそうしてもかまわないが、死に関する限り、私はこれまでそれに出くわしたことがない。私は全くそれに精通していない。もしあなたが死について尋ねたいなら、死という種類の生を生きている誰かに尋ねるがいい。あるいは既に死んでいる誰かに尋ねるがいい。私は生そのものであり、私は生とその意味についてだけ、あなたに伝えることができる。私は死については全く何も知らない」

闇について似たような物語がある。

かつて闇が太陽について、神に不平を言った。彼は言った。

「神よ、あなたの太陽は絶えず私を迫害します。私はとてもうんざりしています。朝の夜明けの瞬間から、彼は一日中私の後をついて来ます。夜には私を放っておくことについては認めますが、彼はしぶしぶそうしています。私はこれを受けるに値する何をしてきたのでしょうか？　彼がこのように私につきまとうどんな無礼を、私は犯したのでしょうか？　彼は丸一日私の後ろにいます。そして夜の少しの休みでさえ、私はその日の疲れから回復できません。最初に私がそれを知るのは、朝再び太陽が私の扉を叩く時で、私は彼の迫害から逃れるために再び走り始めなければなりません。これは最初から続いていて、今私はくたくたに疲れていて、為す術がありません。お願いです、全能の神よ、太陽を叱ってください。どうかこの願いを叶えてください！」

神は太陽を呼び寄せた。太陽が彼の前に現れた時、神は問うた。

「なぜお前は闇を追うのだ？　どんな危害を闇はお前にしたというのだ？　お前には彼に反対を申し立てるような不満があるのか？　何がこの敵意の理由なのだ？」

冷静に、太陽は答えた。「闇？　私は太古より宇宙の周りを回ってきましたが、これまでのところ闇に出会ったことは決してありません。私は全く彼を知りません。闇とは誰ですか？　もし彼をここに呼んでいただけるなら、私は確かに彼の許しを請うつもりです。私も彼に会うことができます。そうすると私は将来的に彼を怒らせないでしょうし、彼の道から離れて留まることができるでしょう」

永劫の時が過ぎたが、この事件はまだ神の懸案事項の中にあって、解決されていない。神は太陽の面前に闇を連れて来ることができなかったし、それは不可能だろう。この問題は決して解決できない。いったいどうしたら、闇を太陽の面前に呼び出せるだろう？　闇には独自の力はない。闇には個としての存在はない。それには独自の独立した実体がない。闇とは単なる光の不在だ。ではどうしたら、太陽の不在を太陽の面前に呼び出せるだろう？　それは不可能だ。闇を太陽の前に持って来ることはできない。

しかし太陽について、巨大な太陽についてしばらくの間忘れてごらん。最も小さなランプの面前に闇を持って来ることさえ不可能だ。闇は決してランプの明かりの環に入れない。どうやって、光が存在するところに闇が来れるだろう？　そしてどうしたら生があるところに死が存在できるだろう？　生は存在しないか、死のようなものは全くないかのどちらかだ。両方が並んで存在することはできない。

私たちは生きているが、それでも生とは何かを知らない。死は起こると考えるのは、生についての知識が不足しているからだ。死は一種の無知だ。そして生についての無知は必然的に死に至る。もし自分たちの内側の生だけを知ることができたら、内側の生に関する知識の一条の光線は、私たちが永久に続ける死についての無知を永遠に取り除くだろう。それは、私たちは死ぬことができる、私たちは以前に死んでいた、私たちは再び死ぬだろう、という盲信を払拭するだろう。しかし私たちは光を、自己である光を知らずに闇を恐れている。自分とは完全に相容れない何かを恐れている。それが私たちであり、実存であり、魂であり、生であり、私たちの力である光に決して出会わない。それでも、全く私たちの内側にはない闇を恐れている。

人間は死ぬものではない。人間は神々の甘露だ。だが私たちは、自分たちに差し出されるカップを見るために、目を上げることさえない。私たちは決して生を探ることはなく、その意味を明らかにする方向へ一歩を踏み出すことは決してない。私たちは生に対しては見知らぬ者のままであり、恐怖の中で死に近寄る。

主要な問題は生と死に関するものではない。それは生だけのものだ。私は生と死について話すように求められた。しかしこれは不可能だ。ただ生だけがある。死は存在しない。もし人が生を理解するなら、ただ生だけがある。だが生が未知のままなら、ただ死だけがある。生と死は、決して一緒に存在しない一つの問題の、二つの局面のようなものだ。私たちは、自分たちが生であることを知っているので死は存在しないか、それとも自分たちが生であることを知らないのでただ死だけが存在するか、のどちらかだ。それらは一緒に存在できない。しかし私たちはみな、死を恐れている。そしてこれは、私たちが生の意味を理解していないことをはっきり示している。死の恐怖は、その人の生についての無知を暴露するだけだ。

全ての瞬間に、あらゆる毛穴を通して、あらゆる呼吸を通して、私たちに流れ入って流れ出るものは全く知られていない。これは人間が深い眠りの中にいることを意味している。なぜなら自己を忘れることが可能なのは、その人がぐっすり眠っている時だけだからだ。これは人間が深い昏睡状態にあることを意味する。それは人間の精神《スピリット》の溢れるほどの力が目覚めていなくて、ある種のぼんやりした状態に失われているという事実に帰する。彼が眠った人でいる時は何も気づかない。彼は自分が誰であるのか、自分は何であるのか、自分はどこから来たのかがわからない。睡眠の闇の中では全てが失われる。人間は自らの存在さえ忘れている。自分が眠っていたのを知るのは、彼が目覚めさせられた時だけだ。

精神《スピリット》のある種の催眠的睡眠は人間を麻痺させ、生の本当の意味を把握することを不可能にさせてきたように思える。しかし私たちは、これを事実として受け入れることを拒む。私たちはそのような理論の健全性さえ疑問視して、私たちは生きているから、動き、立ち、座り、眠るからという理由で、自分は生を知っていると主張するだろう。しかし見てごらん、酔っぱらいも動き、呼吸し、眠り、目を開けたり閉じたりして、話している。そして狂人もそうする。酔っぱらいと狂人は両方とも生きているからといって、酔っぱらいは正気の感覚でいるとか、狂人は意識していると言うことはできない。


ある皇帝の行列が道を進んでいた。ある交差点で男が石を投げて侮辱し始めた。皇帝の兵士たちは、すぐに彼を逮捕して牢獄に投じた。しかし男が石を投げて悪口を叫んでいる間、皇帝はただただ笑っていた。兵士たちは非常に驚いていて、彼の参謀は尋ねた。

「陛下、なぜあなたは笑っておられるのでしょうか？」

皇帝は答えた。「私はその男が自分は何をしているのかをわかっているとは思えない。彼は酔っているに違いない。いずれにせよ、明朝彼を私のところに連れて来なさい」

従って翌朝、その男は君主の前に連れて来られた。皇帝は問うた。

「なぜお前は昨日、私を侮辱して石を投げたのだ？」

非常に控え目に、その男は言った。

「陛下、何をおっしゃるのでしょうか？　私が？　あなたを罵るですと？　あり得ません！　もし私があなたを侮辱したのなら、私は自分自身であることができなかったのです。私は酔っていて正気の沙汰ではなかったのです。それは全く本当の私ではありませんでした。本当です、陛下、私は自分が何を言ったのか全くわかりません」

私たちは自分自身ですらない。私たちは歩き、話し、愛し憎しみ、そして戦争をする——全て眠りの中で。もし別の惑星からの誰かが私たちを見ていたなら、彼はほとんど間違いなく、全人類はある種の深い眠りの中にいた、と結論付けるだろう。人類は三千年間に、一万五千もの戦争をしてきた。この騒動は、すっかり目覚めていて自分自身に気づいている人間にふさわしいことだろうか？

生まれた瞬間から最後の呼吸まで、人間の生の全ての物語は死、不安、悲しみ、そして苦痛の物語だ。彼が経験する本当の幸福の瞬間は、たった一つもない。喜びであるものや大いに喜ばせるものは、彼にとって全く未知のままだ。人間はたった一つの喜びも垣間見ることなく、その全人生を生きる。そのような人が、正気の感覚でいるとは言えない。心配、苦しみ、悲しみ、絶望、そして狂気が彼の人生の物語であるように見える。だが私たちがこれに注目しないのは、私たちのまわりにいる他の誰もが眠っているからだ。

たまに意識的な、すっかり目覚めた人が誕生するが、眠っている人たちは彼を容認できない。彼らは腹を立てて彼を殺す。私たちがイエス・キリストを磔にしたのは、彼が目覚めたからだ。深く眠っている人々は、そのような人間の存在には耐えられない。彼は目覚めていない人への無礼の象徴だ。そのような人たちは私たちの睡眠を邪魔する。だから私たちはソクラテスに毒の杯を与える。私たちは意識的な目覚めた人たちに対して、狂人が彼らの中に正気の者を見つけるように振る舞う。

私の友人は気が狂ってしまって、保護施設に閉じ込められた。その狂気から、彼は掃除戸棚に見つけた消毒剤の瓶をすっかり飲んでしまった。その結果、彼は二週間で全身が変形するほどの非常に激しい下痢と嘔吐の発作に襲われた。狂気は彼から去って、再び良くなった。彼は六ヵ月間精神病院に拘束されていて、そこにいたほんの三か月後、その時点で彼の正気は回復したのだが、彼らは期日いっぱいまで彼を引き留めた。

彼が最終的に家に帰された時に、最後の三ヵ月間の、耐えきれないような信じ難い苦しみについて私に語った。

「私が狂っていた間は何も気づかなかった。私たちはみんな狂っていて、正気ではなかった。だが私が治るとすぐに、私は自分がどこにいるのかを自分に問いかけた。私が眠っていると、二人の巨大な男たちが私の胸の上に座るのだ。私が歩いていると、誰かが後ろから私を押す。私が正気でなかった時は、そうしたことに全然気づかなかった。そんな私の状態では、自分の周りの誰もが狂っていたことさえ実感しなかった」

私たちは精神的に眠っている人々に囲まれて動いているので、自分自身も眠っていることを実感し損なう。私たちが精神的に目覚めている人々を殺すのは、そのような人たちが私たちの邪魔をして悩ませているからだ。私たちがおそらく生の完全な意味を理解できないのは、周りにいる誰もが眠っているからだ。私たちはただ、生の物質的な形しか知らない。決して精神的な内側に動こうとはしない。

物質的なものだけを知ることは、宮殿の外壁を宮殿そのものと間違えている人と類似している。外側の欄干に寝ていながら、自分はマハラジャの寝室で寝ていると考えている人のようなものだ。生についての全ての理解が身体を中心としている人は、ちょうどその無知な男のようなものだ。彼らは欄干の上に寝て、自分たちは宮殿内の客だと考える。私たちも同じだ。私たちは身体の外側の面だけを知っている。内側については何も知らない。私たちは身体の外周だけを知っている。内側について、精神的なものについては何も知らない。宮殿の内部はおろか欄干の内部さえ知らないで、私たちはそれを囲んでいる壁の外側部分が、宮殿そのものだと思っている。

私たちは身体を外側から知っているだけだ。それに入ろうとしたり、内側からそれを見ようとしたりしたことがない。もしあなたと私がこの部屋の中で座っているなら、私たちは内部からそれを見ているが、外をぶらついている人はこの家の外観しか見ることができない。同様に、人間は内側から自分の身体を見ることができない。外側からそれを知っているだけだ。私たちが知っているものは単なる外装、身体を覆うある種の外衣に過ぎない。それは家の外壁のようなものだ。家の本当の所有者は内側に座っていて、あいにく私たちは彼に会うための機会を持ったことがない。私たちは家の内側の壁さえ知らないので、所有者を知るという問題は全くない。彼は深い内側に、家のまさに中心にいる。

この外側からの生についての理解が、私たちが死と呼ぶ体験を引き起こすものだ。私たちが生と呼ぶこの体験が人の手からすり抜け始めて、彼の意識が身体から後退して内側に動き始める日、外側から傍観する人は誰でも、その人は死んでいると言うだろう。そしてその人自身は、意識が内側に動き始める。彼が生として知っていたものから離れるので、自分は死にかけていると感じる。彼の意識は、彼が生であると考えていた表面の存在を後に残し始める。この新たな旅のための準備が彼の精神《スピリット》を絶叫させるのは、生として知っていた全てのものが吸い込まれつつあり、飲み込まれつつあるからだ。外側の人々は、彼を死んだものと扱うだろう。そしてこの至高の変容の瞬間においてさえ、その人自身は自分が死にかけていると、または自分は死んで永遠に去ってしまうだろうと考える。

この身体は真正の実存ではない。真の内なる実存は、絶対的に違う性質のものだ。私たちの本当の本質は、身体的存在とは完全に矛盾する。例えば、種は内側の脆くて生きている苗を保護するために、硬い外側の殻を持つ。外側の覆いは生きている芽ではなく、外側の包みを内側の種と間違える人は、殻の内側に包まれている生の本当の源泉を知ることは決してない。彼がただ外側の殻だけを見ているのなら、内側にある生の本質は、決して外部へ発芽する機会を持たないだろう。事実は、種が芽を出す時、外側の殻は消えねばならないということだ。それはバラバラに壊れて地中に消えるために、押し破らなければならない。種の本質がそれ自体を明らかにするのは、本当に種の外側の包みが、種の外壁がなくなる時だけだ。

私たちの肉体は、単なる外側の包みに過ぎない。生の意識は内側にある。精神の目覚めは内側からのものだ。私たちが死ぬのは、表面の、外側の殻を種そのものと間違えるからだ。そうすると種は決して発芽する機会がないし、決して光の中を突破する機会がない。しかし種が殻を貫いて割れるようにすれば、人は充分に発達した木に成長できる。それが起こらない限り人間はただの種で、ただの潜在性でしかない。しかしそれが起こると、人間がスピリチュアルな目覚めの光を経験すると、彼の苗は木のように上向きに上昇して、人間は実質的な現実《リアリティ》になる。ある人たちはこの現実《リアリティ》を「魂」と呼ぶ。ある人たちは「神」と呼ぶ。

人間は神の種だが、どうしたら種はその実現される潜在性の豊かさを知ることができるだろう?

ただ木だけが、充分な発達についての完全な、トータルな体験を感じることができる。ただ木だけが、その成就の計り知れない喜びを知る。種は、柔らかな緑の葉が木を飾るのを知ることは決してない。朝日の光線が葉の上で踊ったり、穏やかなそよ風が枝を通して歌うのを知ることは決してない。種は、木の魂がどのように生命のエクスタシーをもって膨張するのかを理解することは、決してない。花が木々の枝を美しく飾るのを、空に瞬く星の美しさにさえ勝るのを、種がどうやって知るだろう? 木の枝に巣を作る鳥の喜びを、彼らが幸福の歌を歌うのを、どうやって種が理解できるだろう? そして木は、平和な日陰を疲れた旅人に与える。種は決して知ることはできない。種はこの全ての喜びについて、この全ての満足について無意識だ。種はこれらの楽しみの夢を見ることさえできない。これらは種が木になった時にだけ可能になる。

人間が生の意味を把握できないのは、彼が種を完成させることだけに、全ての努力を限定してきたからだ。彼は木が小さな種から外へ出た時にだけ、生を知ることができる。そして生命の種から育つ木について無知であることとは全く別として、私たちは何かが肉体から分離されて別個に存在することを知らないし、覚えてもいないし、あるいはそれを信じる気もない。人間は完全に、種だけに全ての試みを集中している。彼はこんなにも遠くへ、その先がないところまで行ってしまった。しかし内側にあるものを体験することで生の本質を実感することは、最も重要な問題だ。

私はある木に尋ねた。「あなたの生命はどこにあるのだ?」

それは答えた。「あなたには見えない根の中だ」

木の生命は、目に見えない根から生じる。目に見える木は、見えないものからその生命を受け取る。しかし人間は外側に現われているもの、その葉や花が木の生命であると推定し、それを当然のことと思い、その根が地中に深く埋められているという事実を、都合よく無視する。そして木の生命が湧き出るのは、これらの隠された根からだ。同じ様に人間は彼の内なる自己に、彼自身の生命の泉に注意を払わない。むしろ、彼は故意にそれを無視する。彼は、本当の彼であるものが彼の中に隠されている、ということを思い出さない。真理、力、彼の生の全ての強さ、全ての能力は内側にある。外側で明白なものは、単に外側に現われたものに過ぎない。本物の実存は内側にある。魂は最も内側の生命の聖堂だ。

生の外面上に現われたものを生そのものとして見る人たちは、彼らが地球上に住む間はずっと絶え間ない死の恐怖で悩まされる。彼らは生きていて呼吸をしているが、それでも死体のように見える。彼らは、死はどんな瞬間でも彼らに直面するだろうと、絶えず恐れて生きている。そのような人々が、他の人たちが消え去ることを嘆き、自分自身について心配するのは、目撃する全ての死が彼ら自身の前兆になるからだ。愛する人の死は、彼ら自身の間近に迫った終わりについて鮮明に痛みを伴って思い出させるものになる。実際に彼らの恐れは全く他人の死に対するものではなく、彼ら自身の死が急接近していると考えることに対するものだ。だから彼らは震える。彼らは恐怖に襲われて大変な精神的苦痛に苦しむ。人間が偉大な考えを持ち始めて、魂の不滅性と不死についての壮大な仮説を作るのはそのような時だ。自分自身を、神の微細な部分として見るのはその時だ。だがこれは全て、人間が自分自身を欺こうと、そして真実から逃げ出そうと努力するナンセンスな馬鹿馬鹿しい無駄話だ。それに単なる死の考えに怯えて、そのような人は魂の不滅についての理論を自分自身に何度も繰り返すことで、彼の弱々しいマインドを慰めたり強化しようとする。彼は自分が死ぬはずはないと偽って、自分自身に納得させようとする。結局、彼は自分自身に言い聞かせる、魂は不滅であると。しかし内側では彼はまだ恐れている。

魂が不滅であることを本当に知る人は、不滅の理論を繰り返し続けない。彼はそれが真実であることを単純に知っている。死について考えることにびくびくしている人々が、自らの理論立てを用いて自分自身に危険な幻想を作るのは、生の真の意味を本当に把握していないからだ。しかしこれらの人々は、魂の不滅について話し続ける。彼らが言うことを本当に、心から信じている人々と、死の恐れから自らをただ慰めようとしているだけの人たちを区別することは、本当に難しい仕事だ。どういうわけか、この不運はこの国《インド》だけで起こっているようだ。

インドでは、世界の他のどこよりも、死を恐れている最大多数の人々と同時に、魂の不滅を正直に信じている最大多数の人々をも、見つけることができる。

魂は決して滅びないことを、魂は永遠の真理であることを知る人にとって死は存在しないので、彼らの死の恐れは永遠に終っている。誰もこれらの人々を殺すことはできない。誰も彼らの生を終わらせることはできない。そして注目すべきもう一つの重要な事実がある。誰も彼らを殺すことができないだけでなく、彼らは他の誰かを殺すこともできない。彼らは、自分は殺すことができるというどんな幻想も心に抱かないはずだ。なぜなら死の存在は彼らにとって、もはや真実ではないからだ。

しかし、何度も何度も魂の不滅を説く人々は、それでもなお死を恐れている。彼らは永遠の魂の教義をとうとうと弁じるだけでなく、さらに非暴力の原則も派手に支持する。

彼らが暴力を支持しないのは、彼らに「自分は誰も殺さない」という覚悟がないからではなく、非暴力を説けば、彼らを殺しにくる者がいなくなるからだ。彼らが言うには、世界は非暴力の原則に従わなければならない。表向きには、彼らは殺すことは悪いと公言するが、実際のところは、他の誰かの犠牲者になることを恐れている。だが、彼らが死は存在しないことを本当に知るようになるなら、殺すことや殺されることへの恐れはないだろう。この全ての話は、何の意味も重要性も全くなくなるだろう。

バガヴァッド・ギータの中で、クリシュナ自身がクルクシェトラの戦場でアルジュナに詳しく説明したところでは、彼はアルジュナに、自分の親族を殺害するという前途を恐れるべきではないと語った。クリシュナは説明した。

「あなたの前に立っている人たちは、以前に何度も生きてきた。あなたはそこにいた。私もそこにいた。私たちはみんなかつて存在していた。私たちは多くの生を生きてきて、私たちは来るべきより多くの生を生きるだろう。この世界では何も死滅しないので、死んだり殺されたりする恐れを持つ必要はない。死はないので破壊は全くあり得ない。問題は自分の生を生きることにある。生に関する限り、死ぬことを恐れたり殺されることを恐れる人は無力だ。殺すことも死ぬこともできない人は、不滅の真理を知らない。それは死ぬことのできないもの、破壊され得ないものだ」

誰もが魂は永遠で、不滅であることを実感した時、それはどんな世界になるだろう！　それは、死の全ての恐れが永遠に消えて、それと共に、現在ならとても効果的な破壊が虚しい脅威にしかならない日になる。その日、戦争は消える。だがそれ以前では無理だ。人間が、自分は殺すことができる、または殺され得ると考える限り、戦争はこの世界で決して終わらないだろう。その時まで戦争は続き、妨げられない。非暴力を説く者が、マハトマ・ガンジーや仏陀やマハーヴィーラであろうとだ。非暴力について何百万もの教訓を世界中で教えることはできるが、人類が、自らの本質は神聖であり、従って不死であることを自分の実存の最も内側の深みにおいて実感するまで、それらは無駄になる。それまで戦争はこの世界で決して止まない。

そして、自ら剣を持つ人が勇敢であると考えるべきではない。剣は人間の内側の臆病さの証拠であるだろう。手に剣を持つこれらの像は、臆病者のための記念碑だ。本当に勇敢な者に剣は必要ない。なぜなら、死についての話は単に子供の無駄話であることを知っているからだ。しかもまあ何と人は、この素晴らしい自己欺瞞を普及させることだろうか！　自らの恐怖から、自分が理解していないものへの自分の抵抗を示そうとする。

心の奥底では、それぞれの人は死が物事の順序であるため、自分は死なねばならないことを知っている。もし彼が内側を見るなら、自分の身体が毎日ますます弱まっているのが、若さが衰えていて老年に道を譲っているのがわかる。身体は彼の指をすり抜けているが、にもかかわらず彼は魂が不死で、永遠であることを説教し続ける。恐れるな緊張するなと、何度も何度も自らに言い聞かせることで信念を強めようとし、勇気を奮い起こそうとする。彼は確かに死は存在することを知っているが、偉大な聖者たちや賢者たちは魂が不滅であること、永遠であることを確認してきた。死を恐れていながら魂の不滅について長々と述べ立てる人々は、これらの賢者たちに群がる人たちだ。

私は魂は不滅ではないと言おうとしているのではないが、この魂の不滅の理論は単なる理論に過ぎないことを、死を恐れる人々によって提議されたものであることを断言したいと思う。魂の不滅をあなた自身で実感することは、単に理論を言葉で表現することとは全く異なるものだ。死ぬことで実験してきた人たちだけが、生涯の間に自分自身を犠牲にしてきた人たちだけが、魂の不滅の深みを推し測ることができる。これが魂の永遠性を知る唯一の方法だ。

この声明には更なる説明が必要だ。

死において何が実際に起こるのだろう？　死に際して、外面的な形に広がった生の輝きであるその霊体《スピリット》は外殻から後退して、その起源に、その源泉に戻り始める。

もし私たちが徐々にゆっくりとランプの芯を下げたら、部屋の隅々まで広がっていた明かりは減少してより暗くなる。私たちがさらにいっそう芯を下げ続けるなら、炎はますますより小さくなって、ランプそのものにより近づく。そして最終的に完全な闇に包まれるだろう。

同じ方法で、肉体の隅から隅まで浸透していた生命の光は、生命の魂は、それが最終的にその起源に戻るまで、ゆっくりと、ごくゆっくりと縮み始める。それから新しくて新鮮な生への旅のための種に、原子になる。

それは人に死が接近していることを、自分は死んでいることを、彼が生であると考えていたものが彼から離れて立ち去っていることを認識させる収縮だ。彼の手と足は無感覚になり、呼吸は困難になり、目はもはや見ていないし、耳はもはや生命の音を聞かない。彼の手足、感覚、全身は、目に見えないが強力なこの霊体《スピリット》との連結のおかげで機能していた。そして今、霊体はその起源に戻っている。身体はただの物質的な実体に過ぎず、霊体が出発した今、それは死ぬようになり、無生命になる。

家の主人は自分の居所を去ろうとしている。だから家は見放されて陰鬱になっている。死のこの決定的な瞬間に、人は去っている自分自身を感じる。彼は自分が溺れているのを感じ、自分は永久に終わったのだと感じる。この溺れる、死んでいく、全てが終わっているという感覚は、自分の苦しみの中で、自分自身から死の経験を拒むほどの緊張状態、心配、そして苦悶の殺到をもたらす。

死を知るためには、それを認めるためにはマインドの大きな平安が必要になる。私たちは幾度も死んできた。幾度もこの死ぬべき運命の身体から去ってきたが、毎回この精神的な苦痛を経験するので、その体験を取り逃す。そして究極の知識は理解できなくなり、私たちに入手しにくいままになる。

死がこれまで私たちの扉を叩くたびに、これまでそれに遭遇するたびに、私たちはそれを見ることができなかった。死の時にそれを知ることは不可能だが、ヨーガによる計画的な死があり得る。瞑想で起こるものは、瞑想者の特定の活動と努力によって死が誘発される中で、自動的かつ自然に生じるものだ。彼は自分の全ての生命力を縮小して、それを内側に向ける。その努力は彼自身のものであり、もっぱら実験だけなので、彼は全く不安で苦しまない。彼は単に自分の生命力を再び内側に向けようと努力しているだけだ。そして彼は穏やかな気分でこれを果たす。その時彼は、身体と霊体が二つの異なる物であるのを理解できる。

電球はそれを照らす電気とは全く別のものだ。電球には生命がなく、物質の一部だ。そして電流が引き抜かれる時、それを通って流れる火花、光、電流は存在しない。人間の身体は電球以外の何ものでもない。生命は身体を生きたままにさせ、活力で輝かせる電気でありエネルギーだ。

瞑想の極致において、サマーディにおいて、瞑想者は彼自身の自由意志で死に、彼は真理を、彼の内なる自己が彼の肉体とは別々の形態であることを認識する。ひとたびこの究極の真理が彼に解り始めると、死は彼にとって終わり、それから彼は生を理解する。本当の生の体験と死の終わりは一緒に起こる。それは死が彼に対して終わるとすぐに、彼は生の豊かさを理解するからだ。これは実のところ二つの異なる方法で同じことを言っている。

だから私は、宗教を死ぬ術《アート》とみなすのだ。しかしあなたは、私がそれを生きる術《アート》と呼ぶのを聞いたこともあると言うかもしれない。そう、私は両方のことを言う。そして私が同時にそれを言うのは、死ぬ方法を知っている人だけが、生きるべき生の生き方を知っているからだ。だから、宗教は死ぬ術と生きる術の両方なのだ。

本当に生と死の真の意味を理解したいなら、自分自身の努力によって、外部の身体からあなたの生命力を引き出して、それを内なる自己に集中させる術《アート》を学ばねばならない。ただその時だけあなたは生と死の真の意味を、本当の重要性を把握できるだろう。そして覚えておきなさい。このエネルギーはごく簡単に、制御したり向け直すことができる。全く困難な作業ではない。このエネルギーはあなた自身の意志に左右される。あなたの指示で外向きに、または内向きに動くことができる。このエネルギーはあなたの意志の所産だ。

毎日三十分間、生命力をあなたの内なる実存へと転換することに集中する、これをするように決心してごらん。もし自分自身の中に潜ることを、溺死することを、そして外側から自分のエネルギーを撤収することを決心するなら、あなたは自分が望むものを達成するだろう。しかしこれは首尾一貫した、毎日の実習が必要だ。その時あなたは自分のエネルギーが、自分の生命力が内側に移動し始めているのに気づくだろう。あなたは肉体があなたを捕まえるのを放棄したことを、それが全くあなたから分かれているのを感じるだろう。

もし三ヵ月間連続してこの技法に従うなら、ある日、自分の身体があなたの外側に横たわっていることに、あなたから離れていることに気づくだろう。これをあなたは見ることができる。初めは、これは内側から知覚されるが、より多く実習した後、より多くの勇気を適用した後、あなたは内なる霊体《スピリット》を引き出すことができ、そして外側から自分の身体があなたの外側に横たわっているのを、全くあなたから離れているのを見ることができる。

私に起こった驚くべき体験について話させてほしい。私はこれまで一度も、どこであれ言及したことはない。私は突然それを思い出した。だから、どうか注意深く聞いてほしい。

十二年か十三年前（一九六九年当時より）、私は木に座りながら夜に瞑想する習慣があった。私が地面の上で瞑想する時はいつでも、自分の身体がより強力になるのを、それが優勢になるのを感じていた。これはおそらく身体が土で作られているからだ。ヨーギが瞑想するために山頂やヒマラヤの高みに行くという事実は、確かに理由のないことではない。それは科学的な原則に明確に基づいている。身体と大地との間の距離が大きければ大きいほど、肉体の影響力はより少なくなり、内的な影響力がより大きくなる。だから私は、毎晩何時間も瞑想するために高い木に登ったものだった。

ある特別な夜、深く瞑想に没頭していたので、自分の身体が木から落ちたことに気づかなかった。最終的に自分の身体が地面に横たわっているのに気づいた時、私は信じられなくて周りを見回した。私はすっかり驚いてしまった。私はまだ木に座っていたが、私の身体は地面に横たわっていた。それがどうやって起こったのか、全く理解できなかった。それは非常に奇妙な体験だった。私の身体の臍から流れ出している輝く紐、シルバー・コードがそれより上の木に腰掛けていた私と結ばれていた。私はこれを理解することや、次に何が起こるかを予測することについて途方に暮れていた。自分が身体に戻れるのかが心配だった。

どのくらい、この体験が続いたのか私はわからない。しかし以前このようなことは、これまで何も起こらなかった。その日初めて、外側から自分の身体を見て以来、私の生は単なる身体の物理的な存在に過ぎない、という考えは終わってしまった。その日から、死もまた私に対して存在するのを止めた。その日私は、身体と霊《スピリット》は二つの異なる物であることを、お互いに全く別の形態であることを体験した。これは、全ての人間の身体の内側に宿る霊《スピリット》に関する私の認識の中で、最も重要な瞬間だった。その体験がどれくらい長く続いたのかを言うのは、本当に非常に難しい。

夜が明けた時、ミルク缶を運ぶ二人の女性が近くの村から通り過ぎようとして、私の身体が横たわっているのに気づいた。私は座っていた木の上から、私の身体を見ている彼女たちを見た。彼女たちは身体に近づいて、その横に腰を下ろした。彼女たちは手のひらで私の額に触れ、そして一瞬の内に、何かに引きつけられるような途方もない力によって私は自分の身体に戻り、目を開けた。

その体験の後、私にはもう一つのことが起こった。私は、女性が男性の身体に電荷を作り出すことが、そして男性も女性の身体に同じ事ができるのがわかり始めた。私は女性が私の額へ触れたことと、私の身体への瞬間的な復帰についてよく考えてみた。どのようにして、そしてなぜこれが起こったのか。

この種のより多くの体験が私に起こり、それから私は、サマーディと死の領域で実験をするインドのヨーギたちが、なぜ女性の助けを募るのかを理解した。もし、深くて深遠なサマーディにおいて、霊的な自己が人間の肉体から離れたなら、それは女性の助けと協力なしには戻れない。同じように、もしそれが女性の身体から離れたなら、それは男性の助力なしに戻ることはできない。男女の身体が接触するとすぐに、ひとつの流れが確立されて電気回路が完結し、離れていた霊体《スピリット》はまさに瞬時に戻る。

私はこの現象を、六ヵ月以内に六回体験した。その波乱の半年の間に、自分の寿命が十年短くなったように感じた。すなわち、もし私が七十年生きることになっていたなら、私は今、それらの体験のせいで、六十年しか生きられないだろう。これらの六ヵ月の体験は並外れていた！ 私の胸毛さえも白くなった！ それでも私は、起こったことの完全な意味を把握しそこなった。

じっくり考えた後、私は最終的に、何であろうと霊的な存在との間に存在する接続、または結びつけるものが分断されたことに、それらの間の自然な調整が壊れたことに気づいた。それから私はなぜシャンカラチャリヤが三十三歳の年齢で、そしてスワミ・ヴィヴェーカーナンダが三十六歳で亡くなったのかを理解した。彼らの死は私にとって別の意味を持った。もし二つの間に、目に見える身体と目に見えない霊体《スピリット》との間に分裂があるなら、身体にとって生きたままでいることは困難だ。

私はまた、ラーマクリシュナ・パラマハンサがとても多くの病気に悩まされたことも理解し、シュリ・ラマナ・マハリシが癌で死んだことは肉体的原因ではなく、身体と霊体《スピリット》との間の調整が遮断したためであることもわかった。

人々は、ヨーギや賢人は元気旺盛だと考えているようだが、真実はその反対だ。実際、ほとんどのヨーギは若くして死ぬ。そして彼らが生きている時、調整が乱されて結果として不和が引き起こされるため、彼らは通常身体の具合が悪い。いったん霊体が身体から抜け出て去ると、霊体が適切に身体に再び入ることは決してない。決して完全に前と同じようにはならない。もちろんその時、霊体がヨーギの肉体へ再び適切に入る必要も、その理由もない。

決意――強くて絶えざる決意は、エネルギーが中に入るように、内側にそれ自体を向けるように強いることができる。中に入ろうとする、中心に戻ろうとする思考や欲望は、確実にあなたを源泉に到達できるようにさせる。衝動は、それがあなたの実存のあらゆる繊維に、あなたがする全ての呼吸に浸透するほど強烈でなければならない。そうしたら、それはいつでも起こり得るかもしれない。ある日急に、自分の最も内側の核に達して、内側から自分の身体を認識するかもしれない。

ヨーガの中で、静脈や動脈に関して語られていることが生理学の科学と一致しないのは、科学とは関係がないからだ。もし生理学を勉強するなら、ヨーガが語る静脈や動脈は、科学とは全く何の関係もないことがわかるだろう。それらは内側から認知される。そしてヨーガの中で述べている七つのチャクラは、どこにあるのだろう？　それらが身体の中に見つからないのは、外側からそれらの場所を見つけようとするからだ。

内側から身体を扱う特定の科学――「内側の生理学」が存在する。これは非常に微妙な科学で、身体が外側から見る時には見つけられない別々の異なる回路やセンターの数を、あなたに熟知させる。これらのセンターは、身体が内側の魂と接触するところに形成されたエネルギーの場だ。最も重要な接触の場は臍だ。車を運転中に事故に出会いそうな時、あるいはもっと緊張している時、最初に影響されるのが、自分の臍であることに気づくだろう。差し迫った災害で引き起こされる激変で、臍が非常にかき乱されるのは、それが肉体と内なる魂との最も密な接触だからだ。死に近づいているという予想は、さらに回路のバランスを狂わせ、それらは身体全体のセンターとの調和を失うだろう。

内部には、内なる身体と外側の肉体を相互に接触させ続けるという手はずが整えられている。ヨーガでとても多く語られるチャクラとは、これらの接点のエネルギーの場のことだ。

内側からあなたの身体を知るようになることは、完全に異なる世界を、知識や情報がこれまでなかった世界を知るようになることだ。医療科学はこの内なる身体について全く何も知らないし、推測さえできない。

内なる自己は外側の身体とは別のものであり、異なるものだ、という完全な認識が一度起これば、死は存在しなくなる。死が存在しない時、人は非常に簡単に身体の殻から去って、公平な見物人として物事を見ることができる。

生と死の事実を徹底的に探究する道は、哲学や経典を考えることではない。それにこれらの手段を追求する人々は、それが何の価値もないことを明らかにさせるだろう。私のアプローチは実存的だ。なぜならこの方法で、あなたは生であり、あなたには死はない、ということを本当に理解できるからだ。この真実は取り組むことができる。事実として経験できるし、生きることができる。しかし、生と死の意味を解き明かそうとする中で、思考を使う人たちは決して何も達成しないだろうし、どんな成果にも決して達しないだろう——たとえ彼らがそのような思考に没頭して一生を過ごしたとしても。

私たちは、自分が知っているものしか考えられない。自分にとって未知のものを考えようとすると、あなたは全く途方に暮れるだろう。自分にとって未知のものを、どうやって考えられるだろう。あなたが全くわからないものを、全く知識がないものを、どうやって考えられるだろう？　どうすれば可能だろうか？　あなたは生だけを知っている。あなたは死を知らない。では死に関する限り、何を考えることがあるだろう？　あなたが全く知らないものについて、どうやって考えをまとめられるだろう？　それを想像することさえ、どうやってできるだろう？

哲学者が生と死について展開した理論は、どんなものであろうと全く価値がない。哲学の本の中で生と死について書かれているものは、何であれただ思考に耽っているだけであり、単なる理論立てに過ぎず、全く価値はない。ヨーガが生と死について語ったものだけが真理を含んでいて、他の全ての理論はただの言葉のゲームだ。

ヨーガは実存的観点から、実験者の目を用いて、生と死の神秘にアプローチした。魂の不滅は単なる理論ではなく、観念形態でもない。それは特定の人々の実体験だ。そして現実の体験だけが、生と死の謎を解くことができる。人がこの体験を達成するとすぐに、ただ生だけが存在することが、死のようなものは全くないことが、その人の意識にはっきりと認識される。

それでもあなたは言うだろう、死はこの世界で起こっている、と。しかし全ての問題の核心は、私たちが自分の住んできた家を置き去りにして、別のものに移ることだ。私たちはただ単に、別の家に移動するだけだ。それぞれの家にはその強さだけでなく、その限界もある。これは使い古された機械のようであり、だから私たちはそれを後に残さなければならない。

もし科学が取り組んできた実験に成功したら、人間の身体は百年、二百年、さらには三百年も生存させることができる。しかし肉体の単なる継続は、魂がないという証明にはならない。魂は頻繁に住居を変えなければならない。これは、科学が古い家を修理できたことしか示さないだろう。どんな科学者も、人間の身体を五百年または千年維持できるという理由で、魂は存在しない、人間の中に永遠の炎は存在しないという幻想に耽るべきでない。先進的な科学的研究を通したこの生命の延長は、使い古されたため魂が捨てざるを得ないこの機械、この身体は、修理することができる、だから破棄される必要はない、ということを証明するだけだ。

もし心臓を交換できるなら、新しい手足を補うことができるなら、新しい目を提供できるなら、魂にとって身体を変える必要はない。もし新しい心臓を移植できるなら、新しい手足を代用できるなら、魂は古い身体を放棄する必要はない。今や古い家がそうするだろう。しかしどんなに想像力を働かせても、これは魂が存在しないという証明にはならない。

科学は試験管ベビーを産み出すこともできるが、その時科学者は、自分たちが生命そのものを創造しているという錯覚の下にいるだろう。私は今ここで、この誤った考えを解消したいと思う。試験管ベビーの存在でさえ、どんな証明にもならないだろう。科学者の側からのこうした仮定は完全に誤りだ。

男性と女性が出会うと何が起こるのだろう？　彼らは魂を産むのではない。彼らは単に魂が入るためのひとつの状況を、ひとつの機会を作り出すだけだ。母の種と父の種が一緒に混じることで、魂に適当な住居を見つけさせる。試験管の概念は、こうした機会を申し分なく供給するかもしれないが、魂もまた実験室で作れるという証明を与えるわけではない。母親の子宮もひとつの機構だが、それは自然な機構であって、機械的な装置ではない。

その研究室では科学が試験管の中で、子供の受胎時に、男性の精子が女性の卵子と混合する時に生じる同じ科学的組み合わせの再生に成功するかもしれない。自然なプロセスで魂の入り口のために、精子と卵子を準備する化学的な本質の研究を通して、彼らは成功するかもしれない。そしてまさに、その機会が子宮の中に作られると魂がすぐに女性の中に入るように、もし正しい条件が満たされるなら魂は試験管に入るだろう。これは科学が魂を作ったという意味ではない。それは単に、魂が生命の中に入るための、適当な機会を見つけたという意味だ。

誕生は二つの段階から成る。母親の子宮内での乳児の身体の物理的な準備と、その中への魂の降下だ。しかし未来が、魂にとって非常に暗くて悲観的に思えてしまうのは、科学的研究が魂は全く存在しないと人類に説得しようとし続けるからだ。これは、魂の存在が偽りであることを示すものではない。人間が自分自身の内側に入ろうとする決意を弱めるだけだ。もし試験管ベビーが作られて、それらのせいで人間が魂の存在を疑うようになるなら、彼は自分の内的な実存の深みを探求する全ての試みを止めるだろう。これは次の五十年間（一九六九年より）に起こる大きな悲劇だ。科学的研究の過去五十年の間に、この破滅のための基礎は既に固められている。

現在まで、病気、苦しみ、窮乏、そして貧困が地球を満たしてきた。人々には食べるものがなく、充分な衣類がなく、寿命は今よりもはるかに短かった。あらゆる観点から見て、人々は貧しかった、本当に非常に貧しかった。しかし魂の存在を信じることに関する限りでは、今日のような、それほど大勢の貧しくて完全に貧窮した人々が存在したことはない。これは魂への疑惑が成長することや、人間の内側には何もないという考えに起因する。もしこれが一般的な信念になれば、内的探求への疑問は全くなくなってしまうだろう。未来は、かなり暗黒で思わぬ危険に満ちているかもしれない。

何人かの人々が、彼ら自身への内的な経験を得るために、世界の隅々から出て来なければならない。彼らは、人間は単なる物理的な存在ではなく、より以上の何かであること、より以上に価値あるもの、もっと長く永続するものであると世界に宣言するために、進み出る必要がある。しかしこれらの宣言は、ギータ、コーラン、または聖書で説明される原則の単純な繰り返しであってはならない。それらは生の断固とした宣言であるべきだ。彼らは、人間がたとえどんなものであろうと、単なる物理的な形だけではなく単なる肉体的な存在だけではない、という声明を言い広めなければならない。このような断言は自発的なものであるべきだ――人間の身体の内側に宿り、生命の火花を与え、魂なしでは身体は役に立たないという魂に関するその人自身の、直接の体験からの断言であるべきだ。そうすれば、おそらく私たちは差し迫った破滅から、人類を救えるかもしれない。

さもなければ、それがさらに進行するにつれて、科学は間違いなく生きている人間を、呼吸している人間を、単なるロボットに陥れるだろう。そして人類が、彼の内側には何もないことを、そして魂のようなものは全くないことを、完全にそのまま確信するようになる日が来たら、内側の魂への全ての接近は、全てのアプローチは閉じられるだろう。そして何がその時起こるかは、誰にもわからない！

今日でさえ、ほとんどの人々の内側の扉は鍵が掛けられているが、時たま、勇敢な人が硬い内側の壁を突破して内側に突入する。マハーヴィーラ、ゴータマ・ブッダ、キリスト、または老子のような人だ。これらの人たちは内側の実存に入って、魂の直接の体験を得た。しかしこの種の出来事の可能性は、日ごとに減少している。

おそらく二千年か、それくらい後に人間は、生のようなものは何もなくただ死だけがある、ということを完全な確信から明言するかもしれない。そしてこれは私が今日話していること、つまり死はないこと、ただ生だけがあることと完全に矛盾するだろう。今から二千年後には信じられるであろうその事柄の種は、今日既に一般大衆のマインドに蒔かれている。結局、マルクスは何を説いているのだろう？　彼は、物質はあるが魂はない、物質はあるが神はない、と言っている。そして私たちが神として考えているものは、ただ物質の副産物に過ぎないと。神とは、マルクスが言うには、物質から誕生するものだ。彼は死だけが存在して、生は存在しないという仮説を押し出す。彼は、魂は存在しない——物質だけの物質が存在していて、従って生のようなものは全くない——と言う。あなたはそれを知らないかもしれないが、マルクスの説いたことは、非常に多くの人々に影響を与えた。

魂や神、またはあなたがその名前をどう選ぼうと、その存在を否定した人々が常にいた。しかし現在まで、このような信じない者たちの宗教や狂信集団《カルト》は全くなかった。マルクスは世界にこの種の最初のカルトを与えた。チャルヴァック、ブリハスパティ、そしてエピクロスのような世界的に有名な無神論者たちがいたが、明確な組織や教会は決してなかった。マルクスは組織的な宗教を持つ最初の無神論者であり、驚くほど充分に、今日、世界の半分はその区域内に立っている。そして来るべき五十年に、世界の残っている半分は、彼らの歩んだ道に従うだろう。

魂が存在することは明白な事実だが、それへの扉はますます閉じていて、だから私たちはそれを知ることも到達することもできない。生もまた存在するが、それを実感する可能性はゆっくりと、ますます少なくなっている。私たちはそれゆえに生を、それが本当にそうであるものとして知ることができない。しかし扉がしっかりと鍵を掛けられる前に、少しの勇気とわずかな冒険心でも持つ人々は、自分自身に実験を始めるべきだ。自らの内なる実存に入ろうとするべきだ。彼ら自身のための内側の炎を、真の光を体験しようとするべきだ。もしこの体験を持つほんの百人かそれくらいの人が存在したなら、彼らは何百万人もの人々から、無知の暗闇を追い払うことができるだろう。小さなランプは、多くの人々に光を提供できる。

もし村で、たった一人の人が魂の不滅と永遠を知っていたなら、村の全ての雰囲気、全ての生は完全に変容するだろう。村人たちは新しい見方で生を見るようになるだろう。小さな花は開花し、その香りを遠く広く放散する。同じ方法で、魂の存在についての真の知識を得た人は、彼の仲間である村人たちの魂を指導し、浄化することができる。

しかし私たちの国は、魂の不滅について声を限りに叫ぶ行者《サドゥ》や他の人たちで溢れている。彼らは自分たちが魂を信じていることを説教し、その存在に関する彼らの体験を公言する。私を信じてごらん、そこにはそのような行者たちの巨大な群衆が、非常に長い列がある！　しかし、ではなぜ私たちの国には、それほど多くの卑しさと不道徳があるのだろう！　これは全て見せかけであり、全て完全な欺瞞、行者《サドゥ》サーカスだ！　行者たちやいわゆる聖者たちは、この国の至るところに広がっているが、彼らはただ演じているだけで、大衆を完全に欺いている。魂は永遠に存在すると主張する非常に大勢の人たちが、自分の言うことを本当に知っていたなら、この国の道徳的でスピリチュアルな生が、現在これほどまでに低く堕落できたはずはない。

そして、世界の道徳的性格を堕落させたのは平凡な人間であると言う人々は、絶対的に間違っている。普通の人は常に、その人が今日そうあるくらい同じだった。ある時は世界の道徳のレベルは高かったが、それは少数の偉大な人たちが、霊的な認識に到達したからに他ならない。巷《ちまた》にいる人は全く変わらなかった。少数の人たちは集団から自分自身を引き離して、自分たちと一緒に一般的な社会の意識を引き上げることができた。そのような人たちは、他の人たちに彼ら自身の道徳規範を高めるための刺激を与えた。そしてもし世界が、道徳的かつ精神的にその現状に堕落したなら、これらの行者《サドゥ》や大聖《マハトマ》――宗教を知っていると公言し、いわゆる宗教を説教するこれらの偽善者――に完全に責任がある。普通の人には全く責任はない。責任は決して彼のものであったことはない。彼は以前にも落ち度はなかったし、現在も咎められることはない。

もし世界をより良く変えたいなら、あらゆる個人の改善に関する全ての無意味な話や、道徳的な説教を止めることだ。世界を正しく変えるためには、わずかな数の人々が非常に強烈で霊的な厳しい試練と実習を、経験しなければならないだろう。多くの人たちには必要ない。もし一つの国でほんの百人の人が自己実現に到達したら、その国の精神生活は自動的に高揚させられるだろう。

私は、ある勇敢な人が進み出て、この内的な旅への入門を求めるかもしれないという真剣な希望を抱いて、この主題について話すことに合意した。私は心からの歓迎を彼に与えるつもりだ。私は彼に、その人が内側に行くのを助け、彼の身体の中にある永遠の魂の一瞥を、彼に与える準備が常にできていることを告げるだろう。もしあなたに準備ができているなら、進み出なさい。そうすれば私は、生とは何かを、死とは何かをあなたに示すだろう。

究極の体験は神に関するものだ。普通の人の体験は肉体に制限されている。ヨーギの体験は不可視の身体に対してのもので、自己実現した人の体験は、神そのものについての体験だ。

神はひとつで、肉体は多数だ。不可視の身体は因果体《コーザル》だ。そして死を免れない目にとって、不可視のエネルギーがそこから肉体の中へ絶えず流入している。

電流は多くの電球を照らすことができる。光や電気は一つだが、それは多くの電球全体にその力を広げる。電球の外見は異なるかもしれないが、電流は一つだ。ちょうど霊体《スピリット》が一つであるように。私たちの内側の意識、霊体《スピリット》は一つだが、それは二つの面を持つ。一つは不可視の身体で、もう一つは外側の肉体だ。人間の体験は外部の身体だけが中心になっていて、この不均衡の結果、彼は苦しむ。彼は苦悩の中にいて、苦しんでいる。彼の生は闇に満ちている、全くの闇に満ちている。

何人かの人たちは、ただ不可視の身体までには達することができて、それから彼らは個人たちがいるのと同じくらい多くの、かなりの魂があることを信じている。しかし不可視の身体を超越している人々は、神は一つである、魂は一つである、ブラフマンは一つであるということを彼ら自身の体験から、それも疑いの影なしに確証する。

それ自体としては、たとえそれらが外面上は互いに反対に見えるかもしれなくても、私の声明のどちらにおいても矛盾は全くない。私が魂の入口について話す時、不可視の身体がまだ捨てられていないその特定の魂のことを意味している。これは、究極の自由という栄光が運命付けられている魂は、誕生と死の足枷で束縛されていない、それは誕生と死の周期から完全に自由である、と主張する主な根拠になる。魂が誕生も死も体験しないのは、それが決して誕生しないし、決して死なないからだ。

不可視の身体が死滅する時、そこにはもうどんな誕生も死もない。それはそれぞれの死の原因であり、それぞれの結果として生じる新しい誕生であるのが、不可視の身体だからだ。不可視の身体は、私たちの全ての考えや欲望や熱望、全ての憧れや切望、全ての知識や研究、私たちの全ての実験や体験の、種という形での総計だ。新しい旅へ、新鮮な誕生へと私たちを導くのは、この不可視の身体だ。しかし思考や夢が終わった人、欲望や憧れが終わった人、感情や感覚が消えた人には、行くべき場所はない。彼にとっては、もはやどこかに行くべきどんな理由もない。だから彼が生まれ変わる原因は全く残っていない。

シュリ・ラーマクリシュナ・パラマハンサの生に起こった、非常に奇妙で不可解な出来事がある。よく彼を知っていた人々、サマーディの最も高い頂点に到達した人として彼を知っていた人々は、美味しい食べ物への彼の大変な嗜好に驚かされていた。彼はしばしば、非常に興奮して自分の食べ物をとても心配し、何度もまっすぐ台所に入って行き、妻シャラーダに尋ねた。

「どうしたんだ？ すごく遅いぞ。今日は何か、特別なご馳走でも料理しているのか？」

シャラーダ・デビはびっくり仰天して彼を見るしかなく、心の底では彼のこの習慣を、まるで快く思っていなかった。彼は、何が彼のために特に準備されつつあるかを見るためと、どんな種類の軽食ができるのかを見に台所に行くために、霊的な議論の最中に出て行くという極端なこともした。

シャラーダは尋ねた。

「ここで何をしているのですか？ 人々はどう思うでしょう？ 食べ物のような世俗的なことで台所まで来るために、あなたはブラフマンについての真剣な話を止めたのですか！」

ラーマクリシュナは、ただ笑って何も言わなかった。

時には弟子たちでさえ、彼のこの特別な性癖のせいで、人々がいろいろな事を話していると指摘した。彼らは、人々は彼への信頼を失うだろうと言った。つまり、食べ物のような世俗的な物にとても愛着して、食べることに非常に熱心な人が、どうやって知識を伝えられるだろうか、どうやって光への道を示せるだろうか、ということだ。

ある日シャラーダは、腹を立てて彼に小言を言った。彼女は、彼の食べ物への嗜好は、彼がそれを抑える力を超えているほどの衝動だと、彼女がそれを見たように言った。非常に穏やかで静かな調子で彼は説明した。

「シャラーダ、あなたは理解していない。ある日私は、食べ物への興味を失うだろう。その日を覚えていて、それによく注意を払っていなさい。私はちょうどその三日後に死ぬだろう」

すっかり困惑して、シャラーダは「どういう意味ですか？」と尋ねた。

ラーマクリシュナは答えた。

「私の全ての欲望は無くなった。私の全ての憧れは、全ての熱望は消滅した。私の全ての思考は破壊された。しかし私は人類のために、この世界にもう少し長く留まりたいと思う。だから私は意識的に一本の藁に、欲望につかまっているのだ。舟を停泊させる全ての鎖は壊されていたが、一本が、舟を保つその一本が突堤に繋ぎ留められている時、いずれその最後の鎖が壊れるなら、船はその最終目的地に向かって、果てしなく広い海へ出航するだろう。私は故意につかまっているのだ。それが、私が食べ物にとても多くの興味を持つ主な理由なのだ」

誰も、彼の説明の完全な重要性を把握していなかった。しかし彼が死ぬ三日前、シャラーダは食べ物の皿を持って彼の部屋に入った。彼がその皿を見た時、彼は目を閉じて妻に背を向けた。まさにその瞬間、シャラーダは彼が数日前に彼女に言ったことを思い出した。皿は彼女の手から落ちて、彼女は夫の差し迫った死のために、彼が食べ物への興味を失ったちょうど三日後に起こると予測した死のために、大声で泣き始めた。ラーマクリシュナ・パラマハンサは、一つの非常に小さな欲望につかまることによって生き留まっていた。その欲望もまた消滅した途端、どんな鎖も彼を世界に繋ぎ止めたままにはしなかった。その小さな欲望が消滅した時、彼の肉体を生き残らせる原因になっていた取るに足らない支えもまた消滅した。

私たちが神の生きた化身とみなしているティルタンカーラたちも、神の息子として見上げている者たちも、一つの欲望だけに基づいて生き残る。彼らは、人類のために自分の肉体に生き残れるように、その欲望を持続させることを望んでいる。最後の欲望が消滅する日、彼らの現世の存在は終わり、永遠への旅が始まる。その後は彼らにとって生もなく死もない。さらに物の数に上げられるべきものは何もない。さらに列挙すべきものは何もない。だから魂の真理を知り、そして体験した人々は、神は一つだ、ブラフマンは一つだ、と言うのだ。

しかし、少なくとも二つのものが存在していない限り、「一つ」という数を使うことは本当に要領を得ていない。もし二や三の数が存在しないなら、一という数も存在できない。一という数について話すことは、私たちが一、二、三、四を知っているなら役に立つ。それならその数の間に関連がある。従って、真の知識を得た人々は、ブラフマンは一つだとは言わない。彼らはブラフマンは二つではない、それは二元性のものではないと言う。それは驚くべき声明だ。彼らは神は二元性のものではなく、数で数えることができないと言う。神を評価するための手段は全く存在しない。私たちが「神は一つだ」と言う時でさえ、私たちは数で彼の存在を述べるという間違いを犯している。これは完全に誤っている。

ちょっと神に達することを忘れなさい。現在あなたは自分の肉体しか意識していないが、それは多面的で、終わりのない様相を持つ。自分の肉体に入ろうとすると、あなたは別の身体に、不可視のものに出会うだろう。もしこの不可視の身体を超えることに成功したら、身体ではなく、物質的ではなく、ただ感じることしかできないもの、感覚的なものと直面しているあなたの自己に気づくだろう。これが魂だ。

私が今日言ったことは、全く何の矛盾も含んでいない。

ある友人が私に尋ねた。魂は、それが一つの身体から去る時、死んでいる別のものに入れるのか、と。そう、それはできる。だが、それが死体に入ることに何の要点も意義も全くない。その身体が死んだのは、それに住んでいた魂が、もうこれ以上その特定の身体にとどまれなかったからだ。その身体がその中の魂に役に立たなくなったのなら、別の身体から去った魂にとって、死体に居住することにどんな意味があるだろう?

そう、魂が別の身体に入ることは可能だ。しかしあなた自身の身体に住む魂が、どうやってそこに来たのかさえあなたが知らないとしたら、どのように別の身体に入るかという問題は全く重要ではない。あなたの魂が、あなた自身にどうやって入ったのかさえ知らないとしたら、別の身体に入ることについての無駄な議論に、私たちの貴重な時間を浪費することがいったい何になるのだろう？　あなたは、自分の身体の中に生きている自分の魂さえ知らない。あなたは自分の魂を見ることさえできない。あなたは、自分の身体から魂を分離する方法について何もわかっていない。

たとえ別の身体に入るための理由が全くなくても、それでも科学の観点から魂が別の身体に入ることは可能だと言うことはできる。あなたの身体は本当はあなたのものではなく、また他の誰かの身体も彼のものではないからだ。全ての身体は魂と相容れない。

魂が母親の子宮に入る時、それは身体に入る。その身体は非常に小さく、単なる原子だが、それでもそれは肉体だ。母親の子宮内のその小さな原子は、やがて完全に成長するようになる肉体を隠している。五十年後、あなたの髪は灰色になり始めるだろう。そしてこの可能性もまた、その微小な原子の中に隠されている。種という形で、その原子はあなたの目の色を含んでいる。あなたの髪が巻き毛か真っ直ぐかどうか、あなたの手が長くなるかどうか、あなたは健康でいるのか、それとも病気になりやすいかどうかなど、それから他にも、外見に関する全ての様相を含んでいる。その原子は小さな身体で、魂が入るところは母親の子宮にあるその原子の中だ。魂はその特定の状況におけるその原子の特定の条件、または構造に従ってその原子に入る。

人類の堕落の主な理由は、夫婦が高次の魂が誕生するための機会を生み出さないことだ。作られつつある状況は、低級な魂が入るように誘っている。

魂は古い身体が死んだすぐ後に、新しい身体に誕生する機会を見つけなければならない、という必要性はない。一般に、あまり高くも低くもない魂のほとんどは十三日以内に、新しい身体を捜し出す。低級な魂は下等な身体が見つかりにくいため、より長く待つことになる。これらの低級な魂は、幽霊や悪魔として知られている。非常に高次の魂もまた、適切な身体に入るための正しい機会がしばしば得られないため、待たなければならない。これらの高次の魂は、聖霊として知られている。

昔は幽霊の数はもっと少なく、聖霊の数はより多かった。現代の世界では幽霊の数は増大していて、聖霊の数は減少している。神性な魂が誕生するための機会は、毎日減少している。そして今日、幽霊を見ることは可能ではない。なぜなら身体に入るのを待っていた霊たちが、既に入っているからだ。彼らに会う必要もない。普通の人を見てごらん。そうすればあなたは、これらの幽霊のような魂がどんなものなのか目星が付くだろう。彼の行動や振る舞いにおいて、人間はこの頃ますます、低級な魂や幽霊に似ている。そして私たちの神への信仰は、ゆっくりと消滅している。この世界で聖者たちに決して出会わないとしたら、どうやって神々しさを、神性さを信じたらいいのだろう？

神が私たちの生の中で、他のあらゆるものと同じくらい現実性を持つ時代があった。ヴェーダを記録した聖者たちは神性な、天上の魂について語ったが、私は彼らが単に彼らの想像から語っただけだとは感じていない。彼らに語りかけ、彼らに歌を歌いかけ、彼らと共に笑い、この地球上で彼らと共に歩き、そして彼らの周りに、すぐ近くにその存在を感じた聖霊について語ったのだ。そのような神性な霊との接触は、完全に破壊されてしまった。その破壊の原因は、人間と神との間に橋渡しができる人が、私たちの間に全くいないことだ。彼らの存在を世界に宣告できる人たちが、彼らの姿や外観を人類に説明できる人たちが全くいない。そのような人たちの消滅への責任は、主に結婚制度に依るものだ。それは信じられないほど醜くなり、著しく歪められてしまった。

何よりもまずこの理由は、インドでは愛のための結婚を、数百年間認めようとしなかったことにある。全ての結婚は、愛という要因を考慮せずに完結される。愛の重要性を故意に無視する結婚は、どうしても内側の絆という、夫と妻のハートの調和した融合という結果にならない。これは相思相愛を通してのみ可能だ。

調和も、一つであることも、天上の音楽も、全く肉体的な結婚で一緒に縛られている二人の間には存在できない。そのような結婚からは、高次の魂が誕生する機会は全く作られない。そこにある愛がどうであれ、それは単に一緒に居ることの結果に過ぎないもので、世俗的な愛着以上の何ものでもない。そのようなカップルの愛は、最奥の深みからのものではない。それは彼らの内なるハートの優しい絆に、二人を一つに結びつける紐には触れない。だからそうした結婚から誕生する子供たちは、決して愛から生まれた子供たちではあり得ない。その子供自身は、決してより高い性質を、愛、親切、または理解の特質を持てない。それどころか、彼らはより幽霊や悪魔のようになる。神性な、または敬虔な生に反して、彼らは罪や軽蔑、そして暴力の生を送るだろう。

一つの小さな物事は全体像を変える。しかし、もし合体の基盤が調和と美の中に生きる人物に基づくなら、驚くべき変化が起こる。

あなたはたぶん、なぜ女性が男性より美しいのか、なぜ彼女の身体に均整の取れた状態が、丸みがあるのかわからないだろう。なぜ、これが男性に見つからないのだろうか？　おそらくあなたは女性という個性の中に、男性の中では明らかではない音楽が、内なるダンスがあることを知らないだろう。その理由はとても小さく、とても些細な事で、とても取るに足らないものなので、あなたは決して推測できない。この小さな理由が、彼女たちの個性におけるそれほど大きな違いの原因なのだ。

子供が母親の子宮内に宿る時、二十四個の女性の原子と二十四個の男性の原子が存在する。もしこれらの男性の原子と女性の原子が全て混ざり合うと、発育する最初の細胞は、これらの四十八個の原子から構成されている。これら四十八個の原子から発育する生命は女の赤ん坊のそれであり、誕生後に彼女は女性に成長する。この身体の各面は二十四個の原子から成る。この身体には完全なバランスがある。

男性の細胞は四十七個の原子から成る。一つの面に二十四個、そして別の面に二十三個だ。だから不均衡だ。これのせいで、男性の個性の中にも不一致がある。調和は壊れている。

女性の個性の中の原子は完全なバランスが取れ、従って彼女は美しくて格好がよく、芸術と詩に満ちていて、審美的な感覚とその鑑賞力で輝いている。男性の身体は原子が一つ少ない。男の赤ん坊が母親から受け取る原子の数は二十四個で、父親から受け取る数は二十三個だ。原子の数におけるこのわずかな不均衡が、彼を生涯に渡って不満なままにさせる。彼の不満はいつも強烈だ。何をすべきかすべきでないか、なぜこれをすべきなのか、すべきでないのか、この心配、不満足――これらが生涯ずっと男性を悩ませる物事だ。この不満は、原子構造における不均衡から生じている。一つの原子が少ないことが、結果として個性の不均衡になる。

これに反して、女性の個性は完全な調和にあり、そこには彼女の生への協調が、継続的な音楽がある。これは女性たちに美を与えたが、彼女たちを進歩させず、自分自身を発達させることを許さなかった。この理由は、バランスが取れている個性は、発展せずに停滞するということだ。

男性の個性における不均衡が、彼が非常に活動的である理由であり、彼が進歩できる理由だ。彼はエベレストに登る、川を進む、山をよじ登る、月に到着する、惑星に憧れる、重要な本を書く、詩を作る。そして世界に宗教を与えるのは男性だ。

女性はこれらのどれも達成しない。彼女が月や惑星に到着することはない。難解な本を書いたり世界に宗教的原理を提供したりしない。彼女の個性に存在するバランスは、彼女に強烈な欲望や、生の普通の日常的仕事を超えた物事を達成したいという深い衝動を与えない。男性の個性にある一つの小さな原子の不在は、彼が科学についての全てを、人類のためになる文化の全てを発達させることを可能にさせたが、女性の個性の中のバランスは不利な条件であることを証明し、彼女の進歩を停滞させた。

私がこれらの事をあなたに話しているのは、それらが生物学的な事実であるためで、科学者は私に同意しなければならないだろう。そしてもし、男性と女性の構成上の小さな違いがそれほどの影響を及ぼすのなら、どれほど多くの違いがより大きな不一致を起こすことだろう？

男性と女性が出会って妊娠する子供の特質は、父親と母親の間に存在する相互の愛と敬意に、彼らがお互いのために保つ感情の神聖さに、そして彼らのハートと魂がひとつであることに依存する。どれほど高くてどれほど神聖な魂が彼らに引き付けられるかは、彼らが結合している間の彼らのお互いへの働きかけに依存する。彼らが神性かつ祈りに満ちた態度で一体となるなら、神聖な魂はその子宮に入ることに決めるだろう。より高い意識は、そのような身体に自分自身を入れることを喜ぶだろう。

時が経つにつれて人間はより貧しくなり、より弱く、ますます不幸になっている。人類のこの悪化の主要な原因は、結婚に蔓延する醜悪さにある。私たちが尊厳を持った結婚の状態を受け入れて霊的な観点からそれを見始めない限り、人類の未来が変わることは全くない。

人間の弱さと不幸は、ここインドでは特に、禁欲生活を支持して結婚制度と家族生活を非難する人々の責任だと言っても過言ではない。彼らは家族生活を非難して、それ以上注意を払わなかった。しかし私は、禁欲主義の道は必ずしも神へ導くものではないと言いたい。ごくわずかな普通の人々は、この方法で神に達する。ほとんどの人たちは、幸福な結婚と家族生活を通して彼らのゴールに達する。この方が苦行生活よりもはるかに簡単だ——人々はこの方法で、神を達成しようと熟慮してきた。今日まで宗教は、その大半が、禁欲の道を称賛し、家族生活を軽蔑した。だが宗教は、結婚と家族生活に関して適切な指導をしてこなかった。もし宗教が、人間の成長における家族の役割の真の意味と重要性を充分理解していたら、私たちは誕生のプロセスについて、魂の質について、すでに充分な配慮をしていただろう。魂は、子供がこの世に生まれることを運命づけられた時、招かれてその体に入る。もし真の宗教を人々に適切に説くことができ、皆にその本当の意味を学ぶ機会が与えられたら、その内在する真理、崇高な考えと教義への深い思いを学ぶ機会が与えられれば、今後二十年で全く新しい世代は、生に対し全く新しい新鮮な見方をするようになるだろう。

肉体的な結合から誕生する生命を考慮せずに、彼の子供の身体に入る霊に対して愛のある招待の意を表さずにセックスに耽っている人は、実に大きな罪を犯している。その人は、たとえ結婚して子供が生まれても罪を犯すことになる。もし彼が、信心深くて信仰的な神への態度をもって、彼と彼の妻が宿している子供に霊が入るように招待しなかったなら、彼は罪人であり、有罪を宣告された人だ。その女性の身体に入る魂のタイプが、最終的に未来を決める。

私たちは自分の子供の衣服や彼らの好き嫌い、教育、健康には大きな注意を払うが、彼らの魂を完全に無視している。これは、この惑星上に健全な人種を創造する結果には決してならないだろう。

だから、魂が他の誰かの身体に入れる方法よりも、あなたの魂があなたの身体に入った方法を発見するほうが、もっと重要なことだ。

いくぶん同じ話の流れで、別の友人が、「自分の過去生について何かを知ることができるのかどうか」と尋ねてきた。そう、過去生を知ることは確かに可能だが、あなたがこの生について何も知らないのに、過去生について知ることは非常に難しい。過去生に気づくことが可能なのは、あなたに何が起ころうとも、あなたの無意識に刻印された全ては消去されないからだ。無意識の深いところでは、あなたに起こったこと全ては常に存在している。あなたが知ったこと全てを、あなたは忘れていない。

もし私があなたに、一九五〇年一月一日に何をしたかと尋ねても、あなたは何も思い出せないかもしれない。あなたは何も思い出せないと言うだろう。それについては実際その通りだろう。だがあなたが催眠術をかけられたら――これは非常に簡単だ――あなたは一九五〇年一月一日の詳細な出来事を、まるで目の前でその一日が過ぎているかのように話すことができる。あなたはその朝に飲んだ一杯のお茶に入っていた砂糖が、普段より少し少なかったことさえ思い出せるだろう。そして、誰があなたにそのお茶を出したのかも私に言えるだろう。その人が汗臭かったことも言えるだろう。あなたはその日に履いた靴が足を締めつけていたという事実のような、些細な物事さえ思い出せるだろう。催眠術をかけられた状態なら、あなたの記憶を表面に持って来ることができる。

私はこれらの物事について、多くの研究をしてきた。自分の過去生を知りたい人々は、そこへ戻ることができる。しかし、まずあなたはこの生に、母親が子宮内であなたを妊娠したその瞬間に、戻らなければならないだろう。ただこの後にだけ、あなたは前生の記憶に戻ることができる。

しかし覚えておきなさい、自然はこのように物事を段取りしたことを。それはこれらの記憶が忘却の中に失われるように手はずを整えた。全く過去生の記憶は別として、もしあなたの人生で一ヶ月の詳細な出来事でさえ思い出すなら、それらは絶えずあなたにつきまとい、あなたは発狂するだろう。もし夜の間に、一日中あなたに起こった全てを覚えていたなら、気が狂うだろう。だから自然は、マインドが何の緊張もなく簡単に消化できるほどの記憶だけがあなたに許されるように、それを調整したのだ。残っている記憶は全て、過去の暗い谷に埋蔵される。

ちょうど家の中に不要なものを保管する場所があるように、記憶もまた、あなたにとって覚えている必要のない物が蓄えられている隠された無意識の倉庫がある。記憶の貯蔵室の中に、数え切れない生の思い出が見つかる。それらは長い年数を経てそこに集められてきた。だがもし誰かが、正しい理解なしに、知らずにその記憶の貯蔵室に入ると、まさにその瞬間に発狂するだろう。記憶の収集はそれほど膨大だ！

私が知っている一人の女性は、自分の過去生を厳密に調べたくて、私の場所で実験し始めた。私は彼女に、起こるかもしれないあらゆることに責任を負うための、充分な準備が必要だと説明した。私は彼女に、過去生の認識はマインドの平安を破壊し、彼女を不安で心配なままにさせるだろうと言った。しかし彼女は、自分は全く大丈夫だと言った。彼女は、過去は終わったものであり、なぜそれについての認識が、現在の自分に問題を引き起こすのかわからないと言った。そこで彼女はその実験を続けた。

彼女は博識で勇気ある大学教授であり、私の指導によって非常に深い瞑想に入って行った。徐々に彼女の記憶のカーテンは上がり始め、彼女が過去生に入ったその日、彼女は私のところに走って来た。彼女は頭からつま先まで震えていて、涙が彼女の頬を流れ落ちていた。彼女は泣いて、自分の過去生について見たものを忘れたいと叫んだ。彼女は過去へもうこれ以上戻ることも拒絶した。

私は冷静に彼女に尋ねた。彼女は前にはとても興味があったのに、まさにこの理由のためにとても多く瞑想してきたのに、なぜ今、過去に目を閉じたいのか、と。彼女は非常に動揺しはじめ、自分がそれについて全く何も知らなかったらよかっただろうと言った。最終的に、過去生で彼女が国の南部の寺院にいた売春婦、デヴァダシだったことを認めた。「私は無数の男たちとセックスを楽しみました」と彼女は言った。「私は自分の身体を彼らに与えました。私は彼らの欲望と熱望の獲物でした。私は夫に対して誠実で、身体と魂において彼に忠実であると思っていましたが、過去を知ることでとことん自分に幻滅を感じました。自分の酷い過去を、全く思い出したくありません!」

私は彼女に、思い出すことは簡単だが、忘れることは簡単ではないと言った。過去を忘れることは本当に非常に、非常に難しい。

人の過去に入ることは可能だが、それをすることを望む人々は、一定の技法に従わねばならない。マハーヴィーラとゴータマ・ブッダの人類への最も大きな貢献は、非暴力の原則ではなく、過去生に入ることの技《アート》に関する知識だ。彼らは、魂の現実《リアリティ》を知りたい人は誰でも、過去もまた探求しなければならないことを強調した最初の人たちだ。

自分の過去に関する真実を学ぶと、過去生でしてきたような同じ考えと行動を常に繰り返していることを知り、その考えと行動の無益さを実感するだろう。その時、彼は完全に変容する。それから自分の狂気の沙汰を、自分の愚かさを実感する。なぜなら彼は過去生において、自分が数百万を稼ぎ、宮殿を建てて高い地位に達し、知識を獲得して社会で尊敬される身分に達し、何度もデリーの玉座に座ったことを知るようになるからだ。そして現在の生でしている同じことを、彼は何回、何百回繰り返してきたことだろうか！　全ての生は失敗の物語で、この生もまさに同じであり、ただ不成功に終わるようなものだ。この認識が完全に判明し始めるとすぐに、富や権力、そして地位への追求は止むだろう。

この方法で、彼の過去生への認識は、その人の富と身分への非常識な追求を止めることができる。男性たちは自分の過去生で、何人の女性たちをベッドに誘ったかを知るだろうし、女性たちは何人の男性たちと一緒に寝たかを知るだろう。そして両者とも彼らは再び同じことをしていて、もう一度肉欲と快楽の生を生きていることを知るだろう。しかし、過去のあらゆる肉体的かつ物質的な楽しみに耽ることですら、男性も女性も充足と満足を見つけられなかった。

その全ての皮肉は、この生で彼らが同じことをしたい、官能的な楽しみに溺れたい、この女性と寝ること、その男性と寝ることについて考えたい、と望んでいることにある。これは過去で何百万回も起こってきた。しかし、いったんこの全ての無益さが過去生の知識を通して理解されたら、同じことは繰り返されないだろう。もしこの繰り返しに関して結局のところ、失敗が唯一の結果であるなら、この生で再びそうすることは全く意味をなさない。

自らの過去生を思い出すために、マハーヴィーラと仏陀は両方とも深い瞑想に没入した。そしてひとたび、どんな人でも彼の過去生の場面を体験して、それらの生での自分の振る舞いと行動を思い出すなら、彼はすっかり変わる、完全に変容する。

だから私は、過去生の記憶を思い出すことは簡単であり可能であると言うことで、私の友人の質問に答えることができる。しかし、人がこんな一つのことに関する心配や不安を忘れるためにワインを飲むなら、自分の過去生に直面するための勇気と大胆さを持てるわけがない！　彼は酒を飲み、トランプをし、映画に行き、ギャンブルをする――ただ現在を忘れるためだけにだ。彼はその日の心配事を、忘却という無意識の状態で失えるように、夜にワインを飲む。その日の出来事を思い出すための根性《ガッツ》がない人や、ワインと女性で忘却を求める人に、どうやって無数の過去生を再吟味するための大胆さを持ち、過去生の認識に耐える勇気を出せるというのだろう？

全ての宗教は、ワインと火酒を非難してきた。無知な指導者たちは、宗教がアルコールを禁じるのはそれが個人の人格を卑しくさせるから、家族のために必要なお金がアルコールに浪費されるから、そして人が酔うと、友人と口論したり喧嘩したりするからだと述べる。これは間違っている。禁止に賛成するこの議論は、全く表面的なものだ。宗教が火酒を飲むことを禁じたのは、酒を飲む人はアルコールで自分自身を忘れようとしているだけで、決して自分の魂を知ることができないからだ。自分の魂を知るためには、自分自身を理解しようとしなければならない。これがワインと瞑想がお互いに対立する主な理由だ。

大酒飲みたちが悪い人々であることは、一般に当然だと見なされている。私は何人かの大酒飲みを知っているし、決してアルコールに触れない人々もまた知っている。数多くの私自身の経験を通して、私は大酒飲みは飲まない人より良い人間であると言おう。私は大酒飲みの中に、禁酒している人には欠けている優しさと人間性の深い感覚があることに気づいた。世界が大酒飲みという汚名を着せている人々は、飲まない人々よりも仲間たちへの行動に対してでしゃばらないこと、態度がより親切であることに、私は気づいた。絶対に飲まない人々は、飲む人々より思い上がっていて、より自尊心に満ちている。

しかし、大酒飲みたちが悪い人々であることが、宗教がアルコールを非難する基礎的原因ではない。そして私たちの今日の指導者の、これが宗教の態度の基礎であるという演説は全くの偽りだ。

宗教は、酒を飲む人々が自分自身を忘れ、過去を思い出すために必要な勇気を失うという理由でアルコールの禁止を支持してきた。記憶はちょっとさておき、酒を飲む人のでたらめな生き方が、最終的に彼の感覚を鈍くするという事実もある。しかしいずれにせよ、現在を忘れようとしている人が、どうやって過去を調査する勇気を持てるだろう？　もし人が過去生の出来事を思い出さないなら、どうやって彼は現在あるものを適切なやり方で作り変えたいと思うだろう？　それなら無数の生を通して起こり続けてきたことは、単に盲目的な反復性の同じ古い物語に過ぎない。

同じ考えと行動は何度も、果てしなく再発する。あなたは何度も生まれ変わり、以前に何度もそうしてきた同じ愚かな事を繰り返す。そしてあなたが過去生の中に飛び込めない限り、これらの再発に終わりは全くない。この出来事の退屈な連鎖は意味が無い。あなたは再び生まれ変わって、前にあなたがした全く同じ事をするからだ。それは決して終わらない循環だ。これが人生を何度も何度も周り続ける回転車輪になぞらえる理由だ。

確かに、私たちの国の思想家と観念論者が、車輪を国旗に浮き出させた時の考えがそれだ！　おそらく彼らは、自分がしていることの意義を充分に認識していなかっただろう。

偉大なアショカ王は、『生はそれ自身のまわりを回転し続ける車輪に似ている』ということを、人類が自覚するのに役立つという明確な目的から、彼の記念柱とストゥーパに車輪を彫った。生の車輪の中であらゆるものは同じ地点に戻り、その地点から再び循環し始める。車輪は回転する生を、何度も循環する生を表す。それは退屈な繰り返し以外の何ものでもない。しかし私たちは毎回忘れてしまうので、新鮮な欲望と新しい熱意をもって、同じ古いことを繰り返し続ける。

自分の愛を示すために、自分の憧れを示すために若い女の子にアプローチする若者は、何回、そして何人の若い女性たちに、自分の過去生で同じ種類のアプローチをしたのかを知らない。そして彼がこの生の中で優しい感情を表現する時、彼は初めてそれをしていると、それは人生において最も重要な出来事であると考える。だがもし彼が、自分が見たところでは重要な初恋の出来事が、無数の生において以前に数え切れない回数で起こったことに気づいたら、その無益さを見るだろう。ちょうど、同じ映画を三十回か四十回見た人のように感じるだろう。

もし今日映画を見たら、あなたはそれを楽しむ。明日またそれを見に行かせられても、あなたはそれを大目に見るかもしれない。もし三日目に再びそれを見るように要求されたら、あなたにとって退屈だからそれを避けたくなる。だがもしあなたが、十五日間立て続けに同じ映画を見るように強制されたら、そう警察に言われたら、十六日目には自殺したくなる。あなたは、映画をもう一回繰り返すことを大目に見ることができない地点に達している。

しかし、もしあなたが毎回映画を見た後に阿片を与えられたら、自分が前に何を見たのか忘れるだろうし、何度も同じ映画を観ることができるだろう。観ることができるだけでなく、それを見るたびに楽しむだろう。

人が死んだ後に身体を捨てる時、この身体に接続されていて、その中に含まれている全ての記憶への扉は永久に閉じる。そして全く新しいドラマが、新しい身体の至る所で始まる。たとえそれが新しいドラマであっても、それは同じ古い話の筋だ。それは同じ古い物語の、同じ出来事の、同じ行為の繰り返しだ。もし過去をどうにかして思い出すと、それは前に何度となく見た同じ面倒な映画であり、会話は同じであり、歌われるその歌を以前にも数え切れない回数で聞いたことがある、と気がつくだろう。その時はもはや、繰り返し状態を我慢するあなたの忍耐力を超えているだろう。だから過去生の記憶が、通過する全景としてあなたの前に見せつけられた後は、この世界にあるもの全てを捨てたいという願いが生じる。過去生の記憶が、世俗的な物は無益だという感覚を引き起こすのはこのためだ。

今日では、この無益さの感覚が多くの人々に起こっていない。それは誰にも、過去生の秘密の記憶を徹底的に調査したいという欲望がないからだ。もし私の友人の誰かが、この種の実験を続けることを望むなら、私は喜んで彼らを指導するつもりだ。彼らの誰からの合図でも、私にはそのような実験の準備ができていることを請け合う。もし誰かが進み出るなら、それは私を非常に幸せにさせてくれるだろう。

ちょうど昨日、私は友人からの数通の手紙を受け取り、彼らは準備ができていると、彼らは呼ばれるまで待っていると伝えてきた。その呼びかけが来た今、私は彼らに進み出る用意ができていると信じている。私は過去への探検の道に、彼らを案内する準備ができている。彼らが行きたい限り、私は同行するつもりだ。世界の進歩と発達の現段階で、私たちにはこの能力を備えている人々が大いに必要だ。もしほんのわずかな人でもこの知識に達するなら、とても急速に世界全体を包んでいる暗闇を取り除くことができると、私は確信している。

お互いに全く違う二つの実験が、最近の五十年間にインドで続けられてきた。一つの実験はガンジーのもので、もう一つはシュリ・オーロビンドのものだ。

ガンジーは各個人の、全ての人間の個人的な性質と高潔さを高めようと試みた。そしてしばらくは、ガンジーが成功していたように見えていた。しかし彼は完全に失敗した。自分が向上させた、とガンジーが思った人々は、粘土に描かれたイメージでしかないことが、少量の雨がその上に降るとその光沢と色を失う絵でしかないことが判明された。この二十年は、ガンジーの展望《ビジョン》の明かりが無意味なものへと消えて行ったことを示した。

彼の信奉者たちは、ガンジーが彼らに分け与えようと努めた身なりや強さに関するものを何も持たずに、デリーで裸で立っている。彼らに授けられた高官という栄誉の前で、彼らの顔は尊厳と確信を示していた。彼らの雪のように白い手織りのカーディー（インド製手織りの綿布）の衣服は、彼らの純潔さで眩かった。カーディー帽は、まるで彼らが塵から帝国を持ち上げて、それを実質的な何かに、苦しんでいる人々のために有益な何かに変えられるかのように見えた。しかし今日、かつて純潔さの象徴とみなされていたそれらの同じカーディー帽は、塵の中にとても低く落ちてしまったので、それらは公共の広場で燃やされるにふさわしいものだ。今や彼らはすっかり、中産階級の市民になっている。現在それらは官僚主義と汚職の象徴だ。ガンジーの実験は惨めにも失敗した。しかしこのような実験は、何度も私たちの国で続けられてきた。ガンジーよりさらにずっと前にだ。

シュリ・オーロビンドは、ほとんど成功を収めずに、最終的には失敗した実験を指導した。しかし彼が追い求めた方向は、全く正しくて当を得ていた。彼の狙いは、少数の魂を向上させることだった。彼らが他の人たちを彼らのレベルへ手招きできるように、彼らのまさに地上での現存が、他の人たちへの崇高な招待になるように――。彼は、もし一人の人間の魂さえ高めることが可能だったなら、それとともに全ての人間の魂はその高さに引き上げられるだろう、と感じた。彼の確信は、全ての魂のレベルが、この方法で引き上げられるだろうというものだった。彼はこれは可能だと感じたが、それはただ彼が、他の選択肢を全く見なかったからに過ぎない。

今の人類はどん底にある。もし一人の人間に、全人類を変えようとするだけの気があっても、恐らくその人自身が堕落するだろう。慈善事業をする人が数日でスリになりかねないことは承知の通りだ。一般市民に彼らは援助するどころか、損害を与える。多くの人の向上に努めたい、奉仕したいと思っていようとも、その彼ら自身が向上の必要な人であることが、数日内にわかる。いや、オーロビンドの考えは不可能だった。それは起こらなかった。

おそらくあなたは、一定の期間の間に人間のスピリチュアルなレベルが、想像できない高さに達することを示すスピリチュアリティの歴史に気づいていないのだろう。

二千五百年前、ゴータマ・ブッダはインドで生まれた。プラブッダ・カーティヤーヤナ（六師外道の一人）、マッカリ・ゴーサーラ（六師外道の一人、裸形托鉢教団アージーヴィカ教の祖。仏陀の活躍した時代の自由思想家。厳格な決定論を説き、仏陀は彼を最も危険で下等な教えだと断じた）、そしてサンジャヤ・ヴィッターリプトラ（六師外道の一人、懐疑論者）もまた、この国で誕生した。ソクラテス、プラトン、そしてアリストテレスがギリシャで生まれ、それから老子、孔子、そして荘子が中国で生まれた。二千五百年前、世界の全人口から約十人か十五人の人たちが、精神的にひときわ高く発達した約十人か十五人の人たちが舞台に出現して、その世紀にこの惑星上のスピリチュアルな水準は、それがほとんど空に触れるほど高く上昇した。それはまるで、世界の黄金時代が訪れたかのようだった。それほど強力で、光明を得た、崇高な魂たちは以前には決していたことがなかった。

マハーヴィーラに従った五万人の人々と仏陀の数千人の比丘たちは、苦しむ人間たちに正しくあることの道と光明の道を示した。仏陀と、一万人の比丘という彼の随行者たちが村に現われた時はいつでも、その塵そのものが変容された。どんな村でも、その一万人が彼らの集団的祈りを行なったところは、まるで暗闇が追い払われて、村全体がスピリチュアルな天上の光によって照らされたかのように見えた。休憩した全ての場所で、彼らは自分たちの道をもって霊性の目覚めを残した。

それはまるで、全ての花がいっせいに開花したかのようだった。このようなことは、かつて決して起こったことがなかった。いくらかのバラが高みにあり、彼らに従う者があり、他の人たちは仰ぎ見て彼らの呼びかけに応答した。

その人の視野《ビジョン》を崇高なものへ向けるための何らかの理由がない限り、誰も決して自分の目を上げない。もし上方にあなたの視野《ビジョン》を魅了するものが何もないなら、あなたは決して全く見ないだろう。いまだに、下の方に捜すべきものがとても多くあるように見える！

人が下向きに焦点を合わせる時、お金を保つための大きな金庫を持ってキャデラックを所有するまで、彼はますます低く進み続ける。下向きに見ることによって、あなたは物質的な繁栄を達成する。デリーがどれほど低いか見てごらん！　それはほとんど地獄にある。そしてデリーに行きたい人は、誰でもますますより低く、身を落とさなければならないだろう！　上の方に見るべきものは何もないが、下にはあなたの注意を引くものがとても多くある。

たとえあなたが上向きに視野を上げたくても、見られるべき人が誰もいないので、あなたは誰にも会うことができない。あなたが魅了され得る魂が上の方に全くいないというのは、何と不運なことだろう！　執拗にあなたを呼ぶ者が誰もいないというのは、その存在があなたに恥を感じさせて、あなたのハートに彼のようで在りたいという強い衝動を引き起こす者が誰もいないというのは、何と残念なことだろう！

あなた自身がその光に、その甘露になることができるのだ。あなたは仏陀になることができる、あなたはマハーヴィーラに、クリシュナに、キリストになることができる。いったんこの考えがあなたのマインドに入るなら、いったんあなたに彼らのようになれるという考えが植え付けられたら、あなたの魂が上方へ向かう旅が開始する。しかしそこには、あなたがインスピレーションに頼ることができる高次の魂がいなければならない。覚えておきなさい、魂は決して停滞しない。それは常に動いている――上か下へ、より高くかより低くだ。スピリチュアルな意識は、休憩停止をさせることはない。生は一つの連続的な流れだ。そして霊的に、人間は上方に動かなければならない！

私は多くの人々の革命ではなく、彼ら自身で実験するのに充分な勇気のある少数の人たちの革命を世界に望んでいる。もし自分の魂を可能な高みに向上させる準備をした人々が、百人だけでも現われるなら、二十年以内にインドのあらゆる面は完全に変わり、完全に変容できる。

ヴィヴェーカーナンダは最期に、彼は自分と共に働くために進み出る百人の人々を呼びかけてきたと言ったが、彼らは来なかった。それで彼は、非常に不幸で失意の人として死んでいった。ヴィヴェーカーナンダは、もしそれらの百人の人たちが進み出たなら、彼は世界を変えることができると確信していた。しかし彼らは決して来なかった。そしてヴィヴェーカーナンダは死んだ。

私は、呼びかけるのではなく、村に行ってそれらの百人の人たちを捜し出すことに決めた。

私は彼らの魂の深さを測るために、彼らの目を深く調べるつもりだ。そしてもし彼らが、私の呼びかけを気にかけないなら、私は無理やりにでも、強制的に彼らを連れ出すつもりだ。もし私が百人のそのような人たちを一緒に連れて来ることができるなら、それらの百人の人たちの魂はエベレストのように際立ち、彼らの輝きを誤りを犯している人類に注ぎ、そして人類を正しい道に導くことをあなたに保証する。

私の挑戦を受け入れて、私と共にその困難な道を歩く強さと勇気を持つ人々は、その道が困難なだけでなく、未知のものでもあることを覚えていなければならない。それは途方もなく広大な海に似ていて、私たちはその深さに関する地図や海図を、全く持っていない。しかし深海に入る勇気を持つ人は、神自身が彼を呼び寄せたので、自分にはその強さと力があるということを理解すべきだ。そうでなければ、彼は決してそれほど勇敢ではなかっただろう。

エジプトでは、人間が強さと指導を求めて神を呼んだ時、それは神が既に彼を呼んでいたからであり、そうでなければ呼びかけは全くなかっただろう、と信じられていた。

この内的な衝動を持つ人々は、人類への責任がある。そして今日、霊性の高みと光明に達することに生涯を捧げるために前に出る人たちを呼び寄せることが、そのために世界の隅々に行くことが、最大の緊急な用件だ。

生の全ての真実は、昔は現実であった全ての経験が、今や見えすいた嘘に変わってしまっている。

かつて到達された全ての高みは、今や神話や空想の産物になっている。それらは伝説に、おとぎ話になっている。更に百年後か二百年後には、人々は仏陀やキリストが実際に誕生したことや、本当にこの世界に生きていたことさえ知らないだろう。彼らはそれらの人生に関する物語は、過去の単なる作り話だと思うだろう。

ある人は既に西洋で、キリストは決して存在しなかったことを、彼の生涯の話は劇作以外の何でもないことを、公然と述べた本を書いている。その本の中で彼は、人々は結局はそれが劇作であったのを忘れて、それを本当の史実として信じ始めた、とも言っている。

現在インドでラム・リーラ野外劇を上演するのは、ラムはこの地球で生きて歩いたことがあると私たちが信じているからだが、未来の世代は、ラム・リーラは本当に誰かによって書かれただけのものであり、ラムが実際に存在していたという考えは結局人々の中で作られたものだ、と言うだろう。彼らは、ラムは劇中の単なる登場人物だったと思うだろう。そして、未来の人々がこのように考えるのはもっともなことだ。つまり、ラム・リーラは野外劇に他ならない、代々上演されてきた劇作に過ぎないと……。仏陀、キリスト、またはラムのような人物がどこにも見つからない時、そのような際立った知識と知恵と驚くべき霊性の人たちがかつて生きていたことを、かつてこの普通のありふれた世界を歩いたことを、どうしたら人々は信じられるだろう？

人のマインドの働きは少し奇妙だ。彼は自分より高い誰かが存在し得るとは、決して信じられない。自分自身より高い存在が、この地球上に生きて呼吸しているという考えを受け入れるように、自分の考えを再調整することは決してない。それどころか、彼のマインドは常に自分自身を、全てに関して最も高くて最も高尚なもののように見ることに向けられている。

人間は、大きな圧力の下でなら、自分自身にとってより優れた存在を受け入れるだろうが、その時でさえ彼は、他の人の意識が本当は非常に低いレベルであることを証明できるように、他人の人格の中に抜け穴を捜すだろう。彼が他人の中を見て想像するその人の欠点が、彼に何らかの内側の満足を与えるのかどうかは疑わしいが、表向きでは、彼は非常に熱心に他人が自分より低いことを証明しようとするだろう。そして最も取るに足らない弱点を見つけるとすぐに、彼は直ちに、かつての崇拝されていた人は落ちぶれてしまった、と世界に叫ぶだろう。彼がその人の人格上の欠点を明らかにしたので、もはやその人は彼のハートの中に同じ場所を占めていないということを——。その探索は、常に短所に対するものだ。そしてもし彼が、そのような弱点を見つけられないなら、彼はそのものを作り上げるか、そのものは存在するに違いないと決め込むだろう。その時彼は、自分が正しかったと感じる誤った満足感を持つ。

そのため、時が経つにつれて、人類は優れた存在がいるという可能性を受け入れることを、徐々に拒絶するだろう。なぜなら、彼らがこれまで生きていたという痕跡が全くないからだ。結局、仏陀とマハーヴィーラが実際に存在していて、全く質素で非常に高い霊性のすばらしい生を生きていたことを、石の偶像はどれだけ長く世界に言明できるだろう？　聖書の世界は、キリストが本当に存在していて、栄光を極めてこの地球を歩いたという事実を、どれだけ長く証明できるだろう？　バガヴァッド・ギータはクリシュナが人間として誕生し、彼はクルクシェトラの戦場でギータをアルジュナに人間の声で説明したと、いったい何年間世界に言い続けられるだろう？　いや、それはあまり長い年月では不可能だ！

経典だけを通して、言葉だけを通して彼らの信念を持続することは、未来の世代にとって全く不可能だ。私たちの信念を支えるために、実質的な何かが必要だ。私たちにはキリストのような、クリシュナのような、仏陀のような、マハーヴィーラのような人たちが必要だ。もし自分たちの間にそのような人たちを持てないなら、人類は本当に非常に暗い時代の災難に、無知と惨めさに満ちたものに直面せざるを得ないだろう。それだと、未来に関してはほとんど全くどんな展望もない。

私は、人類に差し出すための何か良いものを持っていると感じられる人々に、偉大な挑戦をほのめかしている。私はできるだけ、多くの村を歩き回るつもりだ。そしてもし私が、他の人たちのための光として役立ち得る瞳に、または私が信念の燃える炎で燃やすことができると感じられる瞳に遭遇したら、その人たちを連れて行って彼らに働きかけるつもりだ。私はそうするだろう。私は、彼らが松明を高く保ち、人間が知識と光で満ちた未来へ、より輝かしい未来へと歩く暗い道を照らすために必要な能力を、彼らみんなに分け与えるつもりだ。

私に関しては、完全に準備ができている。私はヴィヴェーカーナンダのように、「私は百人の人たちを捜すことに人生を費やしたが、彼らを見つけられなかった」と言って死ぬつもりはない。


山が黙っていたら、私はどうやって話すことができるだろう？

空が何も言わなければ、どうやってあなたと話せるだろう？

神自身が話さなければ、どうやって何かを言うことができるだろう？　それでも私はあなたに話すが、それはただあなたが、彼らの沈黙を聞くことができるようになるためにだ。

芸術家は明るい青色の効果を高めるために、黒い背景を使うだろう。そして私は同じ方便を使っている。私はあなたが、沈黙の言語を理解できるようにするために話している。言葉が有意義な唯一の理由は、それらが沈黙の意思表示を表しているからだ。話すことは、それが静穏に導く時にだけ意義があり、生はそれがあなたに、死に直面するための準備をさせるなら意義深いものだ。

第六章

愛と幸福

Love & Happiness

そびえ立つ山を歩き回る時、私は自分の魂がその高さに引き上げられるのを、そしてその頂上のように、決して溶けない雪の帽子で覆われているのを感じる。

そして谷に降りる時、そうした深さと深遠さを感じて、私の心は神秘的な影でいっぱいになる。

同じ事が海の端で起こる。

そこで私は押し寄せる波と溶け合う。

それらは私の内側を強く打って雄叫びを上げる。

空を見つめる時、私は広がる。私は無限に、制限のないものになる。

星を見ると、沈黙が私に浸透する。

花を見ると、美のエクスタシーが私を圧倒する。

鳥が歌うのを聞けば、その歌は私自身の内なる声の響きであり、動物の目を見れば、彼らと私自身の間に何の違いもない。

徐々に私の分離した存在は消されていき、神だけが残る。

では、私は今、どこに神を探したらいいのだろう？

どうやって彼を捜したらいいのだろう？　ただ彼だけが在る。私はいない。

私は丘にいた。それらが私に告げたかったことは、その沈黙を通して伝えられた。木、湖、川、小川、月、そして星は、全て沈黙の言語で私と話していた。そして私は理解した。神の言葉は私には明らかだった。私は自分が静かになった時にだけ、彼を聞くことができる。それ以前ではだめだ。


私はあなたに何を話したらいいのだろう？

空の星に耳を傾けてごらん。

私はそれらの沈黙が、踊る光が語っている同じ事を言いたい。

私はあなたに言おう、在るものは何であれ弁舌を超えている、聴こえる範囲を超えていると。


創造は愛から湧き出る。それは愛によって育まれる。それは愛に向かって動き、やがては愛と溶け合う。そしてあなたは、愛は神だ、と私が言うその理由を尋ねている！　これが理由だ。


人類が一つの誤解から、もう一つの誤解に動いているのを私は見る。それはまるで生にとって欠かせないある性質が、彼の内側で、そして文明の中でも同様に破壊されたかのようだ。個人だけでなく、全ての社会は歪んだりねじれてしまった枠組の中で生きている。その耳障りな音色は世界中に響き渡り、健全な文化が創り出すハーモニーはどこにも聞こえない。

どんな楽器も、人間ほどには調子が外れていない。ちょうど石が湖面を渡ってさざ波を起こすように、一人の人間の邪悪性が人類全体を扇動する。人は個人であるかもしれないが、彼の根は人類の統合体の中にある。それぞれの人の感化には途方もない伝染性がある。

私たちの世紀を苦しめる病気とは何だろう？　多くの病気は別々に分かれている。私見だが、特にあらゆる苦悩の根にある一つのものを提示したい。この基本的な病気に人が圧倒されてしまうと、常に自殺的な破滅へと変容する。この病気にどんな名前を付けたらいいだろう？　それを名付けることは容易ではない。私に付けられる最も良い名前は、それを『人間の心の中の干上がった愛の井戸』と呼ぶことだ。

誰もがこの愛の不在で苦しんでいる。私たちのハートは全く機能していない。人生において愛がないことより大きな不幸はない。愛なしでは、生との関係が断ち切られるからだ。私たちを全体と繋いでいるものは愛だ。

愛なしで人間は一人で立っていて、存在の核から分離している。愛なしでは誰もが孤独な存在で、彼の性に合った他の人たちとのどんな関係も欠いている。今日、人間は自分自身が全く独りであることに気づいている。私たちはみなお互いから切り離されて、自分自身の内側に閉じ込められている。これは墓の中にいるようなものだ。たとえ彼が生きているとしても、その人は死体だ。

あなたは、私の話していることが真理だとわかるだろうか？　あなたは生きているだろうか？　あなたは自分の性質に愛の流れを感じるだろうか？　もしその流れを感じないなら、あなたのハートの愛の鼓動が止まっているなら、自分が本当は全く生きていないことをよく理解すべきだ。

かつて私は旅をしていて、誰かが私に、人間の語彙の中でどの言葉が最も貴重かと尋ねた。私の返答は「愛」だった。その人は驚いた。彼は私が「魂」または「神」と答えることを期待していたと言った。私は笑って「愛が神だ」と言った。

愛の光線を上昇させることで、人は啓発された神の王国に入ることができる。真理が神だと言うより、愛が神だと言うほうがいい。なぜなら愛の一部である調和、美、活力、そして至福は、真理の一部ではないからだ。真理は知るものであり、愛は知るだけでなく感じるものだ。愛の成長と完成は、神との究極の融合に導く。

全てにおいて最も大きな貧しさとは、愛がないことだ。愛する能力を発達させなかった人は、彼独自の個人的な地獄に生きている。愛で満たされている人は天国にいる。あなたは人間を、素晴らしくて独特な植物として、甘露と毒の両方を生み出せる植物として見ることができる。人が憎しみで生きるなら、彼は毒を収穫する。愛で生きるなら、彼は甘露を積み込んだ花を集める。

もし私が心の中であらゆる人々の幸福をもって自分の生を形作り、それと共に生きるなら、それは愛だ。愛は、あなたは別々ではない、存在における他のどんなものとも異ならない、という自覚から生じる。私はあなたの中にいる。あなたは私の中にいる。この愛は宗教的だ。

愛の扉は、自分のエゴを手放す用意ができている人にだけ開く。自分のエゴを他の誰かに明け渡すことが愛だ。自分のエゴを全てに明け渡すことは、神性な愛だ。

愛は性的な熱情ではない。セックスを愛と間違う人々は、愛がないままでいる。セックスは、単なる愛の一過性の現われに過ぎない。それは自然の仕組みの、出産の方法の一部だ。愛はより高い水準に存在していて、愛が成長するにつれてセックスは消散する。セックスの中に現われていたエネルギーは、愛に変容される。

愛はセックス・エネルギーの創造的な精製だ。だから愛が極致に達する時、セックスの不在が自動的に後に続く。愛の生は、肉体的な楽しみを断つ生は、ブラフマチャリアと呼ばれている。セックスから自由でいたい人は誰でも、愛する能力を発達させる必要がある。セックスからの自由は、抑圧を通しては達成できない。セックスからの解放は愛を通してのみ可能だ。


私は、愛は神だと言った。これは究極に関しての真理だ。しかしその愛はまた、家族の中にも存在していることも言わせてほしい。これは愛への旅における最初の一歩であり、始まりがなければ究極のものは決して起こらない。愛は家族の存在に責任があり、家族が別々に動いてその一員が社会の中へ拡散する時、愛は増大して成長する。その人の家族が、最終的には人類の全てを受け入れる方へ成長した時、彼の愛は神と一つになる。

愛なしでは、人は個でありエゴだ。彼には家族がない。彼には他の人々との絆が全くない。これはゆるやかな死だ。これに反して、生は相互関係だ。

愛はエゴの相対関係を越えたものだ。この単独性が真理だ。真理を渇望する人は、まず自分の愛する能力を発達させることだ。愛する者と愛される者の違いが消え、愛だけが残る地点に来るように――。

愛の光が、愛する者と愛される者の相対関係から解放される時、見る人と見られることという霞から解放される時、純粋な愛の光だけが明るく輝く時、それが自由と解放だ。

私はその至高の自由のために努力することを、全ての人たちに勧める。

あなたはずっと祈りの中にいたと言ってはいけない。というのもそれは、あなたは祈りの外にいることもできる、ということを示すからだ。どんな点においても祈りの外にいる人は、祈りの中にいることは決してできない。祈りとは、あなたが中や外へ動くことができる活動ではない。祈りは愛の極致とその充満だ。

生きることは、神の中に生きるということだ。真理の中に生きることは、愛の中に生きることでもある。だが、神を覚えている人たちは真理を忘れてきた。そして真理を覚えている人たちは、愛を見落としてきた。彼らが神を忘れても真理を覚えていたなら、よりましだっただろう。だが彼らが真理を忘れても愛の生を生きる準備ができていたなら、そのほうがさらによかっただろう。愛が見つかるところはどこであれ、真理が自発的に介入する。そして真理がある所には神も在る。

毎日、私はあなたが寺院に行くのを見る。私はあなたが、明けても暮れても経典を注意深く読んでいるのを見る。これは私を悩ませる。私はあなたが自分の本性について何らかの理解を示すのを、決して見たことがない。もしあなたが、本性の中に神を見ることができなければ、どうやって他のどこかに彼を見ることができるだろう？　本性に対してあなた自身を開いて、その美しさをあなたの目に満たしてごらん。ハートを開いて、本性の甘い音楽をあなたの内側に反響させてごらん。本性を歓迎しなさい。心の奥底で本性を崇めてごらん。間もなくあなたは、自分の客が神自身であることを認めるだろう。

本性に反対することは全く馬鹿げている。本性に反対することでは、決して神に達しないだろう。神は本性の中に隠れている。

決して本性と戦ってはいけない。その神秘を、あなたに向けて開示させることを学ぶことだ。本性は持ち上げられるべきベールだ。本性は神の一部だ。それは彼の現われたものだ。彼は本性の中に深く埋められている。それは彼の家だ。

もしあなたが本性と仲違いをしたら、決して神の近くに動くことはないだろう。むしろ、ますます彼から遠くに離れて動くだろう。しかし私たちは、本性と戦うことを常に教えられてきた。私たちは、神は本性に反していると常に言われてきた。人間の霊的な貧しさはこの争いの結果にある。

人間は、本性と戦うことで神を捜すようにと言われてきた。だが神は彼の本性の中にいて、彼の本性は神の中にある。本性とは別々であるか、または本性から離れている神は全くいない。神と本性は混合している。

彼らの本性との対立的な態度で、教育制度は人間を神に導く梯子を盗んできた。本性はその橋だ。橋の上で止まるのではなく、その上を渡るために橋を使いなさい。あなたの目的地に導く橋と、仲違いをしてはいけない。他に道はないのだ。

本性を愛さなければならない。心を込めて愛さなければならない。愛は、神への門を開け放つことができる唯一の力だ。しかしあなたは、本性は束縛で、牢獄で罪深いと言われてきた。これらの酷く間違った教えは毒を持ち、本性へのどんな愛も台無しにすることで、完全な知識のためのどんな可能性も妨げることで、人間のマインドを荒らしてきた。

彼が自分の生に本性を呼び戻すことが、そこに神を招き入れることを試みる前に必要不可欠になる。本性を愛することは、結局それ自体を神への祈りに変容させることだ。人間は本性から自分自身を解放していない。彼は本性そのものの中に、彼自身の自由を見つけるためにいる。

「神は存在しますか?」とあなたは尋ねている。こうした質問が全く適切でないのは、あなたが「神」という言葉の意味が何なのかさえ知らないからだ。「神」は「全体」を意味している。全ての存在そのものが神だ。神は別の実体ではない。彼はある個人ではなく、ある力だ。存在するものが神だ。だがこれさえも、それを言うための適切な方法ではない。存在そのものが神だと言うほうがより正確だ。「神は存在している」と言うことでさえ、冗長さがある。

神の存在について質問することは、存在の存在について質問することだ。他の全ての物の存在は明白だが、神の場合はそうではない。これは彼が存在そのものだからだ。全ての物に存在する力、エネルギーもまた明白かもしれないが、神についてはそうではない。彼自身がその力だ。

どうすれば、構成要素の一部を知る同じ方法で全体性を知ることができるだろう？　神は私が知ることのできる何かではあり得ない。なぜなら私も彼の中にいるからだ。

それでも神とひとつになることは、神の中に沈むことは可能だ。実のところ、私たちは既に神とひとつなのだ。私たちは既に彼の中に溺れている。あなたは自分の「私」を失う時にこれを実感する。これを知ることが神を知ることだ。

これが、愛それ自体が神を知ることだ、と私が言う理由だ。神が愛の中でのみ知ることができるのは、愛の中では「私」が消えるからだ。あなたは決して「私」が存在する所に愛を見つけはしない。愛は「私」がない時にしかない。

海を訪れた塩のかたまりについての寓話がある。塩は海と出会い、海を知るようになったが、塩は戻って来なかった。海を知るために、それは海そのものになった。塩が海を知る唯一の方法は、海になることだった。人が神を知る唯一の方法は、神になることによってだ。

私の友人は非常に不幸だった。彼が泣いているのを見た時、私は彼を外に連れて行って「星を見てごらん！」と言った。始めは涙が彼の目にあふれ続け、星そのもののように煌めいていたが、彼の惨めさはまもなく静まった。

彼は「なぜ……」と私に尋ねた。「私が星を見た時、私のハートはその重荷を振り捨てたのでしょう？　私が空を見た時に、私の惨めさが消えたのはなぜでしょうか？」

私は「神から取り除かれることが惨めさだ」と答えた。「自然から締め出されることが悲しみだ。魂から分離されることが苦悩だ」

その同じ夕方に、誰かが私に尋ねた。「世界で最も大きな喜びとは何ですか？」

私は答えた。「世界の中にいながら、それでも世界に属さないことだ。あなたの生に幸福を保証する唯一の方法は、しっかりと地上に置かれたあなたの足と、しっかりと神の中に置かれたあなたのハートを持つことだ」

私たちは、やがて自分たちの楽しみに飽きるのではないだろうか？　そして私たちが飽きる楽しみは退屈に、苦痛になるのではないだろうか？　しかしあなたはこれまで、他の人々に何かを与えるという喜びに飽きているような人に、気づいたことがあるだろうか？　いや、そのような事は決して起こったことがない。秘密を言わせてほしい。それは、私たちが他の人たちに与える喜びだけが、至福になるということだ。そして至福には終わりがない。至福は生の甘露だ。それは永遠で、終わりがない。

私は自分のマインドが闇の中にあった日々を覚えている。私の内側で、全く何もはっきりしていなかった日々を覚えている。それらの日々について特に思い出すある事は、私が誰への愛も感じていなかったこと、私が自分自身さえ愛していなかったことだ。

だが私が瞑想の体験に至った時、百万もの眠っていた愛の泉が、突然私の中で溢れ出たかのように私は感じた。この愛は焦点が合ってはいず、特に誰にも向けられていなかった。それは単なる流れで、流動体であり、そして力強かった。それはランプから光が流れるように、花々から香りが流れ出るように私から流れた。私の目覚めのすばらしい瞬間に、私は愛が私の本性の、人間の本性の本当の現われであることを実感した。

愛には方向性が全くない。それは誰も狙っていない。愛は魂の、その人の自己の現われだ。

この体験が起こる以前は、愛とは誰かに愛着を持つという意味だと私は信じていた。現在私は、愛と愛着が二つの完全に違うものであることを理解している。愛着は愛の不在だ。愛着は憎しみの正反対にあるもので、それは簡単に憎しみになり得る。愛着と憎しみ、それらは一組だ。それらは相互に交換できるものだ。

憎しみの反対は愛ではない。全く違う。そして愛は愛着とも全く異なる。愛は完全に新しい次元だ。

それは愛着と憎しみの両方の不在であり、それでもそれは否定的ではない。愛はある高次の力の肯定的な存在だ。この力は、このエネルギーは自己から全てのものに向かって流れる。それらに引き付けられるからではなく、愛が自己によって放射されるからだ。なぜなら愛は自己の香りだからだ。

私が愛を知るようになった時、私はまた非暴力も理解するようになった。そして私の理解は、自己についての自分の体験から来たのであり、どんな経典からでもない。私の自己に関する認識は、あらゆるものに答えを提供した。もし愛が関係性であるなら、それは愛着だ。もし愛が関係していないなら、呼び起こされたものでなければ、愛着がなければ、それは非暴力だ。

ある禁欲主義者が尋ねてきた。私が何度も話してきた愛を達成するには、どうすればいいのかと。

私は彼に言った。「愛は直接達成することはできない。まず知恵を達成しなさい。そうすれば愛は自発的に生じるだろう」。知恵が重要だ。愛は自動的にその後に続く。

知識を達成することは、同時に非暴力を達成することなくしては不可能だ。非暴力は、人間の知識に関する本当のテストなのだ。非暴力は最終責任だ。それは最後の基準だ。人間の宗教は、それがこの炉で鍛造された後にだけ、純粋と呼べる。個々人の知恵の探求は、宗教の基本的な問いと同じだ。

知識が愛着から解放される時、それは知恵に変容される。全ての対象が、焦点の全ての点が消える時、知識はそれ自身を知る。自分自身による自らの知識が知恵だ。この目覚めにおいては、どんな二元性も存在しない。そこにはただ純粋な知識だけがある。この自らの知識から照らし出されることが、人間の意識で可能な最も大きな革命だ。人間は唯一この革命を通して、彼自身と、彼の実存と本当に関係するようになる。その時、そしてその時にだけ、生の本当の目的と意味が示される。

この革命は瞑想を通して達成される。瞑想は知恵を達成する方法だ。瞑想はその手段であり、知恵は最後に来るものだ。そして愛は、その目標をうまく達成したことの結果だ。

人間のマインドは常に客観的な物事や、外側の対象で満たされている。そして人の知識は常に対象や考え、あるものや別のものに取り囲まれている。あなたは知識を、この対象への束縛から解放させなければならない。瞑想がこの自由を達成する方法だ。

眠っている時、人は自由だが無意識でもある。マインドはそれ自身の内側に吸収される。この状態がその本性だ。この状態に対するヒンディー語の言葉はスプティだ。それは「自身《スワ》」という意味と、「入ること《アプティ》」から来ている。深い睡眠において人は自らの中に入る。

深い睡眠の状態と瞑想の状態は、一つの重要な点を除いてお互いに類似している。睡眠が無意識の状態であるのに反して、瞑想は完全な意識と覚醒の状態だ。深い睡眠の中で、人は世界と調和している感覚を持つ。瞑想においては、普遍的な意識との完全な単一性と一体感がある。

覚えておきなさい。睡眠は瞑想の状態ではない。多くの心理学者はこう考えている――マインドが空の時、意識の中に対象が全くない時、人は睡眠の状態にあると。これは間違っている。これは実験なしに考えた結果のものだ。意識が眠っている時、それは対象への執着から自由であるかもしれないが、必ずしも対象がないという意味ではない。人の意識を自由にするためには、それ以降は眠ることが不可能になるほどの多くの働きかけと、非常に意識的な努力を必要とする。その時、ただ純粋な意識だけが残る。

瞑想の過程には三つの段階がある。マインドの中の対象から分離していること、マインドという思考の流れに気づくこと、そして最終的に、マインドについての理解の保持だ。マインドの対象から分離することで、それらの印象は形作るのを止める。マインドの流れに気づくことで、それらの発達の段階的な減速がある。これらの二つの段階が達成され、人がマインドへの理解を保てる時にだけ、自己認識の可能性がある。

物事の始まりの地点は、その消滅の地点でもある。あるものの起源がどんなものであれ、その消滅は生得のものだ。それはまさに本性において固有のものだ。瞑想はマインドの消滅した状態だ。ちょうど波が最終的に海の中に消えるように、マインドは普遍的な意識の中に消滅する。

マインドの中心はエゴだ。マインドが消滅する時にエゴが解き放たれ、残るもの、体験されるものがその魂だ。

人々は毎日私に、非暴力とは何かと尋ねる。私は、非暴力は自らについての知識だと答える。あなたが自分を知るようになれば、人間の本質を知るだろう。この気づきが愛を生み出す。そして苦痛を与えることは愛にとって不可能だ。これが非暴力だ。

エゴは、自分自身への無知という核にある。全ての暴力はそこで生まれる。それはエゴの中で生まれる。人は自分が全てであり、残りの世界は自分だけのために存在していると感じる。彼は自分自身を全ての存在に対する中心として、焦点として見る。この利己心から生まれる搾取こそが暴力だ。

愛は自己認識の中心だ。そしてエゴが消滅する時、愛が完成される。存在する意識には、たった二つの状態しかない。エゴの状態と愛の状態だ。エゴは狭い状態、種の形態、原子の段階だ。愛は全てを包むものだ。愛は神だ。エゴの中心は私だ。エゴはそれ自身のために存在している。愛の甘露がその宇宙だ。愛は全てのために存在している。エゴは搾取だ。愛は奉仕だ。そして自由に、自発的に愛から流れる奉仕が非暴力だ。

瞑想し始めなさい。あなたの生が知恵の光で満たされるように、忠実にそれを実践しなさい。そしてあなたの中に光がある時、愛はあなたから流れ、あまねくそれ自身を広げるだろう。愛は霊的な成長の、霊的な達成の最も高次の開花だ。愛を体験することなく死ぬ人々は、生を体験することなく消滅する。もしあなたが愛を知らなかったなら、あなたは全く何も知らなかったのだ。なぜなら愛が神だからだ。

神を捜しに行くことは不要だ。ちょっと神々しさのある生を生きてごらん。ただ全ての行動の中に、あなたの神々しさを示してごらん。実際、神々しさはあなたの呼吸そのものにならねばならない――あなたが神を実感するその時だけのために。

一度私は海辺に立って、自分自身に問いかけた。なぜ、全ての川は海に流れ込むのかと。だが私は答えを知っていた。子供でも知っている。それは、海が川の流れる土地より低いからだ。その考えは、踊る光の束で私のマインドを満たした。物腰の低い人、謙虚な人は祝福される。なぜなら神は、その人に彼の栄光の豊かさを降り注ぐからだ。

あなたは奉仕したいのだろうか？　覚えておきなさい、広大な海で溺れている人は、同じ海でもがいている別の人を救うことはできない。

私は川の岸辺に立っていた。それは小さな流れであり、次第に迫る夕暮れ時に、村からの若い少女たちが、水で一杯の土の瓶を持って家路を急いでいた。彼女たちが川からその瓶を満たすために、かがまざるを得なかったのを私は観察した。人もまた、生の噴水でその人の瓶を満たすためには、かがめる技《アート》を知らなければならない。

しかし人は、どのようにかがむのかを忘れ続けているように思える。エゴは彼をかがませないだろう。それだから全ての愛、全ての祈りは生からゆっくり消滅しているのだ。実際、本当に重要なものは何でも消えているように思える。生は、そのあるべき姿である美と調和の代わりに、一種のもがきになってしまった。争いこそが、「かがむ」という神秘的な技《アート》が失われた場所で持続できる唯一のものになっている。お互いに対して降伏するという暖かい心を持った技《アート》が知られず、また認められてもいない世界で、もし頑固で際限のない利己心が、耐えられないほどの苦痛を引き起こす原因になるとしても、何ら驚くべきことではない。

明け渡すことは個人を集団に繋げる。明け渡さないことは、人を普遍的な存在から分離する。もちろんこの明け渡す方法は、自然かつ自発的でなければならない。そうでなければ、ただエゴを膨れ上がらせることに役立つだけだ。故意に為されるどんな明け渡しも本物ではないし、その背後に、マインドの片隅に、抵抗の要素が存続している。それが知力から湧き出る時は、真正ではない。それは活気がなく、完全ではない。そのうえ、この種の与える方法はエゴが傷つけられるので、最終的に自責の念を引き起こす。それはエゴに反した行動であり、復讐の中でエゴは自己憐憫にふける。

人間の心に利己心がない時にだけ、それは自然に、そして完全に明け渡すことができる。そしてこの明け渡しは、風の中でかがむ小さな草の葉と同じくらい、細部まで自然に、そして完全になるだろう。草の葉にはそよ風に全く敵意がない。エゴが全くない。人間がこの自然なかがむことを、自分の実存へのこの自発的な明け渡しを自分のものにできる日、神の神秘的な秘密が明らかにされるだろう。

ある若者が一度ファキールに言った。
「過去においては、彼ら自身の目で神を見た人々がいました。そのような人々が今日存在していないのは、どういう訳ですか？」
尊い紳士は答えた。「なぜなら、誰もそんなに低く身をかがめる準備ができていないからだ！」神の噴水で思う存分飲むためには、あなたはかがまなければならない。自分の鼻を傲慢に空中に保って岸の上に立つ人々は、いったいどうしたら彼らの瓶を水で満たすことができるだろう？

私はあなたが至福を探しているのを知っているが、それを求めることでどうやって至福を見つけられるだろう？　至福は、至福を分配する人々の、至福を周りに広げる人々の手に入る。もしあなたが至福を望むなら、至福を与えなさい。求めてはいけない。与えなさい。ただ与えることによってのみ、それはあなたのところに来るだろう。ただ分かち合うことによってのみ、それはあなたに降り注ぐだろう。神の道は奇妙だ。乞食のように至福の入口に立ってはいけない。皇帝のようにそこへ行きなさい。あなたは、全ての扉が乞食に対して閉ざされていることに気付かなかったのだろうか。ところで乞食とは誰だろう？　乞食とは請う人、弁護する人、嘆願する人だ。では皇帝とは誰だろう？　皇帝とは与える人だ。だから私は、あなたにしきりに促すのだ――与えなさい、与えなさい、与えなさいと――。何の付帯条件も付けることなく与えなさい。その時あなたは、自分の与えたものが千回以上あなたに返されることがわかるだろう。全てはあなたに戻って来る。あなたの唯一の財産は、あなた自身の惜しまない贈り物の反響だ。あなたはこれまで、最初に何かを与えることなしに何かを受け取った覚えがあるだろうか？

私の友人の親類が病気で、彼は彼女に庭から新鮮な花束を持ってきた。彼が病院から戻った時、私は花の香りがまだ彼の手に残っていたことに気づいた。私は多くの他の方法で同じことを観察した。私たちが与えるものは何でも、その香りやその嫌な臭いは常に残っている。芳香の中に生きたい人々は、芳香だけを与える。

私が人類について考える時はいつでも、自分が見てきた何千もの目を思い出す。それらについて考えることが私を苦しませるのは、彼らの中に見たものを思い出すからだ。私が見たいと望んでいたものは、決して私が見たものではなかった。私は幸福を探していたが、惨めさを見つけてしまった。私は光を探していたが、暗闇を見つけてしまった。私は神を探していたが、堕落を見つけてしまった。何が人間に起こったのだろう？

人間の生は本物ではない。平和も調和もない所で、エネルギーも至福もない所で、どうしたら私たちはそれを生と呼べるだろう？　どうしたら私たちは混沌を生と呼べるだろう？　これは全く生とは呼べない。より適切な描写は、それを苦悶の夢、無意識の幻覚、惨めさの無限の連鎖と呼ぶことだ。それはただ、死で終わるだけだ。ほとんどの人は、生を全く生きることなく死ぬ。生まれることは一つのことだ――全ての人たちは生まれる――が、生を達成するのは非常に、非常にわずかな人たちだ。

本当に生を達成する人だけが、自分自身の中に、そして全ての人間の中に神を体験する。彼の実現なしでは、私たちは生の永遠の始まりに気づかず、生の活力に満ちた流れに気づかない単なる生命のない身体に過ぎない。この意識なしでは、人の生は決して至福であることはない。人間の自分自身についての無知が、彼の自己についての無知が彼の惨めさだ。

人が自己認識を達成した時、彼のハートは光で満たされる。これが起こらない限り、彼の存在は完全な暗闇の中にある。人間が自分の自己に、自分の魂に達する時、彼は神性になる。だが、もし彼が達しなければ、動物より劣るようになる。身体に関するものから離れて、自分自身の中にどんな真理も感じられない人々は、決してこの神的な存在に、この神性な生に達することはできない。人間が肉体を超えた生の光を体験する時、その時にだけ彼より上方へ向かう神の道が始まる。そして彼が自然の中に見て体験してきた全てのものは、神に変容される。

もし落ち着きのなさ、惨めさ、苦悶、暗闇、または無意識が私たちの中に存在するなら、その悪影響は内側から外側まで広がって、完全に私たちを包む。人の内部の条件は、人の外部の行為を左右する。それは内側のほんの反映に過ぎない。私たちが内側でそうあるものは何でも、私たちの外側全てに行き渡る。人の考え、人の話しぶり、人の行動において、内なる存在は具体化される。

まさにこの方法で、ありとあらゆる個人の内なる感覚は、最終的には結局私たちが生きている社会となり、それを作ることになる。あなたが社会の中に毒を見つけるなら、この毒の種はそれから成っている個人の中に隠されている。社会が甘露を望むなら、その市民たちのハートの中に蒔かれなければならないものがこれらの種だ。人の心が幸福で満たされるなら、彼らの相関関係の結果である社会は、この愛を、友情を、そして同情を反映するだろう。

もし人の中に調和があるなら、この均整は外側で明らかになり、彼の内なる交響曲のメロディははるか遠くに広がるだろう。だがもし内側に惨めさがあるなら、そこで涙を流したり泣き叫んでいれば、その同じ不協和音は彼の行為の中に反響するだろう。これは当たり前なことだ。愛に満ちた人だけが、自分自身の中に幸福を達成した人だ。

愛は道徳だ。愛の不在が不道徳だ。人が愛の中により深く入れば入るほど、彼はより高く神に達する。人がより少なく愛すれば愛するほど、彼の精神的な状態はより低くなる。愛は純粋で道徳的な生の基礎だ。キリストが言ったように、「愛は神だ」

ある人が一度、聖アウグスティヌスに尋ねたことがあった。

「私が罪を犯さないためには、何をすべきで、どう生きたらいいのですか？」

聖アウグスティヌスは答えた。「愛しなさい、ただ愛しなさい。そうすれば、あなたがすることは何でも正しく道徳的になるだろう」

愛しなさい――この一つの言葉の中に、人が神へと上昇することを可能にさせる全てがある。しかし覚えておくべき重要なことは、あなたは内側で幸福な時にだけ愛することができる、ということだ。愛は外側から付け加えることはできない。それは着ることができる衣服ではない。愛はあなたの魂だ。それは発見されなければならない、覆いが外されなければならない。それは押し付けられるものではない。それは明らかにされるものだ。

愛は行為ではない。それは意識の状態だ。それがあなたの本性になった時にだけ、それは真正なものだ。その時だけ、それは神性な生のための、神の中に生きるための基礎になることができる。

この自発的な愛の内的な現われがなければ、道徳的な生はあなたを神に導けない、ということもまた覚えているべきだ。この種の道徳は正当さを欠いている。それは常に、恐れや魅力のように一つのものや別のものに基づいている。そしてこの道徳の根拠が、精神的であるか物質的であるかどうかには何の違いもない。

天国に惹かれたり地獄を恐れるために、純粋な、あるいは道徳的な生を送る人は、道徳的でも純粋でもない。彼は本当は全く道徳的ではない。道徳は無条件だ。失うか得るかという問題では全くない。道徳的な振る舞いは、幸福と愛の結合から成長する。もしそれが何か他の源泉から湧き出るなら、それは偽りだ。ちょうど光が太陽から流れ出るように、純粋さと道徳性は内側の幸福から流れ出る。

奇妙な出来事が心に浮かぶ。ある日ラビアが一方の手に松明を、もう一方に水の入った水差しを持って市場を走り抜けているのが見えた。人々は彼女を止めて尋ねた。

「あなたは手にこれらの物を持って、どこへ走っているのだ?」

彼女は答えた。「私は天国を燃やして地獄の炎を消すつもりです。私はあなたの神への道を塞ぐ障害物を破壊するつもりです」

私はラビアに同意する。私も同じように、天国と地獄の両方を根絶したい。

真に道徳的な生は、決して恐れや魅惑に基づいたことがない。それはいずれそうあり得ることもない。もしそうであるなら、それは道徳についての錯覚だ。そしてこれは自己啓発にではなく、自己欺瞞に導く。現在までの人類の知識の発達は、このいわゆる道徳に基づいた生の虚偽を示している。そして結果として、人類の不道徳は、その全てのあからさまな状態で曝け出されてきた。

天国や地獄についての古い概念は現在消えている。それらと共に、かつて人々が持っていたそれらへの魅力や恐れも消えている。大きな責任は今、現世代の肩に、私たちの肩にかかっている。私たちは、道徳的な生のための新しい原則を見つけなければならない。この基礎は常にそこにあったが、それを明らかにすることは、それの覆いを取ることは私たちにかかっている。

マハーヴィーラの、仏陀の、キリストの、そしてクリシュナの内なる実存は偽りの倫理に、擬似道徳に基づいてはいなかった。彼らは愛の中に、知識と幸福の中に生きたが、恐れを通してや誘惑のために生きてはいなかった。私たちは愛に基づく道徳を、復活させなければならない。これなしでは、将来の道徳的な人のための可能性は全くない。恐れに基づいた道徳は死んでいる。そしてもし愛の炎が再び燃えあがらなければ、人は不道徳になること以外に全く選択の余地がないだろう。あなたは人を道徳的であるように強いることはできない。ちょうど、何かの信念を盲目的に受け入れることを、知的な人に強いることができないようにだ。

人が従うべき唯一の道は愛の道だ。純粋さと道徳性が再生するのは、愛を通してだ。しかし人間の中の愛は、幸福が自己の中に生まれる時にだけ起こる。だから本当の問題は、内側の幸福の体験を達成することにある。もし内側に幸福があれば、自己実現があれば、愛は成長するだろう。自己についての完全な体験を持たない人は、幸福を達成できない。

幸福は自己を確立させた存在から生じる。その後、自己認識は彼の存在から広がる。人が自己の内側に見てきたものを、彼はその時全ての中に見る。人が自己を知るとすぐに、人は全ての存在を、全ての全体を知る。そして人があらゆる生きているものの中に自分自身を見る時、愛が生まれる。

愛の革命より大きな革命は何一つない。それより大きな純粋さはない。それより大きな達成はない。愛を達成する人は生を達成する。

私はガンジス川で沐浴をして、身体から塵を洗い落とした。私は一緒にいた友人たちに言った。「そうそう、別のガンジス川があるのだ。もしそこで沐浴するなら君たちの魂は浄化されるだろう」

「それはどのガンジス川だ?」と彼らは尋ねた。

私は「愛というガンジス川だ」と答えた。

私はあなたが神を礼拝しているのを見て、彼に祈っているのを聞いた。そして今、あなたは私に言う、神について私はあなたに何か言わなければならない、と。あなたに何を言ったらいいのだろう? これくらいのことは言おう。音も言葉も出さずにハートから生じる祈りは、音や言葉ばかりでその中にハートが全くない祈りよりも良いものだ。だが祈りは常にただの言葉に過ぎない。そして祈りが決して愛にならず、礼拝が常に活気がないのはまさにこの理由のためだ。

どうしたらあなたは、この死んだような礼拝で神に達することができるだろう? どうしたら神の扉は、これらの愛のない祈りに答えて開放されるだろう? もし神が石だったなら、おそらくこれらの祈りは彼に届くだろう。私は神が石の中に存在していることは認めるが、彼は石ではない。愛と生命力を持って彼に接近する人々だけが、彼に面と向かって会うことができる。

もしあなたがハートの中に憎しみの毒を育てたら、あなたの生に至福の花が咲くのは決して期待できない。それらは開花するために愛を必要とする。愛の甘露がふんだんに注がれる時、至福の花は高く成長し、それらの芳香を四方に広げる。

もしあなたの従事している仕事が、あなたを感動させることもなく他人も満足させないなら、あなたはその理由を知りたいだろうか？　あなたは明らかに、自分に課されているものが重荷であると感じている。喜びを持って引き受け、そして為される仕事だけが満足をもたらすだろう。

与えなさい、与えなさい、与えなさい――優しさを万遍なく広げなさい。どこであれ、それが必要なところで奉仕をしなさい。そして愛を豊富に与えなさい。与える彼は受け取るだろう。

ではあなたは、至福を探しているのだね？　それならあなたが出会うあらゆる人に、至福を降り注ぐための用意をしなさい。世界はまさに反響だ。あなたがすることは、何でもあなたに返って来る。幸福を他の人たちに雨のように浴びせる人は、彼自身があらゆるところから彼に注がれる恩恵に浸っていることに気づく。そして罵りの言葉は、さらによりひどい侮辱で払い戻される。あなたが石を投げる相手から、決して愛を期待してはいけない。そしてもしあなたが、他の人たちに棘を刺すなら、イラクサ（葉に棘のある植物）の豊作より他に何も期待してはいけない。憎しみが憎しみを招き、愛が愛を招くことは永遠の法則だ。

侮辱を私に投げつけて、それから立ち去る友人たちがいる。悪口を通して、私は自分の愛が彼らの方に流れているのを感じることができるので、私のハートは素直に彼らに感謝している。そしてそれは、私の存在のいたるところ全てに、この世界のものではない平和を広げる。

私は非暴力について、大いに考えたものだった。だが、私がこれまでそれについて聞いたものは全て、非常に表面的に見えた。それは私の知性には触れたが、私のハートには触れなかった。そしてゆっくりと、私はその理由を理解した。誰もが話していた非暴力は否定的だった。否定的なものは決して、知性よりも深く行くことはできない。生に触れるためには、肯定的な何かが必要だ。もし非暴力によって暴力の放棄以上の何も意味していないなら、それは決して本当の放棄とのどんな関係も、否定的なものはもちろん、肯定的なものとのどんな関係も持つことはない。

それをそんなに当てにならないようにしたのは、「非暴力」という用語の否定的な性格だ。その言葉は否定的だが、それに関連する体験は肯定的なものだ。非暴力は純粋な愛の、全くどんなものにも愛着を持たない愛の体験だ。愛着のない愛は焦点を合わせない。それは特に誰かに向けられてはなく、誰もかれもに対して向けられている。実のところ、それは本当は全く向けられていない。

それは単にそう在るだけだ。執着しない愛が非暴力だ。

非暴力の目指すものは、愛を通して人の本性を変容させることだ。非暴力であることは、暴力を放棄することではない。それは愛を表現することだ。そして愛がそこにある時、暴力は全く努力することなく自動的に衰える。ある人が、自分は愛しているが、それでも暴力を自分自身から取り除く努力をしなければならないと感じるなら、彼の愛は全く本物ではない。暗闇は光の出現で消える。それが消えなければ、生じたものは光ではないと確信していい。愛で充分だ。まさに愛の存在が暴力の非存在だ。


とにかく愛とは何だろう？　一般に愛として知られているものは、本当のところは愛着だ。それは他の誰かを通して、自分自身から逃れる手段だ。この種の愛は、酔わせるもののようにふるまう。それはある人を惨めさから解放させるものではない。それは単に彼を無感覚にさせるだけ、それに耐えさせるだけだ。私はこの種の愛を関係型と呼ぶ。それは本当に全く愛ではない。その人自身の惨めな状態から生じるものは愛の幻覚だ。

惨めさは、人の意識を二つの方向に導くことができる。彼はそれを忘れようとすることができるか、またはそれを和らげるために何かをすることができる。最初のアプローチを通して人はいくらかの幸福を、いくらかの喜びを感じるかもしれないが、それが一時的なのは、長い間根底にある不幸を忘れることは不可能だからだ。一般に愛として知られているものは正確にこの種のもの――酔いの、夢中になることの、忘却の状態だ。それはその人の惨めさから湧き出るもので、それを忘れる方法でしかない。

私が非暴力として話す愛は、本物の幸福の結果によるものだ。それはその人の惨めさを楽にさせない。それはその人の惨めさがなくなる時にだけ起こる。それは酔いではなく、覚醒状態だ。

二番目の方向を、惨めさを取り除くことを選ぶ意識は、本物の愛の本質の方に動く。その人が内側で幸せな時に、愛は彼の中で開花する。実のところ、内側の幸福が外側で愛になる。それらは同じ感覚の二つの面だ。幸福が中心にあり、愛は円周上にある。

この愛は、その表現のための関係性を必要としない。それは自己の持って生まれた性質だ。光が太陽から注ぐように、愛は自己から流れる。それは外側の世界との関係を全く持っていないし、それは何も熱望していない。それは完全に自由だ。この愛を私は非暴力と呼ぶ。

もし人が惨めでいるなら、彼は暴力的な状態にいる。幸福なら、彼は非暴力的だ。誰も決して非暴力を犯さない。それは行動ではない。それは実存的なものだ。それは存在に関連している。それはその人の自己の中でのある変化ではない。

重要な問題は、私は何をするかではなく、私は何であるか、だ。

誰もが、自分は苦悩しているのか幸福なのかを自分自身に問いかけるべきだ。全てはこの基本的な問いかけに対するその人の答えに依存する。しかし私たちは、外見を超えて見なければならない。

人は、現実に気づくために、はっきりと見るために、自己欺瞞なしで見るために、服を脱いで裸にならなければならない。しかし、その人が自分自身を覆うベールを持ち上げる時、彼は暗闇と苦悩しか見ない。彼は恐れるようになる。彼は逃げたいし、隠れたい。しかし恐怖から自分の苦悩を隠す人々は、決して幸福にならないだろう。苦悩は取り除くべきもので、隠すべきものではない。そして苦悩を取り除くには、表に出さなければならない。この知覚が苦行だ。この洞察は償いだ。自分の苦悩を変装させることは世間に導き、自分の苦悩に気づくことは魂に導く。

私たちが生として知るものは、幻想や幻覚に他ならない。成功は生に対する私たちの尺度だ。人が富に、名声に、または地位に陶酔して根底にある苦悩を忘れることに成功した時、私たちはその人は自分の人生を成功させたと言う。しかし問題の真相は全く違う。これらの種類の人々は、全く生に到達しなかった。彼らはそれを失った。彼らは自分の苦悩を忘れることによって、自殺している。

自分の苦悩に気づくことは、理解の種を魂の中に植えることだ。苦悩はその中に目覚めの本質を含んでいる。自分自身から逃げようとしない人は、新鮮で前例のない新しい意識で目覚めるだろう。彼は、自分を完全に変容させる内なる革命への目撃者になるだろう。自分自身の内側で暗闇が消えていくのを見て、彼は光が自分の全ての意識に充満していることに気づく。この光の中で、彼は初めて自分自身を知るようになる。その時、彼は初めて自分が誰なのかを自覚するだろう。

気づきの衝動が自分の苦悩を貫き始めているのを人が感じる時、彼の自己覚醒が始まる。自分の極度の苦悩に直面する人々だけが、最終的にそれを超越する。真理を知るためには、この種の勇気が必要になる。

私とは誰かを知ることは、真理を知ることだ。それから全ての苦痛はなくなる。苦悩は、その人の自己についての無知以外の何でもない。自己が発見される時、人は意識と至福の中に生きる。これがブラフマンだ。これが神で、自己を知ることは、神を知ることは真理を知ることだ。真理を知ることは幸福を達成することだ。真理が達成される時、愛と幸福が人の内なる存在の中で開花する。内側の幸福は外側で非暴力になる。

非暴力は真理の体験の結果だ。その時、非暴力の芳香はその人の存在から四方に広がる。


愛は自由だ。さらに愛の絆は自由だ。無限の愛の無限の絆で自分自身を縛る人は自由になる。だから私は言うのだ、自由を求めなくていい、愛を求めなさい、と。

より多くの時代で、自由の探求は利己主義《エゴイズム》という連鎖に導くが、愛の探求は、エゴが破壊される以前では始めることさえできない。愛の探求はエゴの死を意味する。そしてエゴの消滅が自由そのものだ。エゴは世界を所有することを夢見る。それは死を恐れているので、救済に打ち勝つという夢さえ見始める。エゴは世俗的なことの競争の中に存在しているが、それはまた精神的な救済のための競争の中にも存在し続ける。これを理解しない人は、自己欺瞞の谷に落ちるだろう。

この世界の奴隷状態と束縛はエゴと共存している。エゴは奴隷状態そのものではないだろうか？ エゴは全ての束縛の誕生地ではないだろうか？

私は尋ねる、どうしたら救済の種は土に根付くことができるのだろう？　利己主義者が世界を救済しようと考えることよりも、不条理で愚かなことはあり得ない。救済のために解放されるべきなのは、エゴではない。それはエゴから自由にされなければならない私たち自身だ。だから利己主義者たちは放棄や献身、宗教、完全な知識や救済を恐れてはいないが、愛を恐れているのだ。

エゴは放棄の中に、献身の中に、または救済という希望の中に逃げられるが、愛の中に逃げることはできない。愛はエゴの救済ではない。それは決してそうはできない。愛とはエゴからの完全で絶対的な解放だ――永遠に。

ドストエフスキーが小説の人物に、どこかでこう言わせている。

「私は自分の人類愛が、毎日増大していることをあなたに保証したい。だが、同時に私の仲間への愛は減少している」

人類を愛することがどれほど簡単で、人を愛することはどれほど難しいのだろう！　そしてたぶん、その人の彼の同胞への愛がより少なければ少ないほど、彼は人類をより多く愛するだろう！　私たちは自分自身を愛していないので、この態度は私たちに全くよく適合する。このようにして私たちは自分を愛する努めから逃れ、この自己欺瞞から生じ得る自責の念を排除する。これは、人間を愛すると明言する人々が常にとても無情で、とても無慈悲で残酷なのと全く同じ理由だ。人間への愛と懸念の名における大量殺人は、何の良心の呵責もなく果たせる。
私は、人類を愛することをあなたに勧めるような偽りの、空っぽの、そして価値のない言葉であなたを慰めたいという気持ちは全くない。いわゆる宗教は、代々これらの事をあなたに言ってきた。私は、本物の人たちを愛することを、あなたの仲間たちを愛することを勧めるためにここにいる。人類ではなく、あなたの周りで生きていて働く人たちを、だ。人間とはただの言葉に過ぎない。人類とは単なるラベルに過ぎない。あなたは、人間や人類をどこにも見つけることはできない。そしてそのように人間を愛しやすいのは、あなたがするべき唯一の事が、わずかな決まり文句をささやくことだからだ。

問題は本物の人たちの、あなたのような人たちの、あなたの側で地上を歩く人たちの中心にある。彼らを愛することは全くの苦行だ。それは大きな償いだ。彼らを愛することは重要な精神的訓練だ。それは本当に立派な仕事だ。彼らを愛するためには、あなたは自分のまさに根源へと、あなたを揺り動かす革命を通って行かねばならない。私があなたを呼ぶのはそのような愛のためだ。これだけが、本当の宗教についての全てだ。

私がかつてどこかで自分は皇帝だと言ったら、誰かが「あなたの王冠はどこにあるのですか?」と尋ねた。私は答えた。

「それは私の頭の上ではなく私のハートにある。それは宝石でではなく、高潔な考えと行為で作られている。それはダイヤモンドやエメラルドで輝いていないが、知識、平和、そして愛の光で煌めいている。この王冠を被りたい皇帝は、誰でもまず乞食にならなければならない」

あなたは注目したことがないだろうか？　どれほどしばしば私たちは、本当にすぐ近くにあるものを遠くの場所で探していることだろう？　これは幸福の場合だ。幸福が存在するところを理解してごらん。それはあなたが気づくところにあり、あなたがそれを捜しているところにはない。

一組の旅行者が、数日間非常に汚い小屋に避難した。彼らの一人は汚れと乱雑さに不平や不満を言い、その一方で、もう一人は直ちにその場所を掃除することにかかった。彼は、好きですることの仕事に計り知れない満足を発見した。同じ小屋は一人を全く惨めにさせ、もう一人を非常に幸せにさせた。

愛を持って仕事を引き受けることよりも大きな満足が、生の中で見つかるだろうか？　他人に奉仕する以上に満足を与える何かがあるだろうか？　全く何もない。もしあなたが生の中に長続きする喜びを求めるのなら、現世の住居を可能な限り掃除して整頓するようにして、その後に来る人々のために、あなたが気づいたものをより美しいままに残してごらん。あなたは常に、美の創造の中に幸福を見出すだろう。

何が人類に起こってしまったのだろう？　それは常に私を驚かせる。非常に多くの惨めさがありながら、そうしたありふれた無益さを感じているにもかかわらず、それほどひどい退屈にもかかわらず、どうやって私たちはうまく生き続けていられるのだろう。

私が人間の魂を調べると、暗闇しか見えない。私が彼の存在を熟考する時、私は死以外の何も見つけない。人間は生きているが、全く生の概念がない。生は彼にとって重荷になってしまった。美なしで、平和や幸福、そして照らすものなしでは、生は名ばかりの生だ。私たちは、生きる方法を完全に忘れてしまったのだろうか？　動物や鳥、そして植物でさえ、人間よりもお互いとの大きな調和の中に存在しているように見える。

ある人たちは、人類の繁栄がとんとん拍子に高まっていると言う。神は私たちをこの種の繁栄から救い出す！　これは繁栄ではない。それは私たちの弱さや貧しさをただ隠しているだけだ。繁栄と力は、自己から逃げるための道だ。いわゆる繁栄という外套の下での内側の貧しさと苦悶を私が見る時、私のハートは悲しみと苦痛でいっぱいになる。

これについてわずかでも考える人は誰でも、物質的な豊かさは、ただ内側の貧しさを隠す方法に過ぎないと簡単に気付くだろう。劣等感に苦しむ人々は、地位と富を切望する人たちだ。自分の内なる存在から、自分が本当はそうであるものから逃げるために、人は外側に別の存在を、別の人格を投影しようとする。人が外見上そうあるふりをするものは、一般的に彼が本当はそうであるものとは正反対だ。だから尊大な人は謙虚であるように見せかけ、好色な人は禁欲主義者になり、貧しい人は富を求め、裕福な人は放棄について話すのだ。人類の繁栄が高まったと言うことは馬鹿げている。その反対の事が実際に起こっている。

人が外側で金持ちになればなるほど、内側でより貧しくなる。外側の豊かさのための競争で、彼は内側の富の達成について完全に忘れてしまう。人は自分の意識が美の、調和の、そして真理の高みに上昇する時に、本当に成長し、本当に発達する。

私はあなたが物質的な物に満足するのか、それとも自分の意識を発達させたいのかどうかを知りたいと思う。外側の世界に満足する人は、常に基本的に不幸でいるだろう。この種の生は、単に便利さのそれでしかない。本当の満足が幸福の達成であるのに反して、便利さはただ面倒な事がないだけだ。

あなたのハートは何と言うだろう？　あなたの人生の最大の欲望は何だろう？　あなたはこれまで、自分にこうした質問をしたことがあるだろうか？　もしなければ、今あなたに尋ねてみたい。もしあなたが私に尋ねるなら、私は答えるだろう、「達成されるべきものが、さらに先には何も残っていない状態に達したい」と。これはあなたの最奥の魂の中でも、同じように脈動する答えではないだろうか？　私はこの質問を、あなただけに関して尋ねているのではない。私はそれを何千人もの他の人たちにも尋ねてきた。

全ての人間のハートが同じであるということと、彼らの究極の欲望もまた同じであるということが私の観察だ。この魂は幸福を、完全で純粋な幸福を望んでいる。なぜならその時にだけ、全ての欲望は終わるからだ。欲望が存在する限り苦悩は存在する。なぜなら欲望と一緒にでは、平和はあり得ないからだ。

欲望の完全な不在が幸福をもたらす。それは自由と解放もまたもたらす。なぜなら何かが不足している時は常に、制限と依存の両方があるからだ。ただ不足しているものが全く何もない時にだけ、完全な自由の可能性がある。自由は幸福をもたらす。そして幸福は救済だ。

完全な幸福への、そして究極の自由への欲望は、全ての人の中では休眠状態になっている。それは種という形である。それはその中に木を含む種に似ている。同じ意味で、人間の究極の欲望の実現は、彼のまさにその本性に隠されている。その完全に発達した状態において、幸福であること、自由であることが私たちの本性だ。私たちの真の本性が唯一の真実のものであり、ただそれを完成することだけが、完全な満足をもたらす。

自分自身の本性を満たすことを求めない人は、繁栄が彼の苦悩を緩和するだろうと誤って考える。しかし物質的な富は、決して内側の空虚さを満たすことはない。それだから、人が世界で可能な全てのものを達成する時でさえ、彼はまだ自分が何かを逃したと感じるのだ。彼の最奥の存在は空虚なままだ。仏陀がかつて言ったように、「欲望は満たすには難しい」

奇妙なのは、たとえ何を達成しても彼が決して満足しないことや、彼が自分の目標を果たした後でさえ、さらにより大きな成就に憧れることだ。だから乞食と皇帝の貧しさは同じなのだ。このレベルでは、全く彼らの間に違いはない。

たとえ人が外の世界でどんなものを獲得しても、それらは不安定だ。それらはどんな時でも失われ、破壊され得る。そして結局は、死がそれらを請求する。だからこの種の物によって、実に簡単に取り除かれ得る物によって、人の内側のハートが決して満たされないのは驚くべきことではない。この種の繁栄は、決して人に安心感を与えないだろう。たとえどんなに熱心に彼がそれを追い求めてもだ。実際に起こることは、自分が獲得した物に安全を提供しなければならない、ということだ。

外側の力と繁栄は、人の欲する感覚や不安、または恐怖を決して根絶できない、ということをはっきり理解すべきだ。自己欺瞞は、これらの感覚を偽装する唯一の方法だ。繁栄は人を酔わせるものの一つだ。それは生の現実を隠す。そしてこのタイプの忘却が貧しさそのものよりはるかに悪いのは、その人が自分の本当の貧しさから免れるために何かをすることを妨げるからだ。貧しさは何らかの具体的な物の欠如や、力または繁栄の不足が原因で起こるのではない。なぜならたとえ人が金持ちで権力を持っても、貧しさはまだそこにあるからだ。あなたは、全てを持っているように見える人々の貧しさがわからないだろうか。あなたの重荷は、あなたの物質的な所有物によってこれまで軽くなっただろうか？

友よ、繁栄と繁栄の幻との間には大きな違いがある。全ての外部の富、権力、そして安全は、あなたの中に存在している本物の富のほんの影に過ぎない。この貧しさの感覚の基本的な理由は、外部の何かを達成していないからではない。それは、自己から顔を背けることから生じるものだ。だからこの感覚は、外側のどんなものによっても根絶できない。それは内側からしか消すことはできない。

自己の本性は至福だ。それは自己の一つの性質ではない。それはまさに本質だ。幸福は自己との関係性ではない。自己は至福そのものだ。それらは、同じ真理に対する単なる二つの名前だ。

私たちが自己と呼ぶものは、経験的な観点から見た至福だ。そこであなたが幸福として知っているものを、真の幸福と混同しないように気をつけなさい。真の幸福は自己そのものだ。これが達成された時、他の全ての探求は止む。誤った類の幸福の達成は、ただその探求を強めるだけだ。このいわゆる幸福を失うことへの恐れが、人の想念《マインド》の平安を妨害する。人の渇きを強めるような水は、全く本当の水ではない。キリストは言った。

「来るがよい、あなたの渇きを永久に抑えるであろう水の井戸に、あなたを導こう」

私たちは絶えず、快楽を幸福と間違えている。快楽は幸福のただの影に、ただの反映に過ぎない。しかしほとんどの人々は、幸福の幻影が生の全てだという錯覚の中に存在している。そして当然、最終的に幻滅を感じる。それは月の反映を月そのものと間違えて、それをつかもうとするようなものだ。月を見つけるために湖により深く飛び込めば飛び込むほど、本物の月からますます遠く離れる。

そして同じ方法で、人々は快楽を捜し求める中で、幸福からますます遠く離れて動く。この道はただ苦悩に導くだけだ。あなたは私の言うことが真理だとわかるだろうか？　あなた自身の人生は確実に、快楽を求める競争はただ不幸に導くだけという事実の証拠になるに違いない。しかしこれは全く自然なことだ。反映は外見上は原型と同一だが、全く本物ではない。

全ての快楽は幸福の約束をして、それらは幸福そのものであるという保証を人に与える。だが、快楽は単なる幸福の影に過ぎない。快楽を幸福として受け入れることは、失敗という、そして自責の念という結果をもたらすだけだ。どうしたら私は、あなたの影をつかもうとすることであなたを捕らえられるだろう？　そして、たとえ私があなたの影を捕らえたとしても、私は自分の手に何を持っているのだろう？

反映は常に、それが反映するものに対して正反対であることもまた、あなたに思い出させたい。もし私が鏡の前に立つと、私の反映された像は正確に私が本当に立っている状態の正反対だ。そしてこれもまた快楽に当てはまる。それは単なる幸福の反映だ。幸福は内側の特質だ。快楽は外側に現れたもので、ただ物質的な世界にしか存在しない。

唯一の幸福は至福だ。快楽の追求を続けるなら、私が語る真理をあなたの自己に発見するだろう。全ての快楽は惨めさで終わる。

しかし何かが終わりになるものは、始まりにあったものでもある。あなたの視野《ビジョン》は充分深く見通せないので、最初に気づく必要があるものは、最後にしか明らかにならない。ある出来事の終わりに明らかにされるものが、最初には存在していなかった、ということは全くあり得ない。終わりは始まりが発展したものに過ぎない。始めに隠されたものは、終わりに明らかにされる。

しかしあなたは、物事を逆の順序にして見る。もし本当に、あなたが少しでも何かを見るならば……。何度も何度もあなたは、自分を惨めさに、苦痛に、そして自責の念に導く道を辿り続けている。なぜ人は毎回惨めに終わるのに、何度も何度も同じ事をするのだろう？　なぜだろう？　おそらくそれは、自分の前に他のどんな道も見出さないからだ。だから私は、あなたの視力はぼんやりして歪んでいると言うのだ。だから私は、あなたにはいったい視力があるのかどうかを疑うのだ。

実際に自分たちの目を使う人々は、ほんのわずかしかいない。誰にでも二つの目があるが、それにもかかわらずほとんどの人々は盲目だ。自分自身の内側を全く見ない人は、まだ自分の目を使っていない。自己を見た人だけが、本当に自分の目を使ったと言える。もし自己を見ることができなければ、彼は本当にいったいどんなものが見れるのだろう？

友よ、あなたの見る能力は、あなたが自己を見る時にだけ始まる。人が自分の自己を見る時、彼は幸福の方向に進み始める。彼はもはや快楽の方には向いていない。そして他の人たちは、彼の中にこの変化を感じることができる。快楽の方角はその人の自己から世界に向かっている。幸福の方角は世界から自己に向かっている。

美徳が幸福だ。


ある日、友人と私が畑を通り過ぎようとしていた時、何人かの農夫たちが仕事で種を撒きながら、陽気に歌っているのが目に入った。彼らの歌は私を楽しませてくれたが、私と一緒にいた友人は非常に陰鬱だった。彼は出家僧《サニヤシン》になろうとしていた。

「来なさい」と私は言った。「農夫たちが撒くのを見に行こう。彼らの歌を聞きに行こう」

私があなたに、全ての存在は一つの広大な畑だと言う時、私は真理を話している。そして愛の、真理の種を撒くことを望む人々は、農夫は決して目に涙を浮かべて種を撒いたりしないことを覚えている必要がある。人は泣きながら悲しみと不幸の種を蒔く。それしか蒔かない。そして取れるものも涙の収穫物だ。種を蒔くその方法は、喜びに満ちた歌の伴奏だ。種を蒔く態度はそれらに浸透する。

うなだれた心でサニヤスを取ることは、悲しみを導くだけだ。本当のサニヤスは、喜びと希望から生まれる。

私の友人の若い息子が、彼の父親に尋ねた。

「僕がずっといつも望んでいることをするために、充分大きくなれるのはいつですか？」

父親は答えた。

「親愛なる息子よ、私は知らない。私はこれまで、誰もそれほど大きくなるのを見たことがない」

私もそこにいて言った。

「私はその秘密を知っている。君が常にしたいことをするのに充分大きく成長することが、どうしたら可能であるかを知っている。これをする方法は、何をしようと、君がすることを愛することだ。それが大きくなることだ」


一度私は幸せな人に出会い、彼の幸福の秘密を発見した。彼は自分の好みに合う仕事を見つけることについては心配せず、彼の運命に降りかかる仕事を愛する方法を知っていた。

私はあなたに何を与えられるだろう？　あなたに高価な宝石を贈ったらいいのだろうか？　いや、結局それはただの石だ。美しい花を？　いや、私はあなたにいずれ枯れる花を与えるつもりはない。私はあなたに、私自身のハートから溢れ出る愛を与える。それは石のように硬くはなく、花のようにはかないものではない。人間のハートからの愛は神の芳香だ。聴く者のまさに核心まで感動させるものは、神性な音楽だ。

真理の認識や魂の知識は、知的な議論や精神的な熟考の問題ではない。絶え間ない努力を通り抜けることにふさわしく、かつそれを受け入れ続ける人々だけが、真理を理解できるだろう。

物質的世界に関する知識は、私たちの知る能力に制限されているが、真理は知識の範囲に全く制限されていない。あなたは、たとえ何を知るようになっても、知られるべき他の何かが常に残っていることに気がついたに違いない。真理の領域は、常に知識の範囲を超えている。私たちの知っていることは、必ずしも真理であるとは限らない。真理は私たちの理解の届く範囲に対して、あまりにも広大すぎる。それは不充分で、不完全だ。自分の知識の限界と真理のそれは同じであると考える人は、そこで行き詰まる。彼はそれ以上先には進めないだろう。

外界に関する限りでも、私たちの知識は制限されている。それは自分たちの感覚を通して気づくものに限られる。盲目の人にとって、彼の世界に光のようなものは全くない。盲人たちの社会では、光に関する本当の概念を持つ人は決して見つからないだろう。彼らは暗闇も決して完全には理解できない。なぜなら光を経験することは、暗闇を理解するための、光の不在を理解するための不可欠な要素だからだ。もしある人が耳が聞こえないなら、音は全く馴染みのないものだ。私たちに明らかにされる存在の唯一の部分は、私たちの感覚にとって知的なものだ。

私たちの世界は、私たちの知覚能力に相応している。しかし私たちは、これが現実の世界の全てだと本当に言うことはできない。私たちが体験する世界の領域と、現実の世界のそれは全く同じではない。私たちは自分自身に対して、自分たちの世界を限定している。

多くの世界がこの一つの世界の中に存在する。それぞれ異なる種の中に個体があるのと同じくらい、多くの世界がある。さらにもっと緻密なレベルの調査では、生物がいるのと同じくらい多くの世界がある。この一つの世界で個々の世界の数が数え切れないなのは、知り、気づき、そして経験する存在たちの数も同様に数え切れないからだ。

宇宙は、車輪に別々の歯車があるのと同じくらい多くの架空の世界に細分化される。人間より低いレベルには、感覚能力が人間よりはるかに劣るかなり多数の動物がいる。私たちは彼らの多くが、見ることや聞くことができないのを知っている。ある生き物は味わうことができない。ある生き物は嗅ぐことができない。これらの生き物には人間が持つ視界、音、感触、味、そして匂いに関する完全な経験がない。人間の経験の範囲は、ただ感覚が許すところまでしか拡大しない。私たちの限定された知識が認識できるものに、現実の世界を限定しようとすることは全くの無知だ。

私たちがより多くの感覚に恵まれていれば、おそらくさらに、もっと遠くへ私たちの経験する世界を拡大させただろう。これこそ、科学の発明がしてきたことだ。私がこのことを言うのは、知識とは私たちの知る能力に、物事を把握したり理解する感覚の能力に相応する、という説明のためだ。

見える世界に当てはまるものは、見えないものにも当てはまる。

人々が私に「魂は存在しますか?」と尋ねる時はいつでも、私はこの質問を用いて答える。

「あなたには魂を経験するための、神を知るための能力があるだろうか?」

本当の質問はあなたの能力に関するものであり、神の存在や非存在に関するものではない。もしあなたにその能力があるなら、今はあなたの手が届く範囲を超えているそれらの真理を間違いなく経験するだろう。その能力を備えていない限り、それらの真理は常にあなたにとって偽りに見えるだろう。もし何らかの未知の恐れが、特定の物を受け入れることをあなたに強制するなら、それらは全く本当の真理ではない。本当の真理はあなた自身の体験から生じる。


二十五世紀前、ある探求者が真理を求めて仏陀の足元に伏し、彼の指導を懇願した。

「あなたはどのようにして真理を見るのですか?」と彼は尋ねた。

「私が見たものは」と仏陀は答えた。「あまりあなたの役に立たないだろう。あなたの視力は真理を見るために充分発達していない。私が言うこと全てをあなたは誤解するだろう。なぜならあなたは、自分がまだ体験していないものの現実を認識できないからだ」

「かつて私は、ある村にいた」と仏陀は続けた。

「そして彼らは、盲人を私のところに連れて来た。彼らは私に、光の存在を彼に納得させるように頼んだ。私は彼らに、その人は視覚の器官を欠いているので、彼には視力が全くないので彼らの要求は全く馬鹿げていると言った。私は彼らに、彼の目を治療できる医師のところに連れて行くべきだと言った」

「見るための目がある所に、光がある」

私は同じ事をあなたに言う。あなたは真理に関心を持つ必要はない。あなたの関心は、自分が外界を超えて見るために必要な視力を持っているかどうかにあるべきだ。

あなたは物質だけを見る。そして物質の世界を超えて存在するものは何であれ、完全にあなたの体験の範囲外にある。その振動や波動、その衝撃は、あなたにどんな影響も及ぼすことができない。あなたが友人と会う時、彼との接触は彼の物質的な存在に制限される。あなたは彼の魂と触れ合うことはない。あなたが庭の木を見る時、あなたの知覚はその外側の物質的な限界で止まる。あなたにはその内なる魂への接近手段がない。これはなぜだろう？　それは自分自身の魂との密接な接触を全く持たなかった人や、その中に存在している生命エネルギーを全く体験しなかった人には、全ての物に充満している普遍的な魂の存在を、認めたり実感することが望めないからだ。

問題は神、真理、または光に関するものではない。それは視覚に関するものだ。私の目から見れば、宗教とは熟考の対象というよりも治療だ。

もし自分たちの眠っているエネルギーを行動に駆り立てるなら、体験に関する新鮮な展望が私たちの前に開かれ、私たちは生に本当の意味、方向性、そして目的を与えるそれらの物事に関する知識を自由に持つだろう。人の感受性がより洗練されるようになり、人の受容性がより鋭く成長するにつれ物質の世界は背景に退き、形ある世界は脱落する。宇宙が粗野なレベル上の知覚の対象として現われるのを止める時、最終的な地点が達せられる。そして神の、普遍的な魂の純粋で晴れやかな光景《ビジョン》だけが残る。しかしこれを達成するためには、自分自身を準備しなければならない。農夫は種を蒔く前に土地を耕す。そして神を認識することを求める人々もまた、彼らの土壌を準備しなければならない。存在の全てに浸透する外側の交響曲を聞くために、内側で彼ら自身を同調させなければならない。

私たちの目がそれに気づいているから、太陽は私たちに見える。太陽が私たちに印象を与えるのは、視力に関して必要な器官と受容性のために必要な能力が私たちにあるからだ。私があなたに話す時、私の声があなたに入って反応する響きを生み出すのは、音があなたに達するのを可能にさせる感覚器官があなたにあるからだ。

神は決して存在することを止めない。ほんの一瞬さえもだ。私たちの呼吸は彼のものだ。私たちの限界でさえ彼のものだ。しかしあなたがそれを実感しないのは、あなたが自らの手で彼の入口を閉じるからだ。

この入口を開いたままにする過程には三つの段階があり、あなたの神との融合をもたらすことができる三つの活気ある鍵がある。私は今、それらについて話すつもりだ。

それによって粗野なものが溶解して精妙なものが視野に入って来るような、物質的な対象が消滅して普遍的な魂が見えるような、そんな力があなた自身の中に引き起こされる方法をあなたに話そう。私が話そうとしている鍵は、あなたを見えるものから見えないものへ、粗野なものから精妙なものへ、世間から神へと連れて行くだろう。

最初の鍵は自己愛だ。あなたは自分自身を愛さなければならない。この愛は妨げられるべきではなく、無条件でなければならない。自分自身を愛せない人は、他人を愛することができない。愛なしでは物質を超えて、世界を超えて動くことは不可能だ。愛の力は、人間の中にあってこの世界のものではない唯一の力だ。神への扉は、愛の鍵でしか開けることはできない。

注意すべきことをここに差し挟ませてほしい。伝統的な経典がそれにとても反対しているため、自分自身への愛を主唱する私の話を聞くのは奇妙なことと思うかもしれない。直接的であれ間接的であれ、経典によって屈服させる教訓や命令は、自己への敵意を助長させるものだ。

尋ねてみたいが、自己に敵対したり対立することなく、自己を抑制することは可能だろうか？正義と美徳の寺院は、まさにその人自身の中での争いによって、その人自身を愛することと憎むことの間の苦闘によって建てられてきた。もし彼が、この種の物事を自分の人生の基盤としたために生が異様で凡庸なものになったと気づいても、驚嘆には値しない。

生の美しさは、自己への対立を通しては決して達成されない。なぜならそのような人は、自分のエネルギーを単に消耗させているからだ。そのような人は、それが正しく使われたなら人生を成功させたかもしれない力を、単に浪費しているだけだ。そのような人は自分の後ろに自分の手を縛って、それからその手をお互いに戦わせようとする。誰が誰を征服するのだろう？　成功も失敗も可能ではない。可能なものは全て苦闘であり、人のエネルギーの最後の枯渇と、最終的には死になる。その人の能力全てが自己破壊を引き起こすために一緒に共謀しているので、人生は彼にとって醜悪なものになる。彼は無気力に感じる。全ては無駄なように見える。

もし人が、自己の創造的な修練に従事しさえすれば、美、真理、至福を達成できる。そして自己抑制に関する説教は、どんな内的調和の音色も決して生み出さないだろう。彼らはただ不一致を引き起こして、惨めさや不安、心配と苦難に導くだけだ。内面的な葛藤でいっぱいの人、自分自身と戦う人、自分を友人と敵に分割する人、自分のいくつかの能力に対して敵を作ったり、他の人たちをその能力と競争させる人は、本当に自分自身に対して生き地獄を作り出す。そして全てに関して最も悲しいことは、この種の生が宗教的な生と考えられてきたこと、美徳の生として賞賛されてきたことだ！

私が見るところでは、美徳の生は完全に異なる物事の状態だ。それは内側の葛藤の生ではなく、内側の平安、内側の調和、内側の音楽のそれだ。それは自己を憎む生ではない。それは協調の生、統合の生だ。そして魂の、生まれながらの調和に到達したい人々は、まず初めにそのための基礎を固めることだ。葛藤を基礎として始めると、葛藤がない至福の状態を達成することは、決して誰一人として望めない。それは完全に不可能だ。始まりの中に、終わりは既に存在している。

覚えておきなさい、最初の段階は、最終的なものよりはるかに重要だ。神とは完全な調和だ。もしあなたがその神性な交響曲と融合したいなら、まず第一に自分の内側と一致する何らかの外観を、その内側の調和の音色を持つことが不可欠だ。それでは、この調和の音色はどうやって生み出されるのだろう？　それは決して、自己非難や自己敵意によっては達成されない。それは唯一、あなた自身を愛することによってのみ、生み出すことができる。スピリチュアルな努力の生のための最も基本的な必要条件は、自分自身への愛と内なる調和だ。

これはおそらく、あなたを混乱させるだろう。あなたはしばしば、自分の内側にあるものを抑圧するように忠告されてきた。しかし私は保証する、あなたの中に抑圧や根絶を必要とするものは何もないということを……。

全ての人の中に、活用されるべき一定の、自己を駆り立てる何かがある。それは根絶すべきではない。そこには一定の力があり、それは目覚めさせなければならず、愛されなければならないが、抑圧してはいけない。それらはただ、ふさわしい経路に沿って管理され、指導される必要がある。しかし敵意を持ってこれらの自己を駆り立てる何かを見る者は、決して誰もそれらを変容することに成功しないだろう。理解する人は毒を甘露に変容さえできるが、全く理解のない人は確実に甘露を毒に変えるだろう。私にとって、理解は甘露だ。それがないことが毒だ。

あなたは私たちが腐敗している物を、不潔な臭いのする物を肥料として使うことに気づいたに違いない。ちょっと前に誰かが私に、生き生きとした花束を贈ってくれた。それらは何といい香りがするのだろう！　しかしそれらの芳香が最初に私の心を感動させた時、良い香りの源も思い出した。肥料の不潔な臭いは、この非常に美しい花を生み出した植物の種と茎を経た後に、この魅惑的な香りに変容した。あなたが庭の至る所で単に肥料を堆積するだけなら、悪臭は大気全体を汚染するだろう。だがそれを庭に広げると、家の周りの空気は甘い匂いがするだろう。不潔な臭いと呼ぶものは、芳香と呼ぶものの単なる未発達の形態なのだ。それらは互いに敵対していない。音楽の調和しない小節は、美しい音楽ととても簡単に調和して混じり合える同じ音色の、未発達でかき乱された形態に他ならない。

生の中には、破壊したり全滅させたりしていいものは何一つない。生の中には、変容されるべきもの、清められるべきもの、向上させるべきものが多くある。

人間の中には、本来中立である一定のエネルギーがある。それらは有利なものでもなく不利なものでもないし、良くも悪くもない。それらは全く中立だ。私たちが使う方法が、それらに形態を与える。

　人の性的な潜在力や熱情の推進力は、いわゆる精神的指導者たちが永い間、それらに果てしない闘争をしてきたことと反して中立なものだ。それは潜在性だ。変容される時、神性なエネルギーの中に、神を敬う力に発展するものがこのエネルギーだ。それは原始的な創造力だ。

　性エネルギーを用いて起こるものは、あなたがそれをどう使うかによる。それが成り得るものはそれだけに依存するのではなく、あなたの理解に、そして自分の人生をどのように生きるかに依存する。あなたはそれが変容される時、ブラフマチャリアに、禁欲の状態になることを観察したことはないだろうか？　ブラフマチャリアは熱情に敵対していない。ブラフマチャリアは熱情の浄化、超越、昇華だ。同じ意味で、それ自身を暴力で表わすエネルギーは平和、静けさ、そして静穏さになる。それは単なる変容の問題だ。

　生において、創造の過程は破壊の過程よりはるかにより大きな重要性を持つ。あなたがこの事実をはっきり理解できるなら、自分自身と戦うことや自分自身に敵対するという考えは、あなたの中にほとんど全く生じないだろう。統合した自己の創造は、自己愛の雰囲気の中でのみ可能になる。

　私は、肉体がこの愛から除外されるべきでないことも付け加えたい。身体に豊かな愛を与えなさい。そうすれば生きる活力になる。その眠っている潜在性は目覚めさせられる。だが私が、放蕩や禁欲について話していないことを、どうか覚えておきなさい。私の意味するところでは、放蕩者も節制家も自分の身体を愛していない。

放蕩者は自己抑制の欠如を通して、自分の身体への軽蔑を示している。自分の身体への軽蔑から、彼はそれを乱用したい気分になる。節制家は対極に尻込みするが、彼も同様に身体に敵対している。もちろん、二人は違う方向に行った。節制家は自己抑制の名において、放棄の名において自分の身体を苦しめている。もう一人は、放縦の名において自分の身体を苦しめている。しかしどちらも身体に対して、どんな感謝も感じていない。どちらも身体に対して、どんな愛も持っていない。健康な精神的平静さの独特な特徴の一つは、身体への肯定であり、身体への愛のこもった態度だ。どんな方法であれ、身体を苦しめることは不健康なマインドの、病んでいるマインドの兆候だ。

それは、人を悩ます二種類の、精神的な弱点があるという事実に全て要約される。

一つは抑制されない楽しみで、もう一つは軽率な放棄だ。だから放蕩者は、それほど簡単に百八十度の転向をして、それほど完全に放棄の中に飛び込めるのだ。彼がその中間にただ留まることができないのは残念だ！　一つの病気から別の病気に進むことがそれほど簡単なのは、非常に不幸なことだ。

これらの偏った人々は、私たちに多くのことを教えてきた。彼らは私たちに身体は敵であることを、私たちはそれと戦わなければならないことを教えた。そして宗教はこれらの有害な教えのせいで、身体に取りつかれるようになった。しかしこれは予想されたことだ。つまり、身体に反対するためには、かなり多くの注意を集めることが必要になる。

私は、もしあなたが身体を超えることを、身体より高く上昇することを望むなら、それと戦ってはいけない、それに向けたどんな敵意もあなたの中に成長させてはいけない、と言おう。

あなたの身体を愛しなさい。その友情を求めなさい。身体はあなたの敵ではない。それは使われるべき器具であり、素晴らしい道具だ。何であれ、自分が使いたいものには友情の手を差しのべることだ。そして何よりも、自分自身の身体に友好的な手を差しのべなければならない。身体は、神の熟練した職人としての専門技術の驚くべき例だ。それは、あなたを神に導くことができる秘密を持った階段だ。

狂った人だけが、梯子の段を登る代わりにそれと戦う。だが残念ながら私たちは、そうした狂人たちの世界に生きている。彼らに用心しなさい。彼らが私たちに影響を及ぼしてきた大混乱を評価することは非常に難しい。

生まれつき授けられたこの身体の中に隠されている何千もの秘密について、あなたは全くわかっていない。もし自分自身の身体の秘密だけでも学んだなら、あなたは普遍的な魂に関する終わりなき神秘への鍵を所有するだろう。この身体はとても小さいが、それでもどれほど多くのすばらしい神秘が隠されていることだろう！　精神《マインド》は身体の中に隠されている。魂はマインドの中に隠されている。神は魂の中に隠されている。

ある賢者が死のうとしていた。

彼は弟子たちと信奉者たちに休暇を取らせ、そして立ち上がり、手を合わせて言った。
「おお、私の愛しい身体よ、私を神に導いたのはあなたです。私はあなたに感謝します。あなたなしでは、私は何も成し遂げなかったでしょう。にもかかわらず、お返しに何も与えず、あなたを言うに言えない苦しみや苦痛、仕事に服従させてきました。あなたは私を際限なく助けてくれたので、私は深い恩恵を受けました。別れのこの時に、申し訳なく思っています。あなたに反する私の全ての行動に対して、あなたへの私の全ての忘れっぽさに対して、どうか私を許してくれるように懇願します。あなたがいなかったら、私が神に達することは不可能だったでしょう！」

あなたはこの方法で、自分の身体を見なければならない。そのような感謝の態度、この種の愛する熱意が必要だ。

その賢者は言った。「おお、私の愛しい身体よ！」

そしてこれらの言葉は、私の内側に至福のすばらしい感覚を奮い起こす。あなたの身体に対する同じ種類の同情と理解はまた、あなたの生をも輝かせはしないだろうか？　私は尋ねたい、あなたがこれまで、それほどの溢れる愛と慈しみをもって、自分の身体を見たことがあるかどうかを。あなたはこれまで、その奉仕によって祝福されたと感じたことがあるだろうか？　あなたはこれまで、身体に感謝を述べたことがあるだろうか？　もしなければ、何と大変な恩知らずだろう！　何と見苦しい落ち度だろうか！　何という失礼をしてきたのだろう！

あなたの身体への態度は、深い理解と慈しみのものであるべきだ。あなたは親しみをもってそれを見ることに、保護することに、充分な自覚を持つことだ。それは長い上り坂の旅におけるあなたの道連れだ。それはあなたの喜びと悲しみを共有する。それは道具、手段、梯子だ。だから私にとっては、人間がたとえほんの少しでも自分の身体に残忍な心を持ち、身体と対立するなど、それがどんな対立であろうと考えられないことだ。

運の悪いことに、これまでも世界にいて今でもいるのは、歪められた視覚を持つ多くの人たちだ。彼らの自分自身の身体に関する横暴さ、暴力、容赦ない抑圧、かつ身体を悩ませることは、私たちが結局は「おお、神よ、人類をそうした精神性から救ってください！」という熱心な祈りを唱えるほどの悲しさと自責の念を、引き起こしてきた。それほど大きな、それほど深刻な行為は、そのような人たちの知性の完全な欠如を証明するだけだ。しかしあいにく、彼らの悪い影響は今でも残っていて、まだ今日でさえ人類に絶えずつきまとっている。私たち全てを、そのような疾患と歪められた説教から遠ざけなさい。これらの種類の説教師たちは、尊敬されるに値しない。彼らは癒される必要がある。私たちがある日彼らを治療できることを、私はひそかに期待している。

私が前に説明したように、この身体への敵意は、抑えられない官能的な耽溺からやって来る結果として生じる弱さ、不満、そして挫折感に対する反応だ。だからあなたは自分自身の罪深さのために、あなたの無垢な身体を非難するのだ。私は、この肉体への敵意に基づいた自己否定をしているどんな苦痛に対しても、油断のないままでいることをあなたにお願いしたい。なぜなら人は自分の身体をめちゃめちゃにし、いつの間にか、様々な自己訓練に心を動かされている可能性があるからだ。

もし人が、他人の富を見て嫉妬深くなるか、他人の美しさを見て羨望し、そのために自分の目を引き抜くなどしたら、私は彼を狂人と呼ぶ。あなたの目は、あなたに何かになるようにとは全く言っていない。目は単にあなたの命令を実行することに、そしてあなたがそれを使いたいと思うその方法に従う用意ができているだけだ。肉体はあなたの奴隷だ。それはあなたの専任の使用人だ。あなたが行きたいところはどこにでも、あなたの後について行く。もしあなたが地獄に行きたいなら、それは地獄に行く準備ができている。もしあなたが天国に行きたいなら、そこであなたの後について行く準備ができている。本当の問題は身体についてのものではない。それはあなたの意志についてのものだ。

肉体は、ただ意志に従うだけだということを、決して忘れてはいけない。もしあなたが自分の意志を修正する代わりに、身体を苦しめて虐待するか、さらに破壊したりするなら、大きな誤りを犯すことになる。身体を悩ますことは暴力の一つの形態であり、私は暴力を認めない。それが自己に対してでも身体に対してでも、だ。私は自己愛を主張する。自己暴力より馬鹿げたものを、私は他に知らない。

私が言う自己愛の意味は、自己中心的であることとは全く何の関係もない。エゴに中心を置く個人は、決して自分自身を愛さない。もし彼が自分自身を愛していたなら、エゴから離れていただろう。そして利己心より極悪で、落胆させたり失望させるものは何もない。エゴに中心を置く人は、聖者の服装をして自己暴力に耽っているタイプだ。なぜならエゴにとって、それほど大きな程度の糧と満足を達成するためには、これ以上の良い方法は全くないからだ。だからあなたは常に、いわゆる模範または美徳の中に、自称、聖人と半分ほら吹きの賢人に、一種の傲慢と優越感を見つけるのだ。彼らが利己的なのは、自分は聖人だと信じているからだ。彼らが自分は聖人だと信じているのは、利己的だからだ。

神が創造した広大な宇宙の中では、あなたに対して不親切でいたり敵対することは、どうあっても全く不可能だ。どんなやり方であれ、あなたがどのように物事を利用するのか利用しないのか、それとも悪用するのかは別の事柄だ。理解のない人が地面の岩石を邪魔物にする一方で、理解のある人はそれを踏み石に変えるだろう。生において問題なのは、あなたが物事を見るその方法だ。もしその人の視覚が歪んでいるなら、それは途方もない違いを作る。そしてもしあなたが、敵意を持って肉体を見始めるなら、それが結局はあなたに敵対してあなたを失望させたとしても驚いてはいけない。身体はあなたの友人だという考えを持って始めなさい。するとそれは、永久にあなたの友人でいるだろう。

この敵意が消えたら、もし身体に反対するこの恨みが落とされたら、大きな重荷が自己から取り除かれる。あなたは緊張から解放される。平和を、休息を感じる。あなた自身で実験してごらん。

身体は唯一の媒体、唯一の乗り物であることを覚えておきなさい。単独では、それはあなたをどこにも導きはしない。それに向けて悪意を感じてはいけない。もしあなたが、偏見または先入観なしでそれを見るなら、それがとても長い間黙ってあなたにしてきた数え切れない奉仕に対して、あなたのハートは愛と感謝で、自ずと満たされるだろう。

しかし、身体で止まってはいけない。さらにより深く進みなさい。肉体は私たちの自己愛への旅の単なる出発点だ。あなたがより深く動くなら、思考《マインド》に遭遇するだろう。あなたはそれも愛さなければならない。あなたはその友情も、同様に求めなければならない。人間は普通、自分の存在のこれらの二つのレベルに、身体とマインドに気づいているだけだが、もしそれらより高く上昇したければ、またはそれらより深く進みたければ、それらを使う方法を学ばなければならない。

疑いもなく、マインドに反対する運動は、身体に反対するものよりさらに熱心に続けられてきた。霊的な方面から、マインドは攻撃の中心的目標になってきた。私たちはこの敵意の弾幕から、自分自身を解放しなければならない。マインドは力、エネルギーであり、他の全てと同様に神性な力だ。それは高度に発達した、非常に微妙なエネルギーだ。それを批判すること、それに敵対すること、あるいはそれを乱用することは実に愚かな行為で、致命的な結果をはらんでいる。

あなたは、今日の人間でさえ、マインドの全ての神秘を完全には熟知していないことを認識すべきだ。彼は本当に、自分の精神的なエネルギーを使う方法を全く知らないでいる。現在マインドは、おそらく電気がかつてそうであった位置にある。電気がただの破壊的な自然力に過ぎなかった時代があったが、今日、それは巨大な創造的事業に使用されつつある。人が自分自身の精神的な力をそっくりそのまま理解する時、それは人間の歴史で、最も創造的で祝福された時代の到来を告げるだろう。

マインドは無限の可能性の宝庫だ。しかしマインドに反対する人々は、彼ら自身の可能性と衝突していて、自分自身の手で消滅させようとしている。彼らはマインドを批判して反対する。彼らはその不安定さが理由で、その性質の気まぐれさが理由で批判する。

しかし、気まぐれは生のしるしだ！　生を恐れる人々や死を熱心に待っている人々だけが、不活発さと不変性を歓迎する。彼らはこれらの物事に平安と静けさを見る。しかしあなたに警告させてほしい。無気力から生じる平和は全く非現実的で、マインドの生気のなさは非常に自滅的だ。平和であるように見えるものは、墓地の沈黙と荒廃以外の何でもない。生の落ち着きのなさは、墓地の静寂よりも限りなく望ましいものだ。それは抑圧されたマインドから生じる強制された静寂ではない。やりがいがあり達成する価値があるマインドの完全な理解から、自然に広がる穏やかな平和だ。ただそのような平和だけが、より偉大な高みに導く。死んだような沈黙は世俗的なものに、物質に導いて、神には導かない。

あなたには活気のある平和が、活動的な沈黙が必要だ。活力に満ちて生きているものだけが、崇高な生への門戸であることができる。だから私は平和に達する方法として、マインドを抑圧することや、その気まぐれを抑えるためのどんな努力も認めないのだ。決してそのような愚かさと停滞の泥沼に沈むことを、あなた自身に許してはいけない。世界には既に充分な生気のなさがある。どうかそれ以上、それに加わらないようにして欲しい。私は、活発でかつ平和であるマインドに賛成だ。そして私が先に指摘したように、生きていて活力に満ちているマインドの唯一の平和は、あなたがマインドの気まぐれを失うことなく獲得できるものだ。たぶん「流動性」のほうが、「気まぐれ」よりふさわしいだろう。それでも、もしあなたがどこかに行きたければ、穏やかな湖は役に立たない。海に向かって流れる勢いのある川が、あなたに必要なものだ。

マインドの流動性をもって、人は普遍的な魂に達することができ、神そのものに達することができる。だから決して、あなたのマインドが移り気であることを残念がってはならない。決して非難してはいけない。決して、これが理由で敵と見なしてはいけない。むしろ、感謝しなさい。しかしマインドの移り気に対して、マインドの流動性に対して、あなたはずっと以前に淀んだ水溜りになっていた。もしマインドが移り気でなかったなら、あなたはどこかで何らかの知的な課題に没頭して、あるゴミの堆積の上に座ることで終わっていただろう。もしマインドが移り気でなかったなら、貪欲さは自らの貪欲の対象を永久に渇望し、欺くものは自らの欺きの対象を求め、官能的なものは自らの好色さの対象を求めていただろう。そうなると神への道は、永久に閉ざされただろう。偽りの神たちを全て取り除き続けながら前に動き続けられるのは、マインドが移り気なためだ。マインドが流動的なので、それは私たちを静止したままに、気が抜けるようにさせることはない。それは私たちを引き続き駆り立てる。

このマインドの移り気の背後には重大で神秘的な秘密があり、私はそれをあなたと分かち合いたい。マインドに合った最終的な休息所を見つけない限り、そして見つけるまで、マインドは決してどんな平和もどんな休息も、あなたに許さないだろう。その移り気が原因だ。そしてマインドの最終的な休息所は、神の中にある。それがその移り気を落とす時であり、決してそれ以前ではない。あなたのマインドがあなたに対して、どれほど親切で慈悲深いかをちょっと見てごらん！　もしそれが、それほど変わりやすくなかったなら、あなたはある種の世俗的な罠に嵌るだろう。それから神に達しようとするあなたの全ての試みを、永久に棚上げにするだろう。その移り気のために、あなたのマインドを批判したり乱用してはいけない。大きな好意をもって、その変わりやすさを受け入れなさい。それを利用する方法を学びなさい。

いいかね、もしマインドが安定していられなければ、何かに杭を打てないなら、原因はあなたのミスに、責任逃れのできない罪にある。だからマインドはその状況に、その場所に留まりたがらないのだ。例えば、できるだけ集中しようとはしても、マインドは協力を拒む。それはあなたの過ちだ。マインドは元来、気まぐれだ。このことをマインドは伝えようとしている、気づかせようとしている。だが、そのことを悟る代わりに、あなたはマインドを敵として扱っている。

私が聞いた物語を、話させてほしい。

昔々、エジプトが偉大な王《ファラオ》に支配されていた時、同様に偉大な聖人が小さなエジプトの村に住んでいた。彼はファラオ自身からも高く尊敬されていた。

ある日、無断で、ファラオはその聖者を訪問した。彼は賢人を自分の宮殿に招待するために来た。ファラオは小屋に到着した時に、賢人が外出していることに気づいた。彼の若い弟子の一人がそこにいたが、彼はファラオが着ていた質素な衣服のため、ファラオだとわからなかった。

若者はファラオに、聖者を連れて来るために村に行っている間、野原の端の盛り土の上に座るように勧めた。ファラオは座ることを拒否しただけでなく、うろうろし始めた。これに気づいて、弟子は彼が木の陰の下に座ることを好むかもしれないと思って、そう提案した。ファラオはまだ座らずに、木の下をうろうろし続けた。少し困惑して、弟子はそれからファラオに、賢人の小屋に入ってそこに座るように勧めた。それでも訪問者は弟子の好意を受け入れなかった。彼は小屋に入っても、前や後ろにうろうろし続けた。

若者は非常に複雑な気持ちで、聖者を連れて来るために出かけた。帰りがけに、彼はマスターに町からの訪問者の非常に奇妙な行動について話した。「息子よ」と賢人は言った。

「彼は私たちのファラオだ。小屋の中にもその周りにも、彼の地位にふさわしい座るための場所はない。だから彼はうろうろしているのだ」

あなたのマインドは、全く同じ理由のために落ち着かない。それはその永遠の住処としての充分価値のある場所を見つけることができない。その尊厳にふさわしい玉座を見つけることは、あなたの義務だ。しかしこれをする代わりに、その気まぐれのせいであなたはそれと戦う。それがうろうろし続けるので、あなたはそれと言い争う。あなたはこれまで、自分が提供してきた座るための場所について考えたことがあるだろうか？　本当にあなたは、マインドがそれらの一つに座ることを期待できるだろうか？　友よ、マインドはその気まぐれさで、あなたの頼みを聞いている。あなたは、あらゆる類の場所に座るようにと頼み続けるかもしれないが、マインドは座らないだろう。マインドはどこにも座れないし、座ることはないだろうが、神の中でなら可能だ。そこがその玉座だ。そこに座ることは、あなたに対するマインドの限りなき寛大な行為だ。

あなたのマインドのいわゆる気まぐれが、本当にあなたにとって大きな助けになることを忘れてはいけない。もしあなたが、それを一つの場所に落ち着かせられなければ、その場所がそれに対して価値がないからだ、ということをよく理解しなさい。加えて言うが、価値のない場所にマインドを釘付けにすることに成功しても、それは何の意味もない。それが起き上がって、しばらくしてどこか他のところに走り出すやいなや、あなたはそれをどこかに座るように強いることに成功する。このあちこちに漂うこと、このあちらこちらに飛び交うことを、あなたはマインドがその究極の休息地点に到着するまで続けるだろう。

その究極の休息地点が神だ。

多くの人々は、もし神を認識することを熱望するなら、マインドを集中するための能力は不可欠だと言う。だが私は、いったん神が認識されるなら、マインドはその時必要な集中を持つだろうと言う。人々は、神を認識するにはマインドを固定したままにすべきだと言うが、私は、神が認識される所はマインドが静かになる地点である、マインドが休息する所である、と言う。

マインドは当然、それに喜びを約束するものに向かって突進し、苦痛を起こす恐れのあるものには決して突進しない。だが喜びの見込みが消える瞬間、マインドはその目標物を落として他の何かに向きを変える。だからあなたは、特に何か一つの対象に焦点を合わせたマインドを決して見つけることはないだろう。

例えば、一緒に一万ルピーを集めてごらん。最初はマインドは、喜びとはここでそれを待つことだと思うだろう。だがまさに、次の瞬間それは移って行く。それがほとんど腰を下ろしてもいない前に、それは幻滅を感じる。一万ルピーの十倍を貯蓄してごらん。するとあなたは、再び同じ幻滅を経験するだろう。頭の先からつま先まで、あなたを覆っている百億ルピーの紙幣でさえ、全くどんな違いも生じさせない。

マインドのぶらぶら歩き廻る傾向は、前にも言ったように、それに喜びのヒントを与える場所の方へ突進し続けるのを、抑えつけることはできない。しかし見通しが消えると、すぐにそれは逃げる。約束された喜びの魅力が続く限り、マインドは単なるひとつの最も小さなかけらでしかない。しかしマインドが本物の喜びの、決して終わらない喜びの一瞥を得る日、それはその放浪癖を完全に落として、絶対的な平和に、完全な静寂に満たされる。だから私はあなたに、何であろうとマインドにどんな固定でも強いるようにしなさい、という助言は決してしないのだ。強制された安定性は不活発を引き起こし、究極のゴールの達成よりもむしろ停滞に導く。

その最終的なゴールに達する時、マインドは固定するようになり、それ自身で固定したままになる。不幸にも、この事実は誤解されてきた。それは、もし人がいずれ旅の終わりに達することになっているなら、マインドを静かに保つ能力が必要だ、という考えを引き起こした。これは荷車を馬の前に置くのと同じくらい馬鹿げている。眠っている時にあなたの目が閉じたままでいるという事実は、あなたが目を閉じるたびに眠りに落ちるだろうということを必ずしも保証はしない。

私のあなたへの助言は、本当の喜びの芳香がやって来る方向にマインドを定めることに、ゆっくりと愛をこめて、絶対的な幸福の住処の方にマインドを導くことにある。

真の至福の方へ、あなたのマインドを定めなさい。するとマインドは必ず後に続く。しかし力を使ってはいけないし、強制してはいけない。忘れっぽさからそうすることさえだめだ。あなたが予想するものに反して、力は抵抗を引き起こすだけだ。禁止するものは、招待になる。禁じるものは魅力的になる。もしあなたが、何かをすることを我慢するという傾向を示すと、マインドはますます楽しみをもってそれに熱中するだろう。これは自然なことだ。これこそがマインドのやり方だ。それは、普通は容易に避けられるとても多くの物事にあなたは巻き込まれる、という単純な事実に対するあなたの無知を示している。

覚えておくべき基本的なことは、マインドはあなたの敵ではないということだ。マインドの性質を抑圧しないことだ。それよりそれらを理解しなさい。そして愛をもって、常識をもってそれらを導きなさい。する価値のあるものだけが理性の明かりの中で、良識の明晰さの中で、生き残ることができる。

存在に関する心すべき法則は「愛は全てを征服する」――という成句の中に含まれている。憎しみによって誰かに打ち勝つことができるなどと、決して一秒でも思ってはいけない。それは決して起こらない。あなたが憎んでいる者たちに、あなたの敵とみなす者たちに打ち勝つことは不可能だ。あなたは自分が愛する者たちしか征服できない。だからもしあなたが、自分のマインドの主人でありたいなら、それを愛さなければならない。愛の道だけが勝利に導く。他に方法は全くない。

そこで最初の鍵、最初の黄金律は、あなた自身を愛することだ。抑圧ではなく変容を、あなたを導く灯りにさせなさい。あなた自身の内側を分裂させてはいけない。あなたの能力を全部集めて一つの努力に、愛に注ぎなさい。

全ての単一性、全ての統一は愛から生まれる。

もしあなたが、良かれ悪かれ、あなたが豊かな愛で満たされるなら——全ての憎しみと中傷がマインドから消えるなら——自分自身に反対するのを止めるなら——自分で自分を高潔だとか卑劣だと言うのをやめて、あなたがそうであるものの全てと、あなたの全体性の中であなたと愛に落ちるなら——一つにまとまって分割できない個性があなたの中に形作られる。

これこそが個性の構造だ。愛とは接合する力だ。それは一つの中に全ての異質な要素を融合する。

あなたの全ての異なる能力が、一つの統合された全体の中へ一緒に結合される時、大きく素晴らしいエネルギーがあなたの中に作り出される。分裂して、分割されて、異なる方向に流れて、そしてただ単に浪費されていたエネルギーは巨大になる。その統合した形において天文学的になる。この新たに発見されたエネルギーの驚きの成果、この統合の結果には、物事を変容する力がある——絶え間ない努力にもかかわらず、限りなく戦い続けてきたにもかかわらず、いつも克服できなかった物事を。その取るに足らないものを愛した瞬間、自分の欠点と思ったものも何もかもが変容される。この人格の統合こそが自己変革の土台だ。

もしあなたが自分自身を改善したい、自分自身を発展させたい、自分自身を高めたいと思うなら、あなたは一つの、統合された全体にならねばならない。いくつかの断片に分割されている人は、一つの断片を他のものと戦わすことで自分の全エネルギーを浪費している。彼は断片を支配しようとして、それらの間に力の均衡を維持しようとして、自分自身を消耗させている。自己変容のために、その浄化のために残されたエネルギーは全くない。自分自身を愛する人だけが、この分裂のない統合された状態を獲得し、保持し続けられる人だけが、自己変容のために必要な余剰のエネルギーを増強できる。

今や私たちは、あなたが神に向かって飛ぶために必要な、二番目の鍵に辿り着いた。最初の鍵は自分自身への愛であるとわかったように、二番目の鍵は他のものに対する愛だ。全ての生あるものに対して、あなたがあり余るほどの善意を、際限のない愛を、溢れ出る親切を、そして恵みで満たされたハートを持っていない限り、神へと導く愛に向かってあなたが前進することは決してないだろう。

イエス・キリストは言った。

「あなたが毎日の祈りのために教会に入り、ひざまずいて、神に手をかかげる時、隣人があなたに怒っていることを思い出すなら、まず彼のところに行って彼に愛を示しなさい。神を後にして隣人のところに行きなさい。彼を愛して彼の許しを求めなさい。まず彼と和解しなさい。人々との和解にまだ成功していない彼は、どうやって自分自身と、そして神との和解に成功できるだろう?」

人間の段階で愛することを拒否する人が、彼の祈りを神のレベルにまで上げられることなど期待のしようがない。

かつて、とある村に住んでいる賢人に、神を認識したいという願いをもった帰依者が訪れた。彼は聖者に、自分は何をすべきかを尋ねた。彼を上から下まで見つめて、おそらく彼の全体を理解したので、賢人は言った。

「よろしい、息子よ、まず第一に、あなたが誰かを愛しているのかどうかを私に言いなさい。それなら私は、あなたに何らかの助力を与えられるかもしれない」

その帰依者は、世俗的な愛は神を探す者たちには必然的に不適格であるという思いから、自分は誰も愛しておらず、生における唯一の目的は神を認識することだ、と言った。

聖者は言った。「息子よ、よく考えなさい。あなたの心を捜してごらんなさい。あなたは自分の妻、子供、家族、または友人を愛していないのですか?」

帰依者は強調した。「いいえ、私は全く誰も愛していません。ただ神を認識したいだけです」

賢人は何も言わなかったが、彼の目に涙がこみ上げ始めた。

驚いて、帰依者は言った。

「マスター、なぜ泣いているのですか? なぜ私に何も言わないのですか?」

賢人は言った。「息子よ、もしあなたが誰かを愛してさえいれば、私はそれを神への愛に変容することができた。しかしあなたの中には愛が全くない。そして愛は神に導く。愛は天国への直行路だ」

宗教の名において、あなた方はみな他の誰をも愛さないことを教えられてきた！

これらのいわゆる宗教的な人々の教えは、まさにあなたのエゴの食べ物だった。誰も愛さず神を愛せよというこれらの命令は、あなたを決して彼のところに連れて行かないだろう。愛は神そのものに最も近い力だ。

なぜ人々は愛を恐れているのだろう？　それが彼らを縛りつけるかもしれないと恐れているのだろうか？　しかし愛は、あなたがそれを放射し続けることができない時、あなたがもっともっと与え続けることができない時、ただ収縮しているだけだ。縛ることの要因は愛の不充分さであり、愛そのものではない。不充分な愛が、満ち足りず率直でも正直でもない愛が、束縛になり得る。ただ萎縮する愛だけが、一人をもう一人に拘束できる。いっぱいに注がれた愛は、常に広がって増大している愛は、全ての障壁を突破して溢れ始める。愛が本当に熟する時、それは未開拓の領域を全く知らない。それは空の限りない広大さを当然のことと思う。

だから私はあなたに言う、あなたの愛をもっと拡大しなさいと。あなたの愛の範囲を広げなさい。制限をつけてはいけない。そのための条件を作ってはいけない。それを日々拡大させなさい。あなたの愛であなたが愛している人を覆い、その人より上へ、その人を超えて流れさせなさい。それをどこにも止めさせてはいけない。その進路をさえぎらないようにさせなさい。

その神への旅のどこかで、愛を動けなくさせるもの、いわゆるスピリチュアルな人々を愛に慎重にさせるもの、それは恐れだ。しかし、もし私の愛の流れがどこかで止まるなら、それは私自身の過ちであって愛のせいではない。何であろうと、愛に敵対するどんな口実もない。

あなたが何かを愛のせいにしても、その過失は本当はあなた自身にある。もし人が粗野であったり心が狭ければ、彼の愛は役立つことができずに動かなくなる。そしてもし彼がそのように愛に対立しているなら、彼はさらにより卑しくなり、さらにいっそう心が狭くなる。愛が所有しているわずかながらも満ちたりた状態と豊かさは、私たちのいわゆる宗教的指導者が固執するこれらの偏狭な態度のせいで、失われつつある。

愛を高め、自らを愛に没入させなければならない。もしあなたが愛を貯め込もうとするなら、あなたが蓄えるものは全てあなたのエゴだ。だからあなたの愛を拡大させなさい。それを周りに広げなさい。池の中に小石を投げると、それは沈むかもしれないが、さざ波は岸から岸へと常に広がる円に拡大する。愛も同じだ。愛はそのさざ波が神のいる岸辺に到着するまで、打ち震える振動の波を引き起こす。この種類の愛は、深くて熱烈な祈りだ。

私は決して、あなたは自分の両親や妻を、子供や誰かを、または何であろうと全て憎むべきだ、と提案するような者ではない。それどころか、あなたは彼らを、彼らが自分自身の中にそれを抱え込むことができないほど、それが溢れ出る豊かさをもって受け取られるほど、充分愛さなければならない。あなたの愛をあらゆるところに広げなさい、あらゆるものに溢れさせなさい。何もそれを捕まえられないほど、何もそれを内に抑えられないほどにだ。あなたの狙いを、神以外の誰もそれを許容できないくらいの多くの愛を生み出すことに向けなさい。ただ制限のないものだけが、制限のないものを支えることができる。どんな有限の器も、無限のものを収容することはできない。有限の器には無限は入らない。無限の愛は無限を満たし、無限を越えて流れる。有限の器には必要以上の愛が与えられる。期待をはるかに超えた、許容量をはるかに超えた愛が――。

あなたに関する限り、愛は決して障害物にはならない。愛がどこかに固執するなら、その時だけそれは障害であり得る。固執した愛は本当の愛ではない。それは色欲、官能的な愛着だ。そして広がり成長する愛は、それに反して、深い祈りだ。

どこかで行き詰るような愛は、自己欺瞞、色欲、奴隷状態に変わることを決して忘れてはいけない。しかし海の波のように転じてゆく愛は、熱心な祈りより劣るものではなく、神そのものより劣るものではなく、究極的で絶対的な救済の祝福より劣るものではない。あなたの愛が途中で立ち止まらずに進んでいくなら、それはあなたを解放する。世界で最後の人が、普遍的な魂との交わりの中に、その囲いの中に連れて来られるまで、その前進が終わらないようにさせなさい。

あなたにその事を印象づけるために、二、三の事柄を繰り返させてほしい。私は自分自身を愛することを主唱し、そして他の人たちを愛することを主唱する。また、愛を決して神聖ではないものとして、または邪悪なものとして考えてはいけない。そしてあなたの愛が、神への途上のどこかで動けなくされないように気をつけなさい。この停止は神聖ではない。この停止は、愛していないことの表われだ。不敬なものとして愛をみなす人たちや、度量の狭い方法でそれを見る人たちは、彼らが非難している愛は単に制限されてきた愛であることを、神への途上で妨げられてきた愛であることを決して理解しようとしない。しかし愛が制限されればされるほど、それはケチになる。そして他の人たちに自分の愛を与えない人は、彼のエゴの中で完全に八方塞がりになる。彼はエゴの中で動けなくなり、生に関して「私という状態 *I-ness* 」や「私のという状態 *my-ness* 」に夢中になる。この全体の、広大な宇宙の中で、最も遠く離れている二本の柱は、エゴのセンターと神の住処だ。止まることは、または「私」というものに立ち止まることさえも、地獄に導く。

利己的な人の苦痛と惨めさには全く終わりがない。それは至福への全ての道が、彼に対して閉ざされているからだ。愛だけがそれらを開くことができる。美と調和への全ての扉もまた、彼に対して閉ざされている。そして愛だけがまた、それらを開くことができる。愛は真理の、美の、そして善の住処に向けた神秘的な、秘密の鍵だ。生において素晴らしくて、善で、完全なものは何でも、この素晴らしい鍵を使ってのみ明らかにされ得る。扉に鍵を掛けるのはエゴだ。

そこには一つの扉があり、どうにかして利己心は開くことができる——地獄の扉を。それが、利己心が開けられる唯一の扉だ。

覚えておきなさい、これらの二つ以外に他の鍵は全くない。そして誰もその手に、同時に両方の鍵を持つことはできない。人が所有するものとして、一度に一つの鍵しか持てないのは、神性な法則の重要な点だ。一つを自ら進んで手放す人が、もう一つのものを持てる唯一の人だ。


愛の鍵は人々の心を開くだけではない。それは太陽の下の全てのものの心も開く。全ての岩石の、全ての植物の、全ての動物の、神自身の心を。有名なアメリカの植物学者であるルーサー・バーバンクは、彼の愛の深さが植物界に影響を与えたことで、世界中に記憶されている。彼は植物を彼の要求に応じさせることができた。

一度、彼はいくつかのサボテンに言った。

「友よ、あなたは誰も恐れる必要はない。あなたを保護するためのこれらの棘は必要ない。私があなたに抱く大きな愛は、あなたを守るのに充分ではないだろうか?」

ついにサボテンは彼の言うことを聞いた。そして彼らの愛のしるしに、その棘の多い砂漠の植物は、棘が完全に欠けている全く新しい変種を生んだ。誰かが彼に、どのようにして彼はこの不可能な偉業を達成したのかと尋ねた時はいつでも、彼は「愛をもって、だ」と答えた。

私もまた、不可能なものでさえ、愛を通せば可能であることをあなたに保証したい。人は神より大きな不可能なことを想像できないが、それでも彼は愛には尻込みしすぎる。愛は決して不可能なことではない。愛は非常に簡単なことだ。愛は誰の中にでも存在している。それはただ、明るみに出すことが必要なだけだ。それはただ、成長することが必要なだけだ。

たとえ愛の種が全ての人たちの中に蒔かれていても、愛の花を楽しんで生きる人だけが非常に幸運な人だ。これはなぜだろう？　それは私たちが、愛の種を決して発芽させないからだ。私たちは愛を求めるが、それを自ら進んで与えない。愛はそれが求められる時にではなく、それが与えられる時に成長する。

覚えておきなさい､愛は無条件に与えられるものだ。愛を与えられる人はそれを豊富に受け取る。そして惜しみなく愛を与えることは、それを受け入れる能力をも作り出す。愛を与えることは、人にそれを受け取る資格を与える。人に与えられる愛の分量は、彼が与える愛の量に見合っている。これが、人の息そのものが徐々に愛に、充分に健康的で完全な愛に変容されるまで、ますますより大きな愛の深みが達成されていく方法だ。

人間の愛の完成の始まりは､常に彼が愛を与えようとする準備にまでさかのぼる。愛の始まりは、決してどんな熱情的な要求からではない。愛に対する独裁的な要求から、その人の愛を理想的なものにできる人は誰もいない。愛のある状態は荘厳なものであり、貧弱なものではない。愛を主張する人々は決してそれを受け取らないし、彼らを非常に落胆させるこの失敗が、徐々に彼らが愛を与えないようにもさせる。この愛を与えられないことが増すにつれて、彼らにとって愛を得ることはさらにますます難しくなる。

愛とは、見返りへのどんな望みもなく、何かを取り戻すことへのどんな望みもなく、どんな種類の要求も全くせずに与えるという意味だ、ということをどうか覚えていてほしい。

あなたは自分の愛を、何であろうと戻って来るというどんな期待からも解放しなければならない。愛の事情においては、決してどんな類の商売取引もあり得ない。愛の喜び、愛の至福、愛の満たされた状態は与えることにあり、その交換に何かを得ることにはない。与えることは、見返りに何かを受け取るという問題が全く心をよぎらないほど豊富で、それほど自発的でなければならない。だから自分の愛を与える人には、常にそれを受け入れてくれる人に恩義がある。あなたを神に連れて行く翼をあなたが発達させるのは、どんな愛着のしがらみもなく全てを包括する贈り物として、無条件に愛を与える行為を通してでしかない。

私たちの愛の翼を広げて、神の広大な天空へ、上方へと舞い上がらせよう。あなたの愛の翼が完全に広げられる時、ある物はあなたに属し、ある物は他人に属し、私のものあなたのもの、という考えは消える。そして残るものは意識であり、まさに神それ自身の存在だ。

愛の不在の中では、人は利己心という砂漠で、憎しみ、暴力、そして怒りという棘の多い低木の間でさまよう。いったんあなたの愛の翼が成長したら、この砂だらけの、荒れ果てた荒野にとどまる必要は全くない。その時、素晴らしい美の世界への、無限で無尽蔵で完全な美への飛翔はとても簡単になる。だから愛で、全ての方向へ向いた愛で、無条件の愛で満たされることだ。立っていようと座っていようと、眠っていようと歩いていようと、愛に浸かっていなさい。愛は私たちの存在のまさにその息だ。愛は、あなたのハートの中の押し寄せる波だ。

今やあなたは、神の神聖な寺院の領域に到着したので、もはや普通の寺院を訪ねる必要は何もない。石の偶像を持った寺院は、完全さも真実性も主張できない。そしてこれらの石の寺院によく行く人たちのハートが硬くて岩のようであるのは、驚くべきことではないだろうか？　神についての説教や議論が、これらの寺院の中で起こることに疑いはないが、それらから撒き散らされるものは憎しみ以外の何ものでもない。それは偽りの愛という、けばけばしい衣装で変装した憎しみと暴力だ。

私はあなたに、愛の寺院より他の寺院を全く認めるべきではない、ということを躊躇することなく言う。それは神の唯一の寺院だ。私はこれらの他の寺院が、人々が愛の寺院に到着するのを妨げるために設計されたのだろうと思っている。悪魔自身が携わっていたに違いないものが、これだ！

愛そのものが唯一の寺院だ。そしてまさに、愛が経典の中で最も神聖だ。

「愛の言語をわずかでも持つ人は……」とカビールは言う、「本物の学者だ」と。

確かに人が愛について全てを学んだなら、学ぶべきことは何も残されていない。愛を習得することは学びを習得することだ。そして愛することの技《アート》を学ばなかった人は完全に無知だ。どんな知識も、どんな感情も、どんな経験も、愛のそれより優れていない。愛を見分ける目は、葉の上に書かれてあるものを、石に彫られているものを、波の中に隠されているものを読み取る。神のサイン、署名はいたるところにある！

人間の働きには、どんな実益があるのだろう？　私たちは普通の人たちの言葉から、何を得られるのだろう？　彼らは私たちをどこに導くのだろう？　人の言葉は、人を超えて私たちを連れて行くことはできない。それは確かだ。人を超えるためには、私たちは人を置き去りにしなければならない。それどころか、人の言葉、彼の経典、彼の原則は、全て神への道の上の障害だ。

あなたは神の何が彼に届くべきなのかを読み、学び、理解しなければならない。そして神の言葉は愛の中に書かれている。人はどんな人が書いたのかを読むために、彼の経典を読むために人間の言語を学ばなければならないが、神の本を読むためには神の言語を学ぶことだ。そして神の言語は愛だ。もしあなたが神の言語を獲得したければ、愛の技《アート》を学ぶことだ。

神の全ての創造があなたを取り囲んでいる。それを見なさい。あなたの目はあなたの力になるだろう。だがあなたの中に愛が全くないなら、それを見ることも知ることもできないだろう。

あなたが愛の目で見回し始める時、偉大で神秘的な奇跡が起こる。あなたが以前に見たものは薄れて行き、見落としたものが視野に入ってくる。その時、神の形の他には、神性なものの現われ以外には何も残されていない。

学者が失うものを、愛する人は獲得する。学習が取り逃すものを、愛は成し遂げる。愛の言語について生半可な知識を持つ学者にとっては、どんな程度であれ、それは異なる問題だ。それでも、生の深みに入ることは愛なしでは不可能だ。自ずと、知識が道に迷いやすいのは、それが常に物事の周りを巡るから、それが常に回り道をするからだ。そして知識が、人間と神との距離を消滅できると思うこともまた思い違いだ。唯一愛を通してのみ、この距離を消すことができる。知識は肉体より深く進まないが、愛はそれが魂に達するより以前には止まらない。そして愛から分離している知識は不完全であり、全く本物ではない。愛の中に含まれている知識だけが、本物の知識だ。

愛の重要性について何を言ったらいいだろう？　それを実感する方法について、何を言ったらいいだろう？　「愛」という言葉をマントラとして、何人かの狂信者がラムの、そしてクリシュナの名前でするように、何度も何度も繰り返すことなのだろうか？　その言葉を繰り返すことは、あなたが愛を達成するための助けになるのだろうか？　決してない。ある言葉の単なる繰り返しは、決して何も達成しない。愛は生きなければならない。それはあなたの存在そのものの、重要な部分にならなければならない。愛の生命力が全ての瞬間を通して鼓動する時にだけ、あなたの生は目的を持ち、有意義になる。

愛のエネルギーに対して油断なくありなさい。それをあなたの中で目覚めさせなさい。あなたの内側で眠りこけている愛のための、どんな機会も全く逃さないようにしなさい。愛への呼びかけさえ、無視されないようにさせなさい。全ての挑戦に対する適切な応答のために、あなたの愛を用意させなさい。そしてどの方角からも何も来ない時でさえ、ランプから流れる光のように、花から注がれる芳香のように、あなたの愛を流れ続けさせなさい。愛の安定した完全な流れが常にあなたの存在から放射されなければならない。

愛の炎が、いつも内側で高く燃える状態に保ちなさい。するとあなたは、自分の道に全く障害がないことに気づくだろう。その絶え間ない流れによって、最も穏やかな小さな流れでさえ最も大きな岩石を侵食し、その前の道をきれいにする。それでも愛の道の上に巨大な障害の塊があることを、誰が否定できるだろう？　確かに愛の道には巨大な障害があるが、愛の力は限りなく、どんな障壁よりも大きい。ただあなたの愛の無限のエネルギーを、絶え間なく流れさせなさい。いつも活動的に、いつも動いているようにさせなさい。愛はゆっくりと静かに、だが穏やかな効率性をもって、結局は巨大な岩を砂の欠片にすり減らすという仕事に取りかかる。多くのカラ騒ぎは、弱さのしるしだ。強力な力は静かに機能する。そして神の創造的な活動はいかに静かで、どれほどカラ騒ぎから自由なのだろうか！

あなたのまさに根源を変容させるためのチャンスを、愛に与えなさい。愛の一服はあなたに新しい生を、決して終わらない生を与えることができる。だから愛は死に直面しても恐れないのだ。愛は死を全く知らない。

一八五七年に、インド人が彼らの統治者に反乱した時、イギリス人は何年もの間沈黙していた賢人を槍で刺した。彼らは彼をスパイだと、工作員だと思っていた。賢人は槍が彼の身体に入った時に笑い、彼の数年間で最初の言葉を話した。

彼は「汝もそれなり」と言った。彼を槍で突き刺した兵士も「それ」だった。彼も同じ様に普遍的な魂だった。彼の死の瞬間でさえ彼は、自分の目の中に深い愛の光と、心からの祈りをもって自分が殺されることを受け入れた。彼はかなり前に言葉と利己心を捨てて、純粋な愛で彼の存在を満たしていた。そうでなければ、槍が彼の肉を貫いた時に、どうやって愛が彼からほとばしり出ることができただろうか？　彼の心が表面上は全て無言のように見えた全ての年月の間、それはただ愛だけで満たされていた。それは紛れもない愛の噴水になって、彼が自分を殺す者を敵と見なすことを不可能にさせた。彼は自分の中に愛する人だけを見た。愛は敵を友人に変え、死を救済に変えた。

愛は暗闇を光に、または毒を甘露に変えることができる。あなたは愛の奇跡より偉大な奇跡を、思い浮かべられるだろうか？　愛が全てを変容するのは、それが人のまさに視覚《ビジョン》を変容するからだ。視覚《ビジョン》は創造的な力だ。私たちが見るものが私たちの世界だ。私たちの世界は私たちの目が知覚するものだ。もし人の目に愛があるなら、愛はあたり一面にある。しかし愛が全くないなら、神さえいない。代わりに、私たちが見るところはどこでも敵だけを見る。

ある朝早く、一人の旅人が村に寄った。彼は村外れで老人に出会い、そして問いかけた。

「教えてください、ここに住んでいる村人たちは、どんな人たちですか？　私は自分の村を去って、ここに住み着くことを考えているのです」

老人はその外来者を吟味して言った。

「まず、ちょうど今去ってきた村でどんな人々が暮らしていたのか、あなたに尋ねていいだろうか？」

この質問を聞くと、すぐに外来者は非常に顔を赤らめてすっかり怒ってしまった。

「全くその人々について考えると、私は激しい怒りで満たされます」と彼は言った。

「どうか私に、その嫌な人々のことを少しも言わせないでください。私が村から去らねばならなかったのは彼らのせいです。世界の他のどこにも、そのような意地悪な人々は見つからないでしょう」

老人は言った。

「それなら兄弟よ、申し訳ないが、ここの村人たちは全く善くない。あなたはここでも同じように意地悪な人々しか見つけないだろう。たぶんあなたは、どこか他の村に行って住んだほうがいい」

最初の人が去るやいなや、別の外来者が同じ質問をしに老人に近寄った。

「ここに住んでいる村人たちは、どんな人々ですか？」と彼は尋ねた。

「私はここにいたいと思います。私は自分自身の村を去らなければなりませんでした」

老人は返答した。「わしがあなたの質問に答える前に、あなたがたった今去った村にはどんな人々が暮らしているのかを知りたいと思う」

その人は答えた。「私が他のどこかでこんなに素晴らしい人々に決して会うことがなくても、私はあるやむにやまれない個人的な理由のために、村を去らなければなりませんでした」

彼がこれらの言葉を話した時、彼の以前の家での想い出から、愛のこもった涙が彼の頬を伝って流れた。

老人はすばやく言った。

「あなたがこの村で暮らすことを歓迎する、息子よ。あなたは後に残してきた人々より、さらに素晴らしい人々をここで見つけるだろう。ここには多くの、大勢の善い人々がいる」

そして間を置いて老人は付け加えた。

「どの村に行っても、あなたは暖かく歓迎されるだろう。全ての村であなたは善い人々を、素晴らしい人々を見つけるだろう。世界はあなたの目が知覚するものだ」

世界には何もない。それはあなたの目以外の何ものでもない。もしあなたの目が愛に満ちているなら、あなたが見るところはどこでも愛で高鳴っているハートだけを見るだろう。そしてあなたが愛で脈動する世界全体を細部にわたって見る時、それはあなたの実現の時であり、神の神性さをあなたが認識する時だ。

神の扉に達するということは、ラーマが弓と矢を持って武装して、雲で覆われた輝きの中であなたを待っているという意味ではない。それはクリシュナがそこに立ち、彼の神性なフルートで神々しい歓迎の曲を吹いているという意味ではない。神を達成することは、長くて白い顎鬚を生やしたある老紳士が、宇宙を制御している配電盤のある所に座っているという意味ではない。

神に接近することは、宇宙が別々の物であることを止めて、あなたが普遍的な魂と溶け合う所で、物体は消滅し、ただエネルギー、勢力、力だけが残っている所で、その体験を得るという意味だ。それは至福の達成を意味している。それは真理の、美の、永遠の達成を意味している。

神とは人物ではない。彼とは体験だ。神は至福であり、限りない至福の海だ。しかしあなたがその海に溶け込むことができる前に、まず自分自身の中に海についての予備的な認識を生み出さなければならない。

あなたを神に導くことのできる三つの鍵について、私は既に最初の二つについて話してきた。一つ目は自己愛だ。二つ目は他の人たちへの愛。三つ目の鍵、神そのものへの愛について今、話すとしよう。この三つ目の鍵を達成するためには、他の二つを超えて行かなければならない。二つ目は一つ目を超える一歩であり、三つ目は両方を超える一歩だ。

最初の一歩は「私は在る」を認めることを必要とする。たとえそれが現実ではなくても、それでもそれは事実だ。そして無知であることは、他の何よりも重要な事実だ。「私は在る」に関する知識は、あなたが目覚めるための手段かもしれないが、それは決して逃避の手段にはならない。それから逃げようとする人々は、それが彼らの踵に近いことに常に気づくだろう。あなたは自分の影から本当に逃走できるだろうか？　あなたはできないことを知っている。あなたが逃げようとすればするほど、それはより速くあなたを追跡する。

エゴの事実を、「私は在る」という事実を率直に受け入れて、愛の探求に関わりなさい。愛があなたの中で成長するにつれて、利己心がまず減少し始めて、それは最終的に完全に消えてゆく。もし自分の影が存在していることと、ただ太陽の光の中に踏み入ることを受け入れるなら、彼は自動的に彼自身の影から、そして他の全ての種類のものの影から解放される。影が光に対してあるように、利己心は愛に対してある。利己心という何も見えない暗闇は、全てを照らす愛の光の中で消える。

「彼」を引き起こすのは「私」という存在だ。私が「私」である時だけ、他人は「他人」になる。愛の光の中では、「私」に気づくことと「他人」に気づくことの両方が消える。そして最後には愛だけが残る。その時そこには「私」も「あなた」も「他人」もない。ただ愛だけがある。これが私が神への愛と呼ぶ愛の状態だ。この愛は特に誰かの方に向けられていないし、特に誰かからの、または何かからのものでもなく、それらに対するものでもなく、それらのためのものでもない。それはただ単にある。この純粋で素朴な愛を、私は神への愛と呼ぶ。

この神への愛の暗示するものは何だろう？　それはとても長い間存在していた、「私とは何かだ」という、「私とは私がそうであるものだ」という考えの、その幻想の消滅を意味している。これは完全に真理ではなく、全く非現実的だ。あなたは本当にいない、全くいない。あなたは全く、個人的な存在を持っていない。

例えば、呼吸の現象を考慮してごらん。息はあなたの身体に引き入れられ、それから吐き出される。もしあなたが自分は呼吸だと考えるなら、あなたは間違っている。ある日、外に出ている空気は全く中に戻らない。ではどうしたらあなたは、自分は呼吸だ、と言えるだろう？　もしあなたが自分は生きていると、自分はこの生きるということをしていると考えるなら、あなたは間違っている。生があなたから退く日、あなたは一瞬の間でさえ、ここに残ることはできない。あなたが自分は誕生すると考えるなら、あなたは間違っている。あなたが自分は死ぬと考えるなら、あなたは間違っている。あなたはこれまで誕生したこともなく、いつか死ぬこともない。あなたの息はあなたのものではなく、あなたはそれに対してどんな支配もしていない。

生も死も、あなたのものではない。ある神秘的な劇が、あなたの中で上演されつつある。誰かがあなたの内側で演じる。誰かがあなたを通して話す。誰かがあなたを通して表現する。誰かがあなたの中で誕生する。誰かがあなたの中で死ぬ。あなたは活動の場、演じる者が来たり去ったりする舞台だ。あなたは、誰かが美しい音楽を演奏する単なるフルートだ。

「私は中空の竹に過ぎない」とカビールは言った。

「そして神に向けられた愛の歌は、全て彼のものだ」

これを認識する人は理解する。私がすでに言及した二つの鍵を使った人は、容易にこれを理解できるだろうし、この世界に個人性のようなものが全くないことを実感できるだろう。存在するものは何でも一緒に、集合的に、連帯的に存在する。何も孤立して存在してはいない。

あなたが自分のものと考えている息は、既に何百万もの他の人たちの息だった。私が今吐き出しているこの空気は、まだこれからこの世界に入ってくる何百万人もの息になるだろう。私の肉体を作り上げている数十億個の細胞は、かつては他人の身体の数十億個の重要な部分だった。どうしたら私は、この身体を私のものと呼べるだろう？　私がこの身体を去る時、これらの細胞は無数の他の身体を組み立てることに役立つだろう。あなたが身体を去る前でさえ、それはあらゆる瞬間に変化をして、古い細胞を処分して新しいものを成形する。そしてあなたの身体に入る新しい細胞は、他の人たちから来た古い細胞だ。私のものであるこの身体は既に何千人もの人たちに、何百万匹もの動物たちに、何十億もの他の生きている有機体に付属していて、未来においてもやはり何百万個以上もの身体を構成するだろう。どうしたら私は、それが私のものであると言えるだろう？

想念《マインド》もまた別々ではない。マインドの構成分子は、ちょうど身体のそれらのように、来たり去ったりする。私のものは何もない。あなたのものは何もない。この態度を取ることは、神への愛を成長させる中での最初の一歩だ。

人が実際に、何も彼のものではないことを認識する時、この態度が深く進む時、何も彼のものではないので、彼は自分が全く存在していないと感じ始める。自分は何かを所有しているという考えがある限り、あなたは在るという妄想は存続し、そのためあなたは物事を欲求し始める。あなたは自分の偉大さを自分の家のサイズで判断する。自分の偉大さを自分が占める高い地位で判断する。自分の偉大さを自分の全ての財産の程度で判断する。あなたは自分の偉大さを、自分が掌握する権力で判断する。なぜだろう？　私という状態 *I-ness* は、人の所有物に応じて強まる。私という状態 *I-ness* は、私のという状態 *my-ness* と一緒に絶えず成長する。私という状態 *I-ness* と「私のという状態 *my-ness*」の領域は一致する。だからもし、私のという状態 *my-ness* の幻想が取り除かれるなら、私という状態 *I-ness* のための基盤は消える。もし何も私のものでないなら、私が何も持っていないなら、「私」はその時何によって残るのだろう？　それなら「私」はどこにあるのだろう？

私のという状態 *my-ness* がなくなることで、私という状態 *I-ness* は手ぶらのままにされる。人々はしばしば私に尋ねる。彼らが、私という状態 *I-ness* を、「私」という幻想を彼ら自身から取り除くために、単に全てを落として逃げ去ることを私が提案しているのか、と。

私のいつもの返答は、それは人が所有しているものを放棄するか放棄しないかという問題ではなく、問題の核心はその人の所有物への態度にある、ということだ。たとえあなたが自分の所有する全てを捨てても、私のという状態 *my-ness* の態度は容易に続くことができる。だからいわゆる放棄者たちは、彼らが放棄したものに注意深い帳簿をつけて、彼らがあきらめた物の価値によって彼らの放棄の成長を測るのだ。

一人の聖者が一度私に「私は数十万ルピーを捨てた」と言った。私は彼に、それはいつだと尋ねた。彼は「約三十年前だ」と答えた。これを聞いた時、私は全く可笑しくなって、それで言った。「あなたは自分のその行為で多くのものを得たようには見えない。そうでなければ、三十年内にあなたは、その十万ルピーについて全てを忘れるべきだった」

問題は放棄に関するものではなく、認識に関するものだ。認識があなたに起こらない限り、あなたの放棄さえ、あなたのエゴを養うかもしれない、それをさらに大きく吹聴するかもしれない。物があなたのものであるということは仮定であり、それは間違っている。存在している物を使うことには何も間違いはない。

この問題に関する限り、二つのタイプの見当違いのアプローチがある。物を見る一つの方法は、快楽主義者のそれだ。彼は言う。

「これらは私のものだ。私はそれらを楽しむつもりだ」

他の観点は放棄者のそれだ。彼は言う。

「これらは私のものだ。私はそれらを手放すつもりだ」

だが両方のアプローチとも「これらは私のものだ」で始まる。

真の知識の人は三番目の立場を取る。彼は言う。

「あるものは何であれ、神のものだ。物はあなたのものでも私のものでもない。私たち自身でさえ私たちのものではない。私は本当はいない。あなたは本当はいない。エゴは幻想だ。あらゆるものはただ単に起こっていて、私はそのプロセスの単なる部分に過ぎない」

もし、この三番目の態度を達成して維持できるなら、生は水や空気と同じくらい自然になり、簡単に手に入れやすくなる。そのような生は愛の生だ。そしてそのような生は捧げる生だ。なぜなら神への愛は、エゴを手放すことを意味しているからだ。

マルクダス（十七世紀のインドの詩人）は、鳥は働かない、ニシキヘビは職を探さない、それでも神は彼らに対して豊富に与える、と言った。しかし人々は、これらの言葉を誤解した。彼らは、マルクダスは私たちに何もするべきではないと告げている、と言う。これは全く正しい解釈ではない。鳥は働く。彼らは日の出から日没まで働く。彼らは巣を作り、穀物を捜す。マルクダスが意味しているることは、鳥は自分自身を意識していない、「私は在る」がそこにない時、得ようという欲望は消える、ということだ。

「これらは私のものだ」という態度は、消滅しなければならない。そしてこれがなくなる時、神への愛が発達する。この発達が成就に達して「私はない」という感覚が生み出される時、私が話してきた革命が起こる。


最愛の人の扉を叩く恋人の物語を伝える、スーフィーの歌がある。

「そこにいるのは誰ですか？」と中から尋ねる。彼の答えは、「私だ、あなたの恋人だ」

返答はない。彼は再び叩き、「どうか答えてくれ」と言う。しばらくしてから彼は聞く。

「立ち去ってください。この家に二人のための充分な余地はありません」。彼は去る。

年数が経つ。夏や冬や雨期が来ては過ぎ去る。数え切れない月が昇り、数え切れない月が沈んだ。

最終的に彼は戻って、もう一度扉を叩く。同じ質問が中からやって来る。

この時、彼は「あなただけだ」と答える。その歌は、その時扉がすっと開いたと伝えている。


私が歌を創作したなら、扉を開けるには時はまだ来ていないと考えただろう。「あなた」に気づくことは、まだ「私」の存在を示している。私は若者に、もう一度立ち去るように告げただろう。そしてその歌はもうしばらく続くだろう。

恋人が「あなただけだ」と言う時、沈黙がもう一度漂う。彼はちょっと待ってそれから言う。

「今、扉を開いてほしい。もはや私ではない。ただあなただけが在る」

中からその声は言う。「一人に気づいている彼は、まだ二人に気づいています。あなたを覚えている彼はまだ『私』を覚えています。この部屋には一人のための部屋しかありません」

その恋人は立ち去る。

日々は年月の中に薄れて行くが、それでも彼は戻らない。なぜなら今や彼には、自分はどこかに行くべきだという考えが全くないからだ。彼は自分の最愛の人のところに戻ることになっていた、という考えが彼には全くないだろう。最終的に若い婦人自身が彼のところに行き、「私の愛する人よ、来てください！　扉は開いています」と言うだろう。

まさに「私」が消滅する時、「あなた」もまた消滅する。そして残るものが神だ。


「私」と「あなた」が消える所は、始まりもなく終わりもない存在の出発点だ。それは意識という無限の海だ。それは神それ自身の存在だ。あなたはそれを知ることができる。あなたはその中で生きることができる。あなたはその中にいる。あなたは既にその中に立っていて、既にその中で生きている。だがあなたはそれを実感していない。あなたは自分の中にそれを感じない。あなたは自分の外側にそれを認めない。あなたは「私」であまりに一杯だ。この重荷を、あなた自身から解放しなさい。「私」のない人が、本当に満ちている唯一の人だ。あなたの、私という状態 *I-ness* を取り除きなさい。完全にそれを除去しなさい。

私が三つの鍵について、神への梯子の三つの段について話したのは、この終わりのためだ。

あなたが愛に溶け込む時、空に満ちた状態の中に、虚空に満ちた状態の中に飛び込む。一歩一歩前に動みなさい。一滴ずつ愛の中に失われなさい。そして最後には、雨滴が海の中にそれ自身を失うように、愛の中にあなた自身を失いなさい。それ自体を失う時、小さな雨滴が広大で限りない海になることにあなたは気づかないだろうか？

生を受け入れなさい。それは神の慈悲深い贈り物だ。決して生と戦ってはいけない。決してそれから逃げてはいけない。生を愛しなさい。愛の勝利より大きな起こり得る征服はない。生は唯一の実在だ。この一つであることを、そっくりそのまま実感することが愛だ。

真理の泉

二〇十六年十二月二十三日　初版第一刷発行

講　話■ＯＳＨＯ
翻　訳■スワミ・ボーディ・デヴァヤナ（宮川義弘）
照　校■マ・アナンド・ムグダ
　　　　マ・ギャン・プーナム
装幀・カバー写真■スワミ・アドヴァイト・タブダール
発行者■マ・ギャン・パトラ
発行所■市民出版社
〒一六八―〇〇七一
東京都杉並区高井戸西二―十二―二〇
電　話〇三―三三三三―九三八四
ＦＡＸ〇三―三三三四―七二八九
郵便振替口座：〇〇一七〇―四―七六三一〇五
e-mail：info@shimin.com
http://www.shimin.com
印刷所■シナノ印刷株式会社
Printed in Japan
ISBN978-4-88178-258-3 C0010 ¥2350E

©Shimin Publishing Co., Ltd. 2016
乱丁・落丁本はお取り替えいたします。

●著者（OSHO）について

OSHOの説くことは、個人レベルの探求から、今日の社会が直面している社会的あるいは政治的な最も緊急な問題の全般に及び、分類の域を越えています。彼の本は著述されたものではなく、さまざまな国から訪れた聴き手に向けて、即興でなされた講話のオーディオやビデオの記録から書き起こされたものです。

OSHOは、「私はあなたがただけに向けて話しているのではない、将来の世代に向けても話しているのだ」と語ります。OSHOはロンドンの「サンデー・タイムス」によって『二十世紀をつくった千人』の一人として、また米国の作家トム・ロビンスによって『イエス・キリスト以来、最も危険な人物』として評されています。

また、インドのサンデーミッドデイ誌はガンジー、ネルー、ブッダと共に、インドの運命を変えた十人の人物に選んでいます。

OSHOは自らのワークについて、自分の役割は新しい人類が誕生するための状況をつくることだと語っています。彼はしばしば、この新しい人類を「ゾルバ・ザ・ブッダ」——ギリシャ人ゾルバの世俗的な享楽と、ゴータマ・ブッダの沈黙の静穏さの両方を享受できる存在として描き出します。

OSHOのワークのあらゆる側面を糸のように貫いて流れるものは、東洋の時を越えた英知と、西洋の科学技術の最高の可能性を包含する展望です。

OSHOはまた、内なる変容の科学への革命的な寄与——加速する現代生活を踏まえた瞑想へのアプローチによっても知られています。その独特な「活動的瞑想法《アクティブメディテーション》」は、まず心身に溜まった緊張を解放することによって、思考から自由でリラックスした瞑想の境地を、より容易に体験できるよう構成されています。

●より詳しい情報については　http:// **www.osho.com**　をご覧下さい。

多国語による総合的なウェブ・サイトで、ＯＳＨＯの書籍、雑誌、オーディオやビデオによるＯＳＨＯの講話、英語とヒンディー語のＯＳＨＯライブラリーのテキストアーカイブやＯＳＨＯ瞑想の広範囲な情報を含んでいます。

ＯＳＨＯマルチバーシティのプログラムスケジュールと、ＯＳＨＯインターナショナル・メディテーションリゾートについての情報が見つかります。

●ウェブサイト

http://.osho.com/Resort

http://.osho.com/AllAboutOSHO

http://www.youtube.com/OSHOinternational

http://www.Twitter.com/OSHOtimes

http://www.facebook.com/pages/OSHO.International

◆問い合わせ　Osho International Foundation ; www.osho.com/oshointernational, oshointernational@oshointernational.com

●ＯＳＨＯインターナショナル・メディテーション・リゾート

場所：インドのムンバイから百マイル（約百六十キロ）東南に位置する、発展する近代都市プネーにあるＯＳＨＯインターナショナル・メディテーション・リゾートは、通常とはちょっと異なる保養地です。すばらしい並木のある住宅区域の中にあり、二十八エーカーを超える壮大な庭園が広がっています。

ＯＳＨＯ瞑想：あらゆるタイプの人々を対象としたスケジュールが一日中組まれています。それには、活動的《アクティブ》であったり、そうでなかったり、伝統的であったり、画期的であったりする技法、そして特にＯＳＨＯの活動的な瞑想が含まれています。瞑想は、世界最大の瞑想ホールであるＯＳＨＯオーディトリアムで行なわれます。

マルチバーシティー：個人セッション、各種のコース、ワークショップがあり、それらは創造的芸術からホリスティック健康管理、個人的な変容、人間関係や人生の移り変わり、瞑想としての仕事、秘教的科学、そしてスポーツやレクリエーションに対する禅的アプローチなど、あらゆるものが網羅されています。マルチバーシティーの成功の秘訣は、すべてのプログラムが瞑想と結びついている事にあり、私達が、部分部分の集まりよりもはるかに大きな存在であるという理解を促します。

バショウ（芭蕉）・スパ：快適なバショウ・スパは、木々と熱帯植物に囲まれた、ゆったりできる屋外水泳プールを提供しています。独特のスタイルを持った、ゆったりしたジャグジー、サウナ、ジム、テニスコート……そのとても魅力的で美しい環境が、すべてをより快適なものにしています。

料理：多様で異なった食事の場所では、おいしい西洋やアジアの、そしてインドの菜食料理を提供しています。それらのほとんどは、特別に瞑想リゾートのために有機栽培されたものです。パンとケーキは、リゾート内のベーカリーで焼かれています。

ナイトライフ：夜のイベントはたくさんあり、その一番人気はダンスです。その他には、夜の星々の下での満月の日の瞑想、バラエティーショー、音楽演奏、そして毎日の瞑想が含まれています。

　あるいは、プラザ・カフェでただ人々と会って楽しむこともできるし、このおとぎ話のような環境にある庭園の、夜の静けさの中で散歩もできます。

設備：基本的な必需品のすべてと洗面用具類は、「ガレリア」で買うことができます。「マルチメディア・ギャラリー」では、ＯＳＨＯのあらゆるメディア関係の品物が売られています。また銀行、旅行代理店、そしてインターネットカフェもあります。ショッピング好きな方には、プネーはあらゆる選択肢を与えてくれます。伝統的で民族的なインド製品から、すべての世界的ブランドのお店まであります。

宿泊：ＯＳＨＯゲストハウスの上品な部屋に宿泊する選択もできますし、より長期の滞在には、住み込みで働くプログラム・パッケージの一つを選べます。さらに、多種多様な近隣のホテルや便利なアパートもあります。

www.osho.com/meditationresort

www.osho.com/guesthouse

www.osho.com/livingin

日本各地の主なOSHO瞑想センター

OSHOに関する情報をさらに知りたい方、実際に瞑想を体験してみたい方は、お近くのOSHO瞑想センターにお問い合わせ下さい。

参考までに、各地の主なOSHO瞑想センターを記載しました。尚、活動内容は各センターによって異なりますので、詳しいことは直接お確かめ下さい。

◆東京◆

・**OSHOサクシン瞑想センター** Tel & Fax 03-5382-4734
マ・ギャン・パトラ 〒167-0042 東京都杉並区西荻北1-7-19
e-mail osho@sakshin.com http://www.sakshin.com

・**OSHOジャパン瞑想センター**
マ・デヴァ・アヌパ Tel 03-3701-3139
〒158-0081 東京都世田谷区深沢5-15-17

◆大阪、兵庫◆

・**OSHOナンディゴーシャインフォメーションセンター**
スワミ・アナンド・ビルー Tel & Fax 0669-74-6663
〒537-0013 大阪府大阪市東成区大今里南1-2-15 J&Kマンション302

・**OSHOインスティテュート・フォー・トランスフォーメーション**
マ・ジーヴァン・シャンティ、スワミ・サティヤム・アートマラーマ
〒655-0014 兵庫県神戸市垂水区大町2-6-B-143
e-mail j-shanti@titan.ocn.ne.jp Tel & Fax 078-705-2807

・**OSHOマイトリー瞑想センター** Tel & Fax 078-412-4883
スワミ・デヴァ・ヴィジェイ
〒658-0000 兵庫県神戸市東灘区北町4-4-12 A-17
e-mail mysticunion@mbn.nifty.com http://mystic.main.jp

・**OSHOターラ瞑想センター** Tel 090-1226-2461
マ・アトモ・アティモダ
〒662-0018 兵庫県西宮市甲陽園山王町2-46 パインウッド

・**OSHOインスティテュート・フォー・セイクリッド・ムーヴメンツ・ジャパン**
スワミ・アナンド・プラヴァン
〒662-0018 兵庫県西宮市甲陽園山王町2-46 パインウッド
Tel & Fax 0798-73-1143 http://homepage3.nifty.com/MRG/

・**OSHOオーシャニック・インスティテュート** Tel 0797-71-7630
スワミ・アナンド・ラーマ 〒665-0051 兵庫県宝塚市高司1-8-37-301
e-mail oceanic@pop01.odn.ne.jp

◆愛知◆

・**OSHO 庵瞑想センター**　Tel & Fax 0565-63-2758
スワミ・サットゥ・プレム　〒 444-2326 愛知県豊田市国谷町柳ヶ入２番
e-mail satprem@docomo.ne.jp

・**OSHO EVENTS センター**　Tel & Fax 052-702-4128
マ・サンボーディ・ハリマ
〒 465-0058　愛知県名古屋市名東区貴船 2-501 メルローズ 1 号館 301
e-mail: dancingbuddha@magic.odn.ne.jp

◆その他◆

・**OSHO チャンパインフォメーションセンター**　Tel & Fax 011-614-7398
マ・プレム・ウシャ　〒 064-0951　北海道札幌市中央区宮の森一条 7-1-10-703
e-mail ushausha@lapis.plala.or.jp
http:www11.plala.or.jp/premusha/champa/index.html

・**OSHO インフォメーションセンター**　Tel & Fax 0263-46-1403
マ・プレム・ソナ　〒 390-0317　長野県松本市洞 665-1
e-mail sona@mub.biglobe.ne.jp

・**OSHO インフォメーションセンター**　Tel & Fax 0761-43-1523
スワミ・デヴァ・スッコ　〒 923-0000　石川県小松市佐美町申 227

・**OSHO インフォメーションセンター広島**　Tel 082-842-5829
スワミ・ナロパ、マ・ブーティ　〒 739-1733　広島県広島市安佐北区口田南 9-7-31
e-mail prembhuti@blue.ocn.ne.jp http://now.ohah.net/goldenflower

・**OSHO フレグランス瞑想センター**　Tel & Fax 0846-22-3522
スワミ・ディークシャント、マ・デヴァ・ヨーコ
〒 725-0023　広島県竹原市田ノ浦３丁目 5-6
e-mail: info@osho-fragrance.com http://www.osho-fragrance.com

・**OSHO ウツサヴァ・インフォメーションセンター**　Tel 0974-62-3814
マ・ニルグーノ　〒 878-0005　大分県竹田市大字挾田 2025
e-mail: light@jp.bigplanet.com　http://homepage1.nifty.com/UTSAVA

◆インド・プネー◆

OSHO インターナショナル・メディテーション・リゾート
Osho International Meditation Resort
17 Koregaon Park Pune 411001 (MS) INDIA
Tel 91-20-4019999 Fax 91-20-4019990
http://www.osho.com
e-mail：oshointernational@oshointernational.com

＜OSHO講話 DVD 日本語字幕スーパー付＞

■価格は全て税別です。※送料／ DVD 1 本 ¥260　2～3 本 ¥320　4～5 本 ¥360　6～10 本 ¥460

■ 道元 6 —あなたはすでにブッダだ—

偉大なる禅師・道元の『正法眼蔵』を題材に、すべての人の内にある仏性に向けて語られる目醒めの一打。『「今」が正しい時だ。昨日でもなく明日でもない。今日だ。まさにこの瞬間、あなたはブッダになることができる。』芭蕉や一茶の俳句など、様々な逸話を取り上げながら説かれる、覚者・OSHO の好評・道元シリーズ第 6 弾！（瞑想リード付）

●本編 2 枚組 131 分　● ¥ 4,380（税別）● 1988 年プネーでの講話

■ 道元 5 —水に月のやどるがごとし—（瞑想リード付）

道元曰く「人が悟りを得るのは、ちょうど水に月が反射するようなものである……」それほどに「悟り」が自然なものならば、なぜあなたは悟っていないのか？

●本編 98 分　● ¥ 3,800（税別）● 1988 年プネーでの講話

■ 道元 4 —導師との出会い・覚醒の炎—（瞑想リード付）

●本編 2 枚組 139 分　● ¥ 4,380（税別）● 1988 年プネーでの講話

■ 道元 3—山なき海・存在の巡礼—（瞑想リード付）

●本編 2 枚組 123 分　● ¥ 3,980（税別）● 1988 年プネーでの講話

■ 道元 2 —輪廻転生・薪と灰—（瞑想リード付）

●本編 113 分　● ¥ 3,800（税別）● 1988 年プネーでの講話

■ 道元 1—自己をならふといふは自己をわするるなり—（瞑想リード付）

●本編 105 分　● ¥ 3,800（税別）● 1988 年プネーでの講話

■ 禅宣言 3 —待つ、何もなくただ待つ—（瞑想リード付）

禅を全く新しい視点で捉えた OSHO 最後の講話シリーズ。「それこそが禅の真髄だ—待つ、何もなくただ待つ。この途方もない調和、この和合こそが禅宣言の本質だ（本編より）」

●本編 2 枚組 133 分● ¥ 4,380（税別）● 1989 年プネーでの講話（瞑想リード付）

■ 禅宣言 2 —沈みゆく幻想の船—（瞑想リード付）

深い知性と大いなる成熟へ向けての禅の真髄を語る、OSHO 最後の講話シリーズ。あらゆる宗教の見せかけの豊かさと虚構をあばき、全ての隷属を捨て去った真の自立を説く。

●本編 2 枚組 194 分● ¥ 4,380（税別）● 1989 年プネーでの講話

■ 禅宣言 1—自分自身からの自由—（瞑想リード付）

禅の真髄をあますところなく説き明かす、OSHO 最後の講話シリーズ。古い宗教が崩れ去る中、禅を全く新しい視点で捉え、人類の未来への新しい地平を拓く。

●本編 2 枚組 220 分　● ¥ 4,380（税別）● 1989 年プネーでの講話

■ 内なる存在への旅 －ボーディダルマ 2－

ボーディダルマはその恐れを知らぬ無法さゆえに、妥協を許さぬ姿勢ゆえに、ゴータマ・ブッダ以降のもっとも重要な＜光明＞の人になった。

●本編 88 分　● ¥ 3,800（税別）● 1987 年プネーでの講話

■ 孤高の禅師 ボーディダルマ—求めないことが至福—

菩提達磨語録を実存的に捉え直す。中国武帝との邂逅、禅問答のような弟子達とのやりとり、奇妙で興味深い逸話を生きた禅話として展開。「“求めないこと”がボーディダルマの教えの本質のひとつだ」　●本編 2 枚組 134 分　● ¥ 4,380（税別）● 1987 年プネーでの講話

＜OSHO 講話 DVD 日本語字幕スーパー付＞

■価格は全て税別です。※送料／DVD 1本¥260　2〜3本¥320　4〜5本¥360　6〜10本¥460

■ 無意識から超意識へ—精神分析とマインド—

「新しい精神分析を生み出すための唯一の可能性は、超意識を取り込むことだ。そうなれば、意識的なマインドには何もできない。超意識的なマインドは、意識的なマインドをその条件付けから解放できる。 そうなれば人は大いなる意識のエネルギーを持つ。OSHO」その緊迫した雰囲気と、内容の濃さでも定評のあるワールドツアー、ウルグアイでの講話。

●本編 91 分　●￥3,800（税別）● 1986 年ウルグアイでの講話

■ 大いなる目覚めの機会—ロシアの原発事故を語る—

死者二千人を超える災害となったロシアのチェルノブイリ原発の事故を通して、災害は、実は目覚めるための大いなる機会であることを、興味深い様々な逸話とともに語る。

●本編 87 分　●￥3,800（税別）● 1986 年ウルグアイでの講話

■ 過去生とマインド—意識と無心、光明—

過去生からの条件付けによるマインドの実体とは何か。どうしたらそれに気づけるのか、そして意識と無心、光明を得ることの真実を、インドの覚者 OSHO が深く掘り下げていく。

●本編 85 分　●￥3,800（税別）● 1986 年ウルグアイでの講話

■ 二つの夢の間に —チベット死者の書・バルドを語る—

バルドと死者の書を、覚醒への大いなる手がかりとして取り上げる。死と生の間、二つの夢の間で起こる覚醒の隙間——「死を前にすると、人生を一つの夢として見るのはごく容易になる」

●本編 83 分　●￥3,800（税別）● 1986 年ウルグアイでの講話

■ からだの神秘 —ヨガ、タントラの科学を語る—

五千年前より、自己実現のために開発されたヨガの肉体からのアプローチを題材に展開される OSHO の身体論。身体、マインド、ハート、気づきの有機的なつながりと、その変容のための技法を明かす。

●本編 95 分　●￥3,800（税別）● 1986 年ウルグアイでの講話

■ 苦悩に向き合えばそれは至福となる—痛みはあなたが創り出す—

「苦悩」という万人が抱える内側の闇に、覚者 OSHO がもたらす「理解」という光のメッセージ。「誰も本気では自分の苦悩を払い落としてしまいたくない。少なくとも苦悩はあなたを特別な何者かにする」

●本編 90 分　●￥3,800（税別）● 1985 年オレゴンでの講話

■ 新たなる階梯 —永遠を生きるアート—

これといった問題はないが大きな喜びもない瞑想途上の探求者に OSHO が指し示す新しい次元を生きるアート。

●本編 86 分　●￥3,800（税別）● 1987 年プネーでの講話

■ サンサーラを超えて—菜食と輪廻転生— ※ VHS ビデオ版有。

あらゆる探求者が求めた至高の境地を、ピュタゴラスの＜黄金詩＞を通してひもとく。菜食とそれに深く関わる輪廻転生の真実、過去生、進化論、第四の世界などを題材に語る。

●本編 103 分　●￥3,800（税別）● 1978 年プネーでの講話

※ DVD、書籍等購入ご希望の方は市民出版社迄お申し込み下さい。（価格は全て税別です）
郵便振替口座：市民出版社　00170-4-763105
※日本語訳ビデオ、オーディオ、CD の総合カタログ（無料）ご希望の方は市民出版社迄。

発売　（株）市民出版社 www.shimin.com
TEL. 03-3333-9384
FAX. 03-3334-7289

＜OSHO 既刊書籍＞ ■価格は全て税別です。

探求

奇跡の探求Ⅰ，Ⅱ ― 内的探求とチャクラの神秘

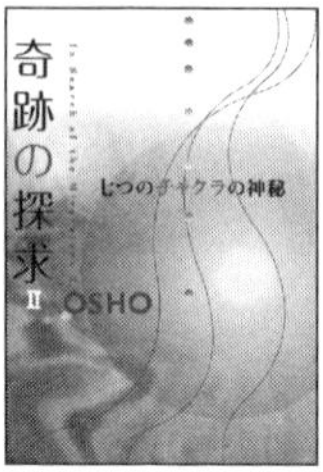

内的探求と変容のプロセスを秘教的領域にまで奥深く踏み込み、説き明かしていく。Ⅱは七つのチャクラと七身体の神秘を語る驚くべき書。男女のエネルギーの性質、クンダリー二、タントラ等について、洞察に次ぐ洞察が全編を貫く。

＜内容＞ ●道行く瞑想者の成熟 ●シャクティパット・生体電気の神秘
●クンダリー二・超越の法則 ●タントラの秘法的側面　他

第Ⅰ巻■四六判上製　488頁　¥2,800（税別）　送料¥390
改装版第Ⅱ巻■四六判並製　488頁　¥2,450（税別）　送料¥390

死ぬこと 生きること
― 死の怖れを超える真実

OSHO自身の幽体離脱の体験や、過去生への理解と対応、死におけるエネルギーの実際の変化など、「死」の実体に具体的にせまり、死と生の神秘を濃密に次々と解き明かしていく。OSHOの力強さ溢れる初期講話録。

＜内容＞● 生を知らずは死なり ● 秘教の科学
● 真如の修行 ●究極の自由　他

四六判並製　448頁　2,350円（税別）送料390円

究極の錬金術Ⅰ，Ⅱ
― 自己礼拝 ウパニシャッドを語る

苦悩し続ける人間存在の核に迫り、意識の覚醒を常に促し導く炎のような若きOSHO。探求者との質疑応答の中でも、単なる解説ではない時を超えた真実の深みと秘儀が、まさに現前に立ち顕われる壮大な講話録。

＜内容＞●宇宙に消え去る ●光、生命、そして愛
●意志か、明け渡しか ●無欲であること　他

四六判並製Ⅰ：592頁　2,880円（税別）送料390円
Ⅱ：544頁　2,800円（税別）送料390円

インナージャーニー
― 内なる旅・自己探求のガイド

マインド（思考）、ハート、そして生エネルギーの中枢である臍という身体の三つのセンターへの働きかけを、心理・肉体の両面から説き明かしていく自己探求のガイド。頭だけで生きて根なし草になってしまった現代人に誘う、根源への気づきと愛の開花への旅。

＜内容＞●身体——最初のステップ ●ハートを調える
●信も不信もなく ●真の知識 他

四六判並製　304頁　2,200円（税別）送料390円

新瞑想法入門 ― OSHOの瞑想法集大成

禅、密教、ヨーガ、タントラ、スーフィなどの古来の瞑想法から、現代人のために編み出されたOSHO独自の方法まで、わかりやすく解説。技法の説明の他にも、瞑想の本質や原理、探求者からの質問にも的確な道を指し示す。真理を求める人々必携の書。

＜内容＞●瞑想とは何か ●初心者への提案
●覚醒のための強烈な技法
● 自由へのガイドライン　他

A5判並製　520頁　3,280円（税別）送料390円

■ 隠された神秘 ―秘宝の在処―

寺院や巡礼の聖地の科学や本来の意味、占星術の真の目的、神聖なるものとの調和など、いまや覆われてしまった古代からの秘儀や知識を説き明かし、究極の超意識への理解を喚起する貴重な書。　四六判上製　304頁　2,600円（税別）送料390円

■ 探求の詩（うた）― インドの四大マスターの一人、ゴラクの瞑想の礎

神秘家詩人ゴラクの探求の道。忘れられたダイヤの原石がOSHOによって蘇り、途方もない美と多彩な輝きを放ち始める。小さく窮屈な生が壊れ、あなたは初めて大海と出会う。

四六判並製　608頁　2,500円（税別）送料390円

■ グレート・チャレンジ ―超越への対話―

知られざるイエスの生涯、変容の技法、輪廻について等、多岐に渡る覚者から探求者への、興味深い内面へのメッセージ。和尚自身が前世の死と再誕生について語る。未知なるものへの探求を喚起する珠玉の一冊。　四六判上製　382頁　2,600円（税別）送料390円

＜OSHO 既刊書籍＞ ■価格は全て税別です。

質疑応答

炎の伝承Ⅰ，Ⅱ — ウルグアイでの珠玉の質疑応答録

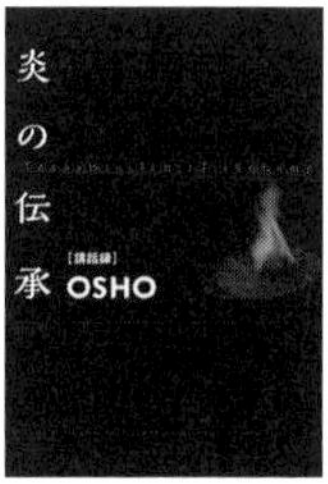

内容の濃さで定評のあるウルグアイでの講話。ひとりの目覚めた人は、全世界を目覚めさせることができる。あたかも炎の灯された１本のロウソクが、その光を失うことなく数多くのロウソクに火を灯せるように……。緊迫した状況での質問に答え、秘教的真理などの広大で多岐に渡る内容を、縦横無尽に語り尽くす。

＜内容＞●純粋な意識は決して狂わない　●それが熟した時ハートは開く
●仏陀の鍋の中のスパイス　●変化は生の法則だ　他

■各四六判並製　各 496 頁　各 ¥2,450（税別）送料 ¥390

神秘家の道 — 覚者が明かす秘教的真理

少人数の探求者のもとで親密に語られた、珠玉の質疑応答録。次々に明かされる秘教的真理、光明と、その前後の自らの具体的な体験、催眠の意義と過去生についての洞察、また、常に真実を追求していた子供時代のエピソードなども合わせ、広大で多岐に渡る内容を、縦横無尽に語り尽くす。

＜内容＞●ハートから旅を始めなさい　●妥協した瞬間、真理は死ぬ
●私はあなたのハートを変容するために話している　他

■四六判並製　896 頁　¥3,580（税別）送料 ¥390

神秘家

愛の道 — 神秘家カビールを語る

儀式や偶像に捉われず、ハートで生きた神秘家詩人カビールが、現代の覚者・OSHO と溶け合い、響き合う。機織りの仕事を生涯愛し、存在への深い感謝と明け渡しから自然な生を謳ったカビールの講話、初邦訳。

「愛が秘密の鍵だ。愛は神の扉を開ける。笑い、愛し、生き生きとしていなさい。踊り、歌いなさい。中空の竹となって、神の歌を流れさせなさい——OSHO」

＜内容＞●愛と放棄のハーモニー　●静寂の調べ　●愛はマスター・キー　他

■ A5 判並製　360 頁　¥2,380（税別）送料 ¥390

アティーシャの知恵の書（上）（下）
— あふれる愛と慈悲・みじめさから至福へ

チベット仏教の中興の祖アティーシャは、受容性と慈悲の錬金術とも言うべき技法を後世にもたらした。「これは慈悲の技法だ。あなたの苦しみを吸収し、あなたの祝福を注ぎなさい。 いったんあなたがそれを知るなら、人生には後悔がない。人生は天の恵み、祝福だ」——（本文より）

上巻 ■ 四六判並製　608 頁　¥2,480（税別）送料 ¥390
下巻 ■ 四六判並製　450 頁　¥2,380（税別）送料 ¥390

ヨーガ

魂のヨーガ — パタンジャリのヨーガスートラ

「ヨーガとは、内側へ転じることだ。それは百八十度の方向転換だ。未来へも向かわず、過去へも向かわないとき、あなたは自分自身の内側へ向かう。パタンジャリはまるで科学者のように人間の絶対的な心の法則、真実を明らかにする方法論を、段階的に導き出した——OSHO」

＜内容＞●ヨーガの純粋性　●苦悩の原因　●ヨーガの道とは　●正しい認識
●内側にいしずえを定める　●実践と離欲　他

■四六判並製　408 頁　¥2,300（税別）送料 ¥390

神秘家 **エンライトメント** ●アシュタバクラの講話	インド古代の12才の覚者・アシュタバクラと比類なき弟子・帝王ジャナクとの対話を題材に、技法なき気づきの道についてOSHOが語る。 ■ A5判並製／504頁／2,800円 〒390円
ラスト・モーニング・スター ●女性覚者ダヤに関する講話	過去と未来の幻想を断ち切り、今この瞬間から生きること——。スピリチュアルな旅への愛と勇気、究極なるものとの最終的な融合を語りながら時を超え死をも超える「永遠」への扉を開く。 ■ 四六判並製／568頁／2,800円 〒390円
シャワリング・ウィズアウト・クラウズ ●女性覚者サハジョの詩	光明を得た女性神秘家サハジョの、「愛の詩」について語られた講話。女性が光明を得る道、女性と男性のエゴの違いや、落とし穴に光を当てる。 ■ 四六判並製／496頁／2,600円 〒390円
禅 **禅宣言** ●OSHO最後の講話	「自分がブッダであることを覚えておくように——サマサティ」この言葉を最後に、OSHOはすべての講話の幕を降ろした。禅を全く新しい視点で捉え、人類の未来に向けた新しい地平を拓く。 ■ 四六判上製／496頁／2,880円 〒390円
無水無月 ●ノーウォーター・ノームーン	禅に関する10の講話集。光明を得た尼僧千代能、白隠、一休などをテーマにした、OSHOならではの卓越した禅への理解とユニークな解釈。OSHOの禅スティック、目覚めへの一撃。 ■ 四六判上製／448頁／2,650円 〒390円
そして花々は降りそそぐ ●パラドックスの妙味・11の禅講話	初期OSHOが語る11の禅講話シリーズ。「たとえ死が迫っていても、師を興奮させるのは不可能だ。彼を驚かせることはできない。完全に開かれた瞬間に彼は生きる」——OSHO ■ 四六判並製／456頁／2,500円 〒390円
インド **私の愛するインド** ●輝ける黄金の断章	光明を得た神秘家や音楽のマスターたちや類まれな詩などの宝庫インド。真の人間性を探求する人々に、永遠への扉であるインドの魅惑に満ちたヴィジョンを、多面的に語る。 ■ A4判変型上製／264頁／2,800円 〒390円
タントラ **サラハの歌** ●タントラ・ヴィジョン 新装版	タントラの祖師・サラハを語る。聡明な若者サラハは仏教修行僧となった後、世俗の女性覚者に導かれ光明を得た。サラハが国王のために唄った40の詩を題材に語るタントラの神髄！ ■四六判並製／480頁／2,500円〒390円
タントラの変容 ●タントラ・ヴィジョン 2	光明を得た女性と暮らしたタントリカ、サラハの経文を題材に語る瞑想と愛の道。恋人や夫婦の問題等、探求者からの質問の核を掘り下げ、内的成長の鍵を明確に語る。 ■ 四六判並製／480頁／2,500円 〒390円
スーフィ **ユニオ・ミスティカ** ●スーフィ、悟りの道	イスラム神秘主義、スーフィズムの真髄を示すハキーム・サナイの「真理の花園」を題材に、OSHOが語る愛の道。「この本は書かれたものではない。彼方からの、神からの贈り物だ」OSHO ■ 四六判並製／488頁／2,480円 〒390円
ユダヤ **死のアート** ●ユダヤ神秘主義の講話	生を理解した者は、死を受け入れ歓迎する。その人は一瞬一瞬に死に、一瞬一瞬に蘇る。死と生の神秘を解き明かしながら生をいかに強烈に、トータルに生ききるかを余すところなく語る。 ■四六判並製／416頁／2,400円 〒390円
書 簡 **知恵の種子** ●ヒンディ語初期書簡集	OSHOが親密な筆調で綴る120通の手紙。列車での旅行中の様子や四季折々の風景、日々の小さな出来事から自己覚醒、愛、至福へと導いていく。講話とはひと味違った感覚で編まれた書簡集。 ■ A5判変型上製／288頁／2,300円 〒320円

数秘&タロット&その他

■ **わたしを自由にする数秘**—本当の自分に還るパーソナルガイド／著／マ・プレム・マンガラ

＜内なる子どもとつながる新しい数秘＞ 誕生日で知る幼年期のトラウマからの解放と自由。同じ行動パターンを繰り返す理由に気づき、あなた自身を解放する数の真実。無意識のパターンから自由になるガイドブック。 A5判並製 384頁 2,600円（税別）送料 390円

■ **直感のタロット**—人間関係に光をもたらす実践ガイド／著／マ・プレム・マンガラ

＜クロウリー トートタロット使用 ※タロットカードは別売 ＞ 意識と気づきを高め、自分の直感を通してカードを学べる完全ガイド本。初心者にも、正確で洞察に満ちたタロット・リーディングができます。 A5判並製 368頁 2,600円（税別）送料 390円

■ **和尚との至高の瞬間**—著／マ・プレム・マニーシャ

OSHOの講話の質問者としても著名なマニーシャの書き下ろし邦訳版。常に OSHO と共に過ごした興味深い日々を真摯に綴る。 四六判並製 256頁 1,900円（税別）送料 320円

OSHO TIMES 日本語版 バックナンバー

※尚、Osho Times バックナンバーの詳細は、www.shimin.com でご覧になれます。
(バックナンバーは東京・書泉グランデ、埼玉・ブックデポ書楽に揃っています。) ●1冊／¥1,280（税別）／送料 ¥260

	内容紹介		
vol.2	独り在ること	vol.3	恐れとは何か
vol.4	幸せでないのは何故？	vol.5	成功の秘訣
vol.6	真の自由	vol.7	エゴを見つめる
vol.8	創造的な生	vol.9	健康と幸福
vol.10	混乱から新たなドアが開く	vol.11	時間から永遠へ
vol.12	日々を禅に暮らす	vol.13	真の豊かさ
vol.14	バランスを取る	vol.15	優雅に生きる
vol.16	ハートを信頼する	vol.17	自分自身を祝う
vol.18	癒しとは何か	vol.19	くつろぎのアート
vol.20	創造性とは何か	vol.21	自由に生きていますか
vol.22	葛藤を超える	vol.23	真のヨーガ
vol.24	誕生、死、再生	vol.25	瞑想—存在への歓喜
vol.26	受容—あるがままの世界	vol.27	覚者のサイコロジー
vol.28	恐れの根源	vol.29	信頼の美
vol.30	変化が訪れる時	vol.31	あなた自身の主人で在りなさい
vol.32	祝祭—エネルギーの変容	vol.33	眠れない夜には
vol.34	感受性を高める	vol.35	すべては瞑想
vol.36	最大の勇気	vol.37	感謝
vol.38	観照こそが瞑想だ	vol.39	内なる静けさ
vol.40	自分自身を超える	vol.41	危機に目覚める
vol.42	ストップ！気づきを高める技法	vol.43	罪悪感の根を断つ
vol.44	自分自身を愛すること	vol.45	愛する生の創造
vol.46	ボディラブ—からだを愛すること	vol.47	新しい始まりのとき
vol.48	死—最大の虚構	vol.49	内なる平和—暴力のルーツとは
vol.50	生は音楽だ	vol.51	情熱への扉
vol.52	本物であること ●いかに真実でいるか ●自分自身を表現しなさい 他		

●OSHO Times 1冊／¥1,280（税別）／送料 ¥260
■郵便振替口座：00170-4-763105
■口座名／（株）市民出版社 TEL／03-3333-9384

・代金引換郵便（要手数料¥300）の場合、商品到着時に支払。
・郵便振替、現金書留の場合、代金を前もって送金して下さい。

発売／(株)市民出版社
www.shimin.com
TEL.03-3333-9384
FAX.03-3334-7289

◆瞑想実践 CD◆

バルド瞑想（CD4枚組）

チベット死者の書に基づくガイド瞑想

再誕生への道案内

定価：本体 4,660 円＋税
送料 320 円
180 分（CD4 枚組構成）
◆制作・ヴィートマン
◆音楽・チンマヤ

死に臨む人は、肉体の死後、再誕生に向けて旅立ちます。その道案内ともいうべきチベットの経典「チベット死者の書」を、現代人向けにアレンジしたのが、この「バルド瞑想」です。

バルドとは、死後、人が辿る道のりのことで、「死者の書」は、その道筋を詳細に著しています。人類の遺産ともいうべきこの書を、生きているうちから体験するために、このガイド瞑想は制作されました。意識的な生と死のための瞑想実践ＣＤです。

【構成内容】

■ Part 1 原初の澄み渡る光の出現
第二の澄み渡る光の出現
■ Part 2 心の本来の姿の出現
バルドの１日目から 49 日目
■ Part 3 再生へ向かうバルド
再生のプロセス、子宮の選び方

CD 和尚禅タロット

（タロットリーディングのための音楽）

この軽やかで瞑想的な音楽CDは、和尚のセレブレーションミュージックの集大成であり、タロットのための雰囲気づくりに最適です。

価格 2,622 円（税別）送料 320 円

発売／（株）市民出版社
www.shimin.com
TEL. 03-3333-9384
FAX. 03-3334-7289

OSHO ダルシャン バックナンバー

ページをめくるごとにあふれる OSHO の香り……
初めて OSHO を知る人にも読みやすく編集された、
豊富な写真も楽しめるカラーページ付の大判講話集。
各 A4 変型／カラー付／定価：1456 円（税別） 〒 320 円

	内容紹介
vol.1	ヒンディー語講話集
vol.3	知られざる神秘家たち
vol.4	死と再誕生への旅
vol.5	愛と創造性
vol.6	自由──無限の空間への飛翔
vol.7	禅──究極のパラドックス
vol.8	愛と覚醒
vol.9	宗教とカルトの違い
vol.10	究極の哲学
vol.11	無──大いなる歓喜
vol.12	レットゴー──存在の流れのままに
vol.13	ブッダフィールド──天と地の架け橋
vol.14	インナー・チャイルド
vol.15	瞑想と芸術
vol.16	夢と覚醒
vol.17	無意識から超意識へ
vol.18	光明と哲学

＜通信販売＞ 発売／市民出版社

和尚禅タロット 禅の超越ゲーム

（日本語版解説書付）

“禅の智慧”に基づいたこのカードは、まさに『今、ここ』への理解に焦点をあてています。あなたのハートの奥底で起こっている変化への明快な理解を助けてくれることでしょう。

価格 4,000 円（税別）
送料 460 円

＜OSHO 瞑想 CD＞

ダイナミック瞑想
全５ステージ 60分

◆デューター

¥2,913（税別）

生命エネルギーの浄化をもたらす OSHO の瞑想法の中で最も代表的な技法。混沌とした呼吸とカタルシス、フウッ！というスーフィーの真言《マントラ》を、自分の中にとどこおっているエネルギーが全く残ることのないところまで、行なう。

クンダリーニ瞑想
全４ステージ 60分

◆デューター

¥2,913（税別）

未知なるエネルギーの上昇と内なる静寂、目醒めのメソッド。OSHO によって考案された瞑想の中でも、ダイナミックと並んで多くの人が取り組んでいる活動的瞑想法。通常は夕方、日没時に行なわれる。

ナタラジ瞑想
全３ステージ 65分

◆デューター

¥2,913（税別）

自我としての「あなた」が踊りのなかに溶け去るトータルなダンスの瞑想。第１ステージは目を閉じ、40 分間とりつかれたように踊る。第２ステージは目を閉じたまま横たわり動かずにいる。最後の５分間、踊り楽しむ。

ナーダブラーマ瞑想
全３ステージ 60分

◆デューター

¥2,913（税別）

宇宙と調和して脈打つ、ヒーリング効果の高いハミングメディテーション。脳を活性化し、あらゆる神経繊維をきれいにし、癒しの効果をもたらすチベットの古い瞑想法の一つ。

チャクラ サウンド瞑想
全２ステージ 60分

◆カルネッシュ

¥2,913（税別）

７つのチャクラに目覚め、内なる静寂をもたらすサウンドのメソッド。各々のチャクラで音を感じ、チャクラのまさに中心でその音が振動するように声を出すことにより、チャクラにより敏感になっていく。

チャクラ ブリージング瞑想
全２ステージ 60分

◆カマール

¥2,913（税別）

７つのチャクラを活性化させる強力なブリージングメソッド。７つのチャクラに意識的になるためのテクニック。身体全体を使い、１つ１つのチャクラに深く速い呼吸をしていく。

ノーディメンション瞑想
全３ステージ 60分

◆シルス&シャストロ

¥2,913（税別）

グルジェフとスーフィのムーヴメントを発展させたセンタリングのメソッド。この瞑想は旋回《ワーリング》瞑想の準備となるだけでなく、センタリング《中心を定める》のための踊りでもある。３つのステージからなり、一連の動作と旋回、沈黙へと続く。

グリシャンカール瞑想
全４ステージ 60分

◆デューター

¥2,913（税別）

呼吸を使って第三の目に働きかける、各 15 分４ステージの瞑想法。第一ステージで正しい呼吸が行われることで、血液の中に増加形成される二酸化炭素がまるでエベレスト山の山頂にいるかのごとく感じられる。

ワーリング瞑想
全２ステージ 60分

◆デューター

¥2,913（税別）

内なる存在が中心で全身が動く車輪になったかのように旋回し、徐々に速度を上げていく。体が自ずと倒れたらうつ伏せになり、大地に溶け込むのを感じる。旋回を通して内なる中心を見出し変容をもたらす瞑想法。

ナーダ　ヒマラヤ
全３曲 50分28秒

◆デューター

¥2,622（税別）

ヒマラヤに流れる白い雲のように優しく深い響きが聴く人を内側からヒーリングする。チベッタンベル、ボウル、チャイム、山の小川の自然音。音が自分の中に響くのを感じながら、音と一緒にソフトにハミングする瞑想。

＜ヒーリング，リラクゼーション音楽CD＞

■価格は全て￥2,622（税別）です。

ハートの光彩

全８曲
61分

◆デューター

デューターが久々に贈るハートワールド。繊細で、不動なる信頼のような質をもったくつろぎが、ゆっくりと心を満たしていく。
使われる楽器と共に曲ごとにシーンががらりと変わり、様々な世界が映し出される。

クリスタル・チャクラ・ヒーリング

全６曲
61分03秒

◆ワドゥダ／プラサナ＆ザ・ミステリー

虹色に鳴り渡るクリスタルボウル独特の穏やかな響きが、七つのチャクラの目覚めと活性化を促す、ヒーリングパワー・サウンド。まさにいま目の前で鳴っているようなライブ感が印象的。クリスタル・ボウルは、欧米では医療にも使われています。

レイキ・ヒーリング・サイレンス

全８曲
63分52秒

◆デューター

微細なスペースに分け入る音の微粒子――ピアノ、シンセサイザーに、琴や尺八といった和楽器も取り入れて、デューターの静謐なる癒しの世界は、より深みを加えて登場。透きとおった、えも言われぬ沈黙の世界を築きあげる。

マッサージのための音楽

全６曲
69分

◆デューター・カマール・パリジャット・チンマヤ

マッサージはもちろん、レイキや各種ボディワーク、ヒーリングなど、どのワークにも使える、くつろぎのための音楽。ヒーリング音楽で活躍するアーティストたちの名曲が奏でる究極のリラックスサウンドが、深い癒しをお届けします。

ブッダ・ガーデン

全10曲
64分12秒

◆パリジャット

パリジャットの意味は＜夜香るジャスミンの花＞――彼の生み出す音楽は、優しく香り、リスナーを春のような暖かさで包み込みます。秀曲ぞろいのこのアルバムの、高まるメロディーとくつろぎの谷間が、比類なき安らぎのスペースへ導きます。

アートマ・バクティ―魂の祈り

全３曲
66分47秒

◆マニッシュ・ヴィヤス

魂の中核に向かって、インドの時間を超えた調べが波のように寄せては返す。空間を自在に鳴り渡るインドの竹笛・バンスリの響きと、寄り添うように歌われるマントラの祈り。催眠的で、エクスタティックな音の香りが漂う。

チベット遥かなり

全６曲
55分51秒

◆ギュートー僧院の詠唱（チャント）

パワフルでスピリチュアルな、チベット僧たちによるチャンティング。真言の持つエネルギーと、僧たちの厳粛で深みのある音声は、音の領域を超えて、魂の奥深くを揺さぶる。チベット密教の迫力と真髄を感じさせる貴重な１枚。

ドリーム・タイム

全６曲
53分

◆デューター

時間の世界から永遠への扉を開けるヒーリング音楽の巨匠・デューターが、夢とうつつの境界を溶かす一枚の妙薬を生み出した。有名な荘子の「夢の中の蝶が私か、夢見ている者が私か」という不思議な感覚が音として再現されたような世界。

※ＣＤ等購入ご希望の方は市民出版社 www.shimin.com までお申し込み下さい。
※郵便振替口座：市民出版社　00170-4-763105
※送料／ CD1枚￥260・２枚￥320・３枚以上無料（価格は全て税込です）
※音楽ＣＤカタログ（無料）ご希望の方には送付致しますので御連絡下さい。